Karlheinz Deschner

OPUS DIABOLI

Fünfzehn unversöhnliche Essays
über die Arbeit im Weinberg des Herrn

Rowohlt

Umschlagbild «Domherr Gregor Angrer».
Meister des Angrer-Bildnisses, 1519.
Innsbruck, Tiroler Landesmuseum Ferdinandeum

1.–11. Tausend September 1987 bis November 1988
12.–14. Tausend September 1990

Den Quellennachweis im einzelnen
liefert die Editorische Notiz auf Seite 281

Satz aus der Bembo (Linotron 202)
Gesamtherstellung Clausen & Bosse, Leck
Printed in Germany
ISBN 3 498 01270 3

Inhalt

Für Katja,
Bärbel
und
Thomas
(2.2.1959–20.10.1984)

Vorwort

Dieses Buch enthält fünfzehn kritische Aufsätze zur Geschichte des Christentums.

Ein Teil davon ist früher erschienen, doch seit Jahren vergriffen; fast täglich kommen Anfragen deshalb.

Fünf Titel machte das Heyne-Buch «Kirche des Un-Heils» bekannter; fünf, entlegener publiziert, blieben weithin unbekannt; fünf werden erstmals gedruckt.

Mit Ausnahme der 1969 in Nürnbergs Meistersingerhalle gehaltenen Rede «Écrasez l'infâme», die mir 1971 einen Prozeß eintrug, habe ich alles formal überarbeitet, einiges sehr beträchtlich ergänzt, anderes gestrafft, Wiederholungen meist, doch nicht immer getilgt; besonders bezeichnende Fakten können kaum oft genug eingeschärft werden.

«Den Progressisten Gruß zunächst» glossiert knapp die Hoffnungen katholischer und anderer Kreise nach dem Zweiten Vatikanischen Konzil und führt kurz in die Sammlung ein.

«Man nennt es Heilsgeschichte» umreißt verhältnismäßig ausführlich die mittelalterlichen Kriege der Kirche, ihre Vernichtung des Heidentums, die Jagd auf «Ketzer», Hexen, Juden und gibt – unter Seitenblicken auf den Pomp der Päpste – ein Bild vom Schröpfen der eignen Gläubigen, von den christlichen Sklaven und Bauern bis zum Industrieproletariat des 19. Jahrhunderts.

«Weide meine Lämmer!» zeigt den katastrophalen Umschlag des dreihundertjährigen Pazifismus der ältesten Christenheit in das 313 aufkommende Feldpfaffentum, die Ausreden der

Moraltheologen, das unglaubliche Kriegsgeschrei des Klerus noch im Ersten Weltkrieg, im Zweiten sowie sein Verhalten nach 1945.

«Sexualität und Christentum» bietet einen Exkurs von Jesus und Paulus bis zur Gegenwart: über die Exzesse der Mönche und Nonnen in der Christus-, der Marienminne, das Zölibat und seine buchstäblich schreienden Folgen, die scheußliche Diffamierung der Frau durch fast zwei Jahrtausende, die Verunglimpfung der Ehe, den kirchlichen Kampf gegen die Abtreibung, die «Sexualsünde» und ihre klerikale Gängelung, das «Aggiornamento» der modernen Moraltheologie, den Sexualpessimismus der jüngsten Päpste.

«Écrasez l'infâme oder Über die Notwendigkeit, aus der Kirche auszutreten», die Rede, die mich vor den Richter brachte, beleuchtet die Korruptheit der (katholischen) Kirche, ihr absichtliches Versagen auf sozialem Gebiet, ihre enorme Beteiligung an der internationalen Großindustrie, aber auch ihre mißlichen Glaubensgrundlagen, ihr Heucheln, Fälschen und das hoffnungslose Problem einer «Reform».

«Die ‹Konstantinische Schenkung›» behandelt den historischen Hintergrund, den Anlaß und die kaum zu überschätzenden Auswirkungen der größten weltgeschichtlichen Fälschung.

«Die Politik der Päpste im 20. Jahrhundert» macht die Mitschuld Roms am Ersten und Zweiten Weltkrieg sichtbar, seinen entscheidenden Beistand bei der Etablierung aller faschistischen Regime, in Italien, Deutschland, Spanien, Jugoslawien, sowie seine riskante Nachkriegspolitik.

«Michael Schmaus – einer statt vieler» dokumentiert, stellvertretend, die begeisterte Anpassung eines der prominentesten Theologen der Nazizeit, des Vorgängers von Karl Rahner in Münster und München.

«Macht ist alles» beantwortet die Umfrage des katholischen Kirchenhistorikers Georg Denzler 1975 an «Freunde wie Gegner» der Kurie: 1. Wie beurteilen Sie die gegenwärtige Stellung des Papsttums in Kirche und Gesellschaft? 2. Wie sollte sich das Papsttum in der nächsten Zukunft nach innen und nach außen darstellen?

«Schwere Zeit für Päpste» streift ironisch den Tod (oder die Ermordung) des 33-Tage-Papstes Johannes Paul I. im Vatikan (1978).

«Ein Papst reist zum Tatort» konfrontiert die schönen Sprüche von Johannes Paul II. (Wojtyla) in Lateinamerika mit der blutrünstigen Eroberung dieses Kontinents durch die Katholiken.

«Morden mit Maria» enthüllt das relativ unbekannte janusköpfige Wesen der «Gottesmutter», ihre verheerende Rolle als «Kriegsgöttin» und im antikommunistischen Kampf.

«Angriff und Gegenattacke. Replik auf die Beschwerde eines Kirchenknechts» kommentiert – grundsätzlich und im Detail – das Lamento eines Diakons der Erzdiözese Wien nach meiner Teilnahme am «Club 2» des Österreichischen Fernsehens im Herbst 1986.

«‹Deschners Solo in der insel› oder Wider zwei evangelische Verleumder» enthält die Entgegnung auf zwei Artikel vor und nach meiner Lesung aus der «Kriminalgeschichte des Christentums» in Marl.

«Alternative für Weihnachten» ist mein Beitrag zu einer Enquete des Hessischen Rundfunks 1975.

Auf Anmerkungen zu den vorliegenden Essays habe ich verzichtet. Wer will, findet mehr als genug Quellen- und Literaturhinweise zu allen hier erörterten Themen (und weitere Materialien in Fülle) in meinen bisherigen Büchern, besonders in «Abermals krähte der Hahn. Eine kritische Kirchengeschichte» (Günther, 1962, Econ, 1986), «Das Kreuz mit der Kirche. Eine Sexualgeschichte des Christentums» (Econ, 1974 und 1987), «Ein Jahrhundert Heilsgeschichte. Die Politik der Päpste im Zeitalter der Weltkriege» (2 Bände, Kiepenheuer & Witsch, 1982/83) oder in den kommenden Bänden meiner «Kriminalgeschichte des Christentums» (Rowohlt).

Den Progressisten Gruß zunächst

Weil der Bischof nicht partout mehr Exzellenz sein will, der Pfarrer auch Zivil trägt, die Nonne kürzere Röcke; weil Galilei nun kirchlich gerechtfertigt und so manch hilfreicher Heilige, nur weil er nie gelebt hat, kaltblütig im Kalender gestrichen worden ist; weil der Jesuit nicht mehr mit falschem Bart reist, sondern nackt sich unter die Nudisten mogelt, wenn nicht gar, minder offenherzig, unter die Jünger von St. Marx; weil in Rom der Heilige Vater, routiniert wie ein gewisser Rauschgoldengel, «Frieden, Frieden!» fleht, nicht nur zur Weihnachtszeit, urbi et orbi Attitüden zelebrierend, daß jeder Staatsmann vor Neid erblaßt; weil schließlich im Petersdom, superflua non nocent, mal wieder pompös ein Prälatenensemble gastierte, wobei so vieles doch «aufbrach», in «Bewegung» geriet, sich zur «Welt» hin «öffnete», zum «Pluralismus der Meinungen», «Dialog» – deshalb also glauben nun beinah nicht die Dümmsten allein, der Erdkreis sei anders, der Katholizismus liberal, seine Theologie fortschrittlich geworden...

Doch wenn ein Theologe fortschreitet, ist er kein Theologe mehr!

Wenn der Katholizismus liberal wird, ist er kein Katholizismus mehr!

Und wenn ein Christ zu denken beginnt, logisch nämlich, und entsprechend auch handelt, kommt immer ein Nichtchrist heraus – oder, zugegeben, ein Opportunist.

Um alles in der Welt: Was denn ist anders jetzt? Ja, was hätte sich geändert, selbst wenn dem «Aufbruch» der Mimen und

Statisten nicht gleich der große Abbruch gefolgt, die Versammlung der Heiligen nicht in jeder Hinsicht zu Ende gegangen wäre? Gälte die Gottheit Jesu nicht mehr? Das Geheimnis der Trinität? Das Mirakel der Transsubstantiation? All das Fabelhafte der Mariendogmen? Ergo dies ganze grandiose Gewebe aus grob gehäkelter Sophistik und gnadenvoller Geisterseherei?

Oder hätte man den urchristlichen Kommunismus eingeführt und die Militärbischöfe kurz, aber gut über die Klinge gejagt? (Nur ein paar Hirten statt all der Herden?!) Gäbe es diese greuliche Sexualmoral nicht mehr? Wäre die Abtreibung erlaubt? Die Empfängnisverhütung? Der Koitus mit jedem, der geschlechtsreif und willig ist?

Propagiert die Religion der Liebe denn nun – die Liebe? Oder verlangt sie nicht nach wie vor Enthaltung außerhalb der Ehe und oft genug in ihr? Wird sie mit den Reichen nicht immer reicher – und auf wessen Kosten wohl? Will sie nicht weiter ihre Schäfchen schlachten lassen, sobald ein Staat dies befiehlt? Im Westen wie im Osten? Geht sie nicht mit den Faschisten in Chile? Und mit den Kommunisten in Polen, der UdSSR? Liest sie nicht in Spanien Gedächtnismessen noch für Hitler?

Kurz, treibt sie's nicht wie eh und je? Macht sie nicht die altbekannte feiste fromme Miene zum altbewährten bösen Spiel? Denn prostituierte sie sich nicht bei Paulus schon? Verkaufte sie sich nicht seit Konstantin? Kroch sie nicht in jeder trüben Stunde der Geschichte zu den Potentesten ins Bett, bald würdevoll steif, bald mit einer Gummisäule als Rückgrat? Weil sie selber voller Machtsucht war? Voller Ränke und Raffgier, Diabolik und Dünkel und unbegrenzter Barbarei? Benutzte sie nicht dauernd frech angemaßte Hoheit zum Verbergen ihrer Niedertracht? Brauchte sie nicht allzeit ihr Friedenspalaver, um ihr Kriegsgebrüll zu salvieren? Und ihre Nächstenliebe zur Tarnung ihrer Ausbeuterei? Und ihr Keuschheitsgeheisch zur Schaffung von Sündern? Waren die Guten dieser Religion je etwas anderes als die Feigenblätter für die Bösen? Und bestimmten nicht gerade Gangster ihre Politik? Machten nicht gerade sie Geschichte? Geschichte – des Heils? Des Heils und Siegs? Des großen Halsabschneidens? Des steten Schlachtens und der steten Schröpferei?

Man sieht: Mysterien werden hier nicht aufgetischt. Von Erbschuld, Erlösung ist da kaum die Rede. Wenig von Weissagung, Wundern auch. Weihrauch wölkt nirgends. Nirgends Transzendenz. Statt dessen, schlicht und fürchterlich, Fakten – Tatsachen des Unheils natürlich nur, die grauenhaftesten terrores religionis. Denn das allein gehört daher. Und wie etwa Erbauliches über «Die Schönheit der katholischen Kirche», über «Frohes Gehen zu Gott», «Mit dem Rosenkranz in den Himmel», wie Erhebendes mit dem Auftakt «Warum ist's denn in unserer katholischen Kirche so sonnig und wonnig, so wohlig und warm?» («Weil da vorne das Lichtlein brennt und weil wir Marienlieder singen»), wie derartiges mit einigem Recht nichts über unser Thema bringt, so dies hier, mit noch etwas mehr Recht, nichts über das Sonnige, Wonnige der Catholica, ihr warmes Weltbild, ihren blühenden Kitsch. Man kennt das aus Millionen Büchern, Millionen Predigten, Millionen Bibelstunden, Beichtgesprächen – und glaubt es dennoch immer weniger.

Ist also das Folgende einseitig – die andre Seite ist es auch! Ja, ist sie's nicht viel mehr? Und mit den übelsten Gründen? Bei verheerender Praxis, weltgeschichtlichen Schocks und Scheußlichkeiten ohne Ende – trotz all der braven Krankenschwestern, des Kölner Doms, der Bahnhofsmissionen etc. pp.?

Denn warum mied die Kirche so die öffentliche Diskussion? Warum weicht sie ihr noch heute aus? Oder wo erlaubte sie uns, nur ein bißchen mit ihr die Klingen zu kreuzen, ganz friedlich fast? In den Kirchen etwa? Den Schulen? Auf den Markt- und Kasernenhofplätzen? Im Rundfunk, just nach dem «Wort zum Sonntag» vielleicht, bei dem ihre Diener doch, diese oft so jovialen Finsterlinge, als ertrügen sie es selbst nicht mehr, kaum noch Christus und christlich sagen und nur zuletzt mit einem kleinen gutgemeinten Branchentrick, einem fast schon verschämten Schlußdreh – ernst und freundlich-fest, Aug in

Auge gleichsam mit dem fernen Seher –, den Deus ex machina präsentieren wie den Phönix aus der Asche?

Ja, warum scheute und scheut sie so die Auseinandersetzung, zumal die Debatte vor dem Volk, das sie doch ganz und gar gegängelt, stets selber unterwiesen, erzogen hat? Warum brauchte sie den Index? Die Folter? Zensur? Die Bücherverbrennung schon seit den Tagen der Apostel? Und dann auch das Verfeuern von Menschen zuhauf? Warum grassierten da wie nirgends die abgeschmacktesten Altmännermären und die fatalste Besserwisserei? Warum ständig Intoleranz, Terror und Despotie? Ein Taumel durch zwei Jahrtausende a verbis ad verbera, vom Wort zum Mord? Oder ist das schon wieder zu einseitig gesehen? Doch wie einseitig immer – wahr ist es auch! Und das eben fragt sich bei ihren Dogmen noch. Oder vielmehr: Es fragt sich durchaus nicht!

Denn warum insistiert man seit je so aufs Credo? Stellt man den Glauben stets über alles? Propagiert Demut, Torheit, das Zu-Kreuze-Kriechen, flectamus genua, sacrificium intellectus – und immer recht drastisch mit Himmel und Hölle im Hintergrund, Vordergrund, Untergrund, mit Beschwörung aller Engel und Erzengel und mehr noch natürlich des Fürsten der Finsternis samt seinen Heerscharen, Schrecken ...?

«Sie möchten zum Glauben gelangen, und Sie kennen nicht den Weg dahin», meint selbst ein Genie wie Pascal. «Sie möchten vom Unglauben geheilt werden, und Sie bitten um die Arznei: Lernen Sie von denen, die in Ihrer Lage waren ... Handeln Sie so, wie diese begonnen haben: nämlich alles zu tun, als ob Sie gläubig wären, Weihwasser zu benutzen und Messen lesen zu lassen usw. Ganz natürlich wird das Sie sogar glauben machen und verdummen.»

Glauben machen und verdummen – das eben ist nicht unser Rezept, unser Vademecum und Heilsangebot. Im Gegenteil. Allen rufe ich zu: Seid skeptisch! Voller Argwohn! Mißtraut mir! Forscht selber! Nicht *nur* in den Bischofspostillen freilich, der «Bildpost», bei Ratzinger, Rahner und Küng! Lest wenigstens ein paar auch ihrer Gegner! Lest *beide* Seiten! Vergleicht!

Das andre ist dann nur noch eine Frage der Redlichkeit.

Man nennt es Heilsgeschichte

«... auf hundert verschiedene Weise will ich wiederholen, daß man niemals Gott etwas Gutes tut, wenn man den Menschen Böses tut.»

VOLTAIRE

«Nihilist und Christ: das reimt sich, das reimt sich nicht bloß...»

NIETZSCHE

«Wenn ihr euren Sinn nicht ändert, werdet ihr alle ebenso umkommen.»

LK. 13,3

Ich betrachte gerade Fotos: Kinderleichen in einem kroatischen KZ. Da kommt meine Tochter, plappernd, erzählend. Ich sehe ihr schmales, ein wenig blasses Gesicht, ihre hellen, verständigen Augen, ich sehe durch sie hindurch. Auf einmal schweigt sie mitten im Satz. «Papaaa...!» sagt sie.

Ich gehe mit meinen Kindern, halte sie links und rechts an der Hand. Plötzlich fällt mir ein Mann ein. Irgendwo im Osten schritt er zur Exekution; und seine zwei Kinder umklammerten, umschlangen ihn, wurden von ihm mitgeschleift, bis man sie ihm vom Körper schoß.

Während ich dies schreibe, schlendert mein Sohn am Bach. Manchmal schlägt er mit einer Rute aufs Gras. Und dahinter kniet sein Schwesterchen mit ausgebreiteten Armen vor unserer Katze in der Wiese.

Andre Kinder kamen nach Theresienstadt, nach Auschwitz, Jasenovac. Andre Väter fielen vor Stalingrad, am Atlantik, in Afrika. Meine Kameraden starben, ohne Kinder gehabt zu haben. Sie waren selbst noch Kinder. An einem Märztag wie heute keuchten wir über eine Wiese vor Breslau. Es war Nachmittag, die Sonne schien, man roch schon den Frühling. Und sie beschossen uns wie auf der Treibjagd... Ein paar Augenblicke kniete ich bei ihm. Er lag auf dem Rücken, sein Haar leuchtete hell, und aus seinem Bauch drangen die Därme. Er war siebzehn. Seine Augen hingen am Himmel, blau und unverwandt am Frühlingshimmel, während er immer wieder «Mutter» stöhnte, «Mutter, Mutter» ...

Millionen starben so. In diesem Krieg. Im letzten. So weit wir zurückblicken: Gier und Gewalt, eine Kette von Katastrophen. Der ewige Bankrott. Geschichte.

Manchmal kamen Lichtgestalten. Buddha, das Auge der Welt, das Licht ohnegleichen. Christus, der Allessehende, die Sonne der Gerechtigkeit, das wahrhaftige Licht. Sie verboten das Töten, sie lehrten, das Böse mit Gutem zu überwinden. Sie priesen die Friedfertigen. Sie predigten Nächstenliebe und Feindesliebe. Sie fanden Jünger, Gemeinden.

Eineinhalb Jahrtausende wurden die Europäer vom Christentum geprägt, Generation um Generation, Herrscher und Beherrschte, Priester und Laien, Lehrer und Schüler. Das Christentum durchdrang alles, bestimmte alles, beeinflußte das private, das öffentliche Leben, Familie, Ehe, Liebe, die Bildung, die Wirtschaft, das Recht und den Staat. Doch noch im 20. Jahrhundert haben christliche Nationen die größten Kriege der Geschichte geführt und mehr Menschen vernichtet als jemals zuvor.

Wie war das möglich? Wie wuchsen diese Völker auf? Wie wurden sie erzogen? Wie regiert?

Nichts gibt besser darauf Antwort als die Vergangenheit der Kirche. Denn länger als alle Reiche, alle Dynastien, Gesellschaftssysteme, länger und intensiver hat sie auf die Menschen Europas gewirkt, ihr Schicksal bestimmt: negativ im höchsten Grade, in jeder Hinsicht, worüber sich, was man nicht unterschätze, so grundverschiedne Geister wie Goethe, Nietzsche, Marx und Kierkegaard einig sind, während die Historiker, mit verschwindenden Ausnahmen, dies noch immer übersehen, allenfalls streifen. Gerade darauf aber kommt es an.

Das soll diese kurze Vorgeschichte der Barbarei des 20. Jahrhunderts zeigen; in großen Zügen und, wenn man will, einseitig, doch nur insofern, als im folgenden stets von der *Regel* die Rede ist, nicht von den Ausnahmen, als ich immer nur die entscheidende, die politikbestimmende Seite des maßgeblichen großkirchlichen Christentums erhelle, mögen dies auch Ignoranten, Heuchler und Religionsidylliker aller Schattierungen bestreiten.

Für die ältesten Christen war Kriegsdienst undenkbar. Nirgends in ihrer Literatur der ersten Jahrhunderte wird er erlaubt, sogar die Tötung aus Notwehr von allen Kirchenvätern verboten. Da schenkte ihnen Kaiser Konstantin 313 volle Religionsfreiheit, und 314 beschließen sie die Exkommunikation fahnenflüchtiger Soldaten. Wer die Waffen wegwarf, wurde ausgeschlossen. Vordem schloß man aus, wer sie nicht wegwarf. Und so sehen wir statt der ehemaligen Pazifisten plötzlich die kirchlichen Feldgeistlichen, statt der getöteten christlichen Kriegsdienstverweigerer die tötenden christlichen Krieger. Rasch strich die militärfreundliche Kirche die Namen aller Soldatenmärtyrer aus ihren Heiligenkalendern und unterstützte nun die Machthaber beim Massenmord, ja, trieb sie bald selber dazu – bis heute.

In Sack und Asche erbettelt Papst Stephan II. vom Frankenkönig Pippin den Krieg gegen die Langobarden, mit denen die Franken im besten Einvernehmen gelebt. Eine (elfhundert Jahre später eingestandene) gigantische geistliche Fälschung und zwei blutige Feldzüge ergeben den Kirchenstaat, den fränkische und sächsische Herrscher immer wieder bestätigen und vergrößern.

Doch auch die Päpste erschienen bald mit Helm, Panzer und Schwert. Sie hatten ihr eignes Heer, ihre eigne Marine, ihre eigene Waffenfabrik. Um jede Grafschaft, jedes Schloß, jede Burg kämpften sie. Ganze Herzogtümer wurden von ihnen geraubt. Überall warben sie Söldner und schlachteten ihre Landsleute ab.

Leo IX. ignorierte 1053 die Cluniazensischen Friedensbestrebungen, ignorierte sein eigenes Wehrverbot für Geistliche, ignorierte Treueid und Lehensdienst, den ihm die christlichen Normannen versprachen, und bekriegte sie. Der Cluniazenser Hildebrand rief als Gregor VII. (Lieblingswort: «Verflucht sei der Mensch, der sein Schwert von Blut zurückhält!») die ganze Welt zur Bildung eines Heeres auf, an dessen Spitze er als «Führer und Bischof» marschieren wollte. Gregor IX. zog gegen den siegreich vom Kreuzzug heimkehrenden Kaiser Friedrich. Urban VI., der den Bischof von Aquila ermorden, fünf Kardinäle hinrichten, zuvor fürchterlich foltern ließ, u. a. durch einen früheren Seeräuber, den er zum Prior des Johanniterordens gemacht, focht mit seinen Söldnern im sizilischen Erbfolgekrieg. Pius V. und Sixtus V. lieferten Türken und Briten große Seeschlachten bei Lepanto und im Kanal. Julius II. (Devise: «Wenn Sankt Peters Schlüssel nicht helfen, so helfe mir sein Schwert!») führte fast in jedem Jahr seines Pontifikates Krieg, dabei so erfolgreich, daß Kaiser Maximilian mit dem Gedanken spielte, Papst zu werden. Paul IV. sah Mitte des 16. Jahrhunderts seinen Arm «bis zum Ellbogen in Blut getaucht», war aber so moralisch, daß er «anstößige» Partien aus Michelangelos «Jüngstem Gericht» übermalen ließ. Noch vor gut hundert Jahren rekrutierte Pius IX. Truppen. Und noch vor 40 und 30 Jahren hätten Päpste Pauls IV. Diktum wiederholen können, sogar mit größerem Recht – obwohl auch sie sehr auf Moral hielten; Pius XII. beispielsweise, der in einem Schreiben an die katholische Hierarchie der USA Ende 1939 als Ursache des «heutigen Elends» natürlich nicht den Faschismus sah, der die Welt eben in den größten Krieg der Geschichte gestürzt, sondern u. a. die kurzen Röcke der Damen. Keine kuriose kirchengeschichtliche Episode, sondern typisch für eine bis heute gültige Moral – wenn man dabei von jenen Jahrhunderten absieht, in denen manche Nonnenklöster mehr Verkehr als die Bordelle hatten und alle Kleriker, von der Spitze der Hierarchie bis zum letzten Dorfkaplan, ihre Kebsen.

Wie aber die Päpste, so ihre Bischöfe, Äbte. Sie waren die Söhne, Brüder, Vettern des weltlichen Adels, waren so habsüchtig und machtgierig wie er, auch gewiß nicht weniger verhaßt, was die häufigen Bischofs- und Abtsmorde im Mittelalter, die Pfaffenkriege und Pfaffenjagden sowie ungezählte literarische Dokumente bezeugen. Im altdeutschen Staat fungierten Kleriker als Minister, Kronschatzverwalter, Heerführer des Königs. Unter Kaiser Otto II. stellten sie mehr als doppelt soviel Gepanzerte wie alle weltlichen Fürsten. Im Norden und Süden kommandierten Kardinäle und Bischöfe ganze Armeen. Manche Prälaten vollstreckten die Blutrache mit eigener Hand. Und kein Bistum, in dem nicht ein Bischof zuweilen jahrzehntelange Fehden führte. Sie schonten oft weder Frauen noch Mädchen, mordeten Greise und Kinder, manchmal selbst Seite an Seite mit «Ketzern», wie der Kölner Erzbischof Dietrich von Moers. Sie stachen ihren Gegnern die Augen aus, wie 1368 der Abt von Reichenau jedem Konstanzer, der in seine Hand fiel. Sie knüpften alle ihre Gefangenen auf, wie 1379 Bischof Dietrich von Osnabrück. Sie ließen Aufständische fußfällig um Gnade bitten und dann doch schockweise köpfen, wie 1415 der Bischof von Lüttich, Johann von Wittelsbach. «Also stunt es mit der Pfaffhait, wo man poses horte oder krig wer und man fragte, wer tut das, so hies es, der bischof, der pfaff.»

Die Bischöfe kämpften mit den Königen gegen die Fürsten, mit den Fürsten gegen die Könige, mit dem Papst gegen den Kaiser, mit dem Kaiser gegen den Papst, mit einem Papst gegen den andern (immerhin 171 Jahre lang), mit den Pfarrgeistlichen gegen die Ordensgeistlichen oder auch gegen ihresgleichen – Bischof Dietrich von Osnabrück gegen Bischof Gerhard von Minden. Bischof Erich von Osnabrück gegen Bischof Heinrich von Münster usw. – im offenen Feld, in Straßen-, Kirchenschlachten, mit Dolch, Gift und auf jede nur mögliche Weise.

Jahrhundertelang propagierte der Klerus auch den Heiligen Krieg, zu dem Urban II. 1095, in richtiger Einschätzung der Sache, noch die Räuber aufrief. Der Papst garantierte Sündenvergebung, reiche Beute, ein Land, in dem Milch und Honig fließt, und schrie: «Christus befiehlt es!»

Mit dem Kreuz auf Kleidern, Fahnen zogen sie los. Schon an Rhein und Donau erschlugen sie Tausende von Juden. Dann vergewaltigten und mordeten sie die christlichen Ungarn. Bei der Einnahme Jerusalems im Sommer 1099, an einem Freitag, zur Stunde der Kreuzigung, wie die Chronisten entzückt berichten, massakrierten sie fast 70000 Sarazenen. Sie töteten, da sie alles, schreibt Erzbischof Wilhelm von Tyrus, für immer zu rauben beschlossen, «jeden Einwohner». Sie troffen von Blut und hängten an den Eingang der ‹gesäuberten› Häuser zum Zeichen der Besitzergreifung ihren Schild – eines der ältesten Zeugnisse für die Verwendung von Wappenschildern als Identifikationsmittel. Im Tempel metzelten sie derart, daß sie, so der Geistliche Raimund von Agiles, «durch Gottes wunderbares und gerechtes Urteil bis zu den Knien und sogar bis zu den Sätteln der Pferde in Blut wateten». Dann, notiert der Verfasser der «Gesta Francorum», ein Augenzeuge, «glücklich und vor Freude weinend gingen die Unsrigen hin, um das Grab Unseres Erlösers zu verehren».

Kein Kabarettist könnte doch dies Christentum besser parodieren.

Tabula rasa! Totaler Krieg. Ihr Ideal vom Mittelalter bis zu den faschistischen Kreuzzügen in Abessinien, Spanien, Kroatien, Rußland. Bis zum Massenmord mit Kardinal Spellmans Hilfe in Vietnam. Bis zum moraltheologischen Placet des jesuitischen Pacelli-Vertrauten Gundlach zur globalen Vernichtung durch den Atomkrieg. Bis zu dem «Mut» des Jesuiten Hirschmann, «unter Aussicht auf millionenfache Zerstörung menschlichen Lebens in der heutigen Situation das Opfer atomarer Rüstung zu bejahen», was, laut Hirschmann, «der Haltung des heiligen Franziskus» nahesteht und dem «Geist der Theologie des Kreuzes». Bis zu dem Buch «Die sittliche Ordnung der Völkergemeinschaft», worin ein großes Gremium katholischer Theologen «die Anlegung eines Atomwaffenvorrates» billigt und die Massentötung Unschuldiger als erlaubte «Nebenwirkung» abtut, laut apostolischem Nuntius, Erzbischof Muench, der schon mit den Nazis sympathisierte, «eine den Weisungen des Heiligen Vaters entsprechende Antwort».

«Nihilist und Christ: das reimt sich, das reimt sich nicht bloß...»

Für die katholische Welt wurden die Kreuzzüge bald ein einziges Fiasko. Ganze Heere verschwanden fast spurlos, auch 50000 Kinder; später schickte nur noch Hitler Kinder in den

Krieg. Andererseits erstarkte der Islam, das dauerhafteste Resultat der Kreuzzüge überhaupt. Dabei waren die Moslems nicht selten verhandlungsbereit und entgegenkommend. Nach ihrer Rückeroberung Jerusalems 1187 erkannten selbst die christlichen Chronisten Sultan Saladins Großmut und Menschlichkeit einmütig an. Imponierte doch vielen Kreuzfahrern die islamische Sittlichkeit bald mehr als die ihrer eigenen Führer.

Aber die Päpste stachelten immer wieder zu neuen Kreuzzügen auf. Sie wurden zum beherrschenden Gedanken ihrer ganzen Außenpolitik, nicht «nur» im 12. und 13. Jahrhundert, sondern bis zum Ende des Mittelalters. Eugen III., Innozenz III., Gregor IX., Clemens VI., Urban V., Clemens VII. – der 1390 im Kreuzzug gegen Tunis bereits das Schießpulver erprobte, eines der frühesten Beispiele in der Geschichte –, Benedikt XIII., Bonifaz IX., Eugen IV. propagierten unermüdlich den Heiligen Krieg, den bekanntlich immer mehr politische, militärische und wirtschaftliche Aspekte bestimmten: «die höhere Seeräuberei», sagt Nietzsche, «weiter nichts!» Noch im späten 15. Jahrhundert forderte Pius II. von allen europäischen Monarchen einen universalen Kreuzzug. Und Pius' Überzeugung, «daß Staaten durch Waffen gehalten werden, nicht durch Gesetze», teilten zweifellos die meisten Päpste, die ja gerade für die Staaten, selbst für die schlimmsten Verbrecherregime, ihre Gläubigen jederzeit bluten lassen. Denn während die in stets größeren Gemetzeln sterben, leben sie selber fort. Man nennt es Heilsgeschichte!

Oh, «diese herrlichen Beispiele unerschütterlicher Treue gegenüber den Fürsten, welche sich notwendig aus den hl. Vorschriften der christlichen Religion ergaben». So begeistert sich Gregor XVI., ausgerechnet jener Hierarch, der doch – ein Herzensmotiv fast aller Heiligen Väter seit 1789 – Gewissensfreiheit als «Wahnsinn», als «seuchenartigen Irrtum» verdammt, der giftig gegen «jene nie genug zu verurteilende und zu verabscheuende Freiheit des Buchhandels» eifert, der noch 1836 im Index der verbotenen Bücher das Lesen der Bibel in der Volkssprache abhängig macht von der Genehmigung der römischen

Inquisition. Eine Verfügung, die endgültig erst 1897 Leo XIII. liquidierte.

«Die Geistlichkeit», schreibt Schiller (vom Christentum, von «dem Wahne, der die ganze Welt bestach», so wenig haltend wie Goethe, für den «die Lehre von Christo nirgends gedrückter» ist «als in der christlichen Kirche», der Protestantismus «verworrener Quark», der Katholizismus identisch mit Theater und Karneval; «Hokuspokus»), «war von jeher eine Stütze der königlichen Macht und mußte es sein. Ihre goldene Zeit fiel immer in die Gefangenschaft des menschlichen Geistes, und wie jene sehen wir sie vom Blödsinn und von der Sinnlosigkeit ernten.»

Niemand vor Stalin und Hitler hat in Europa das menschliche Leben so unentwegt aufs äußerste verachtet, in den Staub getreten, ja, dies noch, Gipfel zynischer Perversion, als «gottgewollt» verkündet, wie die christliche Kirche.

Das zeigt auch ihre Vernichtung des Heidentums.

Zunächst zwar, als verschwindende Minderheit, hält man sich gegenüber den Altgläubigen deutlich zurück, polemisiert bloß sporadisch gegen sie, ja, plädiert mit Engelszungen für Religionsfreiheit. Doch als man sich stärker fühlt, um die Wende zum 3. Jahrhundert, geht man schon entschiedener vor, mit aller verbalen Vehemenz. Man diffamiert, wenn auch keinesfalls einhellig, die tradierte Kultur, die Philosophie, von der man selber mächtig profitiert, attackiert mehr noch das Schauspiel, und verhöhnt natürlich am meisten die heidnische Religion, die Verehrung des Kosmos, die Vergöttlichung des Wassers, des Feuers, der Erde, erst recht jede Heiligung des Tieres.

Und kaum war der Umschwung vollzogen, kommentiert der Theologe von Campenhausen, «ist die alte Märtyrer- und Verfolgungsideologie der Kirche wie weggeblasen und fast in ihr Gegenteil verkehrt». Schon unter dem ersten christlichen Kaiser weicht die 313 proklamierte Koexistenz und grundsätzliche Glaubensfreiheit allmählich einem Unterdrückungstrend. Schon Konstantin verbietet die Errichtung neuer Götterstatuen, die Verehrung bestehender, die Befragung der Orakel und jeden paganen Gottesdienst. Schon Konstantin läßt Tempel schließen, berauben, demolieren, vernichten, so das Äskulap-Heiligtum in Ägä, die Aphrodite-Tempel von Golgatha, Aphaka am Libanon, Heliopolis. Verschärft geht sein Sohn, der Arianer Konstantius, gegen den «Aberglauben», den «Unsinn der Opfer» vor. Als erster christlicher Kaiser belegt er die Ausübung des heidnischen Kultes mit der Todesstrafe und kassiert den Besitz der Hingerichteten. Es kommt bereits zu Tempelstürmen, zu Folter, Justizterror. Und der katholische Kaiser Theodosius I. bekämpft das Heidentum nicht nur durch eine Fülle rigoroser Gesetze, sondern sogar durch einen gewaltigen Krieg.

Kurz, schon im 4., mehr noch im 5. Jahrhundert errichtete die Kirche das Kreuz über Ruinen und Leichen.

In Alexandrien läßt der arianische Bischof und Monopolherr Georg den Tempel des Mithras stürmen, Bilder stürzen, Heiligtümer plündern. Sein Nachfolger, der katholische Patriarch Theophilus, zertrümmert die berühmte Serapisstatue eigenhändig mit dem Beil und befiehlt auch in der benachbarten Handelsstadt Kanopos die Ruinierung der Tempel bis auf den Grund. Sein Neffe und Nachfolger, der hl. Kirchenlehrer Kyrill, ein großer Marienverehrer, der das Dogma der Gottesmutterschaft mit riesigen Bestechungsgeldern durchsetzt, läßt 415 die in der ganzen damaligen Welt bekannte und gefeierte Philosophin Hypatia überfallen, in eine Kirche schleppen, nackt ausziehen und mit Glasscherben buchstäblich zerfetzen. Fanatisch bekämpft auch der Patriarch und Kirchenlehrer Chrysostomos die Altgläubigen. Nicht nur verunglimpft er sie in seinen bewunderten Reden, kraft derer er zum Patron der Prediger avanciert, sondern sorgt auch für die Vernichtung vieler phönizischer Tempel.

Besonders in den östlichen Provinzen, in denen die Christen zuerst überwogen, wurden bereits im späteren 4. Jahrhundert immer mehr Tempel geschleift und die Heiden nicht selten durch die aufgeputschten Massen massakriert. Fast stets geschah dies unter Führung von Bischöfen oder Äbten, wobei am aktivsten die Mönche waren, jene «schweinischen Schwarzröcke», wie die Griechen sie nannten, da sie wie Menschen aussähen, doch wie Schweine lebten. Sie stürmen zu den Tempeln, schrieb Libanios in seiner 389 an den Kaiser gerichteten Schrift «Pro templis», «mit Holz beladen oder mit Steinen und Schwertern bewaffnet, einzelne auch ohne diese Dinge, bloß mit Händen und Füßen. Dann als ob es herrenloses Gut wäre, reißen sie die Dächer nieder, stürzen die Mauern um, zerschlagen die Götterbilder, zertrümmern die Altäre. Den Priestern bleibt nur die Wahl zwischen Schweigen und Tod. Ist der erste Tempel zerstört, eilen sie zum zweiten und dritten und häufen Trophäen auf Trophäen, dem Gesetz zum Spott.»

Einer der berüchtigsten Tempelruinierer war Schenute (= Sohn Gottes), der das «Weiße Kloster» in der Thebais leitete, ein Doppelkloster mit zeitweise bis zu 2200 Mönchen und 1800 Nonnen. Als «großer Abt», «Prophet», «Apostel» schreckte er weder vor Betrug noch eigenhändigem Mord und Totschlag zurück. An der Spitze seiner hinreichend ausgehungerten Horden drang er in die Tempel ein, plünderte, verwüstete sie und warf die «Götzenbilder» in den Nil. Alles, was wertvoll war, Geld versprach, nahm er mit. Gelegentlich, wie in Akhmin, raubte er eine ganze Stadt aus, zündete sie an und metzelte die Einwohner nieder.

Andauernd wurden so Tempel gebrandschatzt oder in christliche umgewandelt, unersetzliche Kunstwerke zerstört, Spottprozessionen veranstaltet, die heidnischen Priester getötet und schließlich, im 6. Jahrhundert, sämtliche Heiden für besitz- und rechtlos erklärt; «damit sie», wie ein Gesetz des christlichen Kaisers besagt, «aller Habe beraubt, dem Elend ausgeliefert sind».

Im 20. Jahrhundert aber behauptet der katholische Theologe Jean Daniélou: «Die Kirche hat immer betont, daß sie die religiösen Werte der heidnischen Welt achtet.»

In Wirklichkeit hat sich keine gewichtige kirchliche Stimme gegen den Vernichtungsfeldzug erhoben. Im Gegenteil, man rief zu ihm auf, steckte sich hinter den Staat, appellierte an die

Herrscher. «Nehmet weg, nehmet weg ohne Zagen, allerheiligste Kaiser, den Schmuck der Tempel», hetzt schon um 347 Kirchenvater Firmicus Maternus. «Diese Götter mögen das Feuer der Münzstätte oder die Flamme des Metallbergwerks schmelzen, alle Weihegeschenke verwendet zu eurem Nutzen und macht sie zu eurem Eigentum. Nach Vernichtung der Tempel seid ihr vermöge der Kraft Gottes zu Höherem fortgeschritten.» Der sizilianische Renegat aus dem Senatorenstand empfiehlt den christlichen Monarchen «schärfste Gesetze», Anwendung von «Feuer und Eisen», Verfolgung «in jeder Weise», «damit kein Teil des verruchten Samens ... keine Spur des heidnischen Geschlechtes verbleibe».

Auch ein Kirchenlehrer wie Augustinus attackierte fortgesetzt «die Ungeheuer aller Arten von Göttern», «die gotteslästerlichen Kulte», «das Göttergesindel», sprach von «Seuche» und «Verbrechen». Er eiferte, höhnte, heizte immer wieder die Zerstörungswut an, macht in seinem magnum opus «Vom Gottesstaat» den Polytheismus zum Grund aller Greuel, aller mala, bella, discordiae der römischen Geschichte, schreckt auch vor bewußten Verzerrungen nicht zurück, ja, erlaubt sich gegenüber den Heiden einfach «alle Mittel», bis zur «Verfälschung der Zitate» (Andresen).

So verliefen denn die Pogrome unvergleichlich blutiger und erbarmungsloser als jemals eine Christenverfolgung zuvor. Tabula rasa! Totale «Säuberung». Beseitigung aller der Gesellschaft schädlichen Elemente. «Was nicht der Wahrheit oder Sittennorm entspricht», lehrt noch 1954 Papst Pius XII., «hat kein Recht auf Existenz.»

Deshalb genügte dieser Kirche auch nicht die Auslöschung des Heidentums.

Hatten die Christen sich schon immer gegenseitig bekämpft, beschimpft, verleumdet, hatte bereits Paulus die Vertreter der Urgemeinde «Hunde», «Verstümmelte», «Lügenapostel» genannt und der 2. Petrusbrief andersgläubige Christen «vernunftlose Tiere, die ihrer Natur entsprechend nur dazu geschaffen sind, daß man sie fängt und abtut», so ging man noch unter Konstantin gegen Nichtkatholiken vor. Man verbot ihre Gottesdienste, beseitigte ihr Schrifttum, raubte ihre Kirchen, ihr Vermögen und schickte sie in Verbannung. Und schon 385 ließen katholische Bischöfe in Trier die ersten Christen aus Glaubensgründen köpfen.

Von Augustinus, dem Prototyp der späteren Ketzerjäger, geht eine gerade Linie zur Inquisition, die bereits in der Karolingerzeit mit der Schaffung der bischöflichen Sendgerichte begann und allmählich zur systematischen Sektenfahndung führte, zur bewußten Produktion eines Terrors, der Ungezählte durch Jahrhunderte vernichtet hat und wiederkehrte in faschistischer Zeit, in der sogar die Jünger des Franz von Assisi Massenmörder, Anführer gewaltiger Pogrome, KZ-Kommandanten sind.

Die Inquisition gipfelte im Ausschneiden der Zunge, im Erdrosseln und Feuertod, 1194 zuerst in Spanien, darauf in Italien, Deutschland, Frankreich, zuletzt in England gesetzlich geregelt. In seiner Bulle «Ad Extirpanda» stellte Papst Innozenz IV. 1252 sämtliche nichtkatholischen Christen auf eine Stufe mit Räubern und verpflichtete die Herrscher, schuldige Häretiker binnen fünf Tagen zu töten. Die Dominikaner, die Schüler des Thomas von Aquin, des offiziellen Kirchenphilosophen, der selber energisch die Ausmerzung «verpesteter Menschen» aus der Gesellschaft verlangte, richteten jetzt eigens Hunde für Ketzerjagd ab und leiteten ein halbes Jahrtausend lang die Inquisition.

Nun marterte man und spritzte Weihwasser, brachte die Unschuldigen auf den Folterbock, die Wippe, in glühende Kohlen, Spanische Stiefel. Man schlug Kreuzzeichen und zerschlug Menschen. Man rief zum Heiligen Geist beim Zusammentritt des Tribunals und erlaubte alle Mittel des Betrugs. «Um der guten Sache willen», kommentierte ein Richter eine Aussagensammlung des sechzehn Tage immer schärfer gefolterten Savonarola, ist «einiges weggelassen, einiges hinzugefügt worden». Und nach Äußerungen von Entlastungszeugen fälschte man gleichfalls die Register.

Jeder Katholik mußte eidlich Ketzerverfolgung geloben und

den Schwur alle zwei Jahre wiederholen, Eltern mußten ihre Kinder, Kinder ihre Eltern verraten, Männer ihre Frauen, Frauen ihre Männer. Hier begann das Denunzianten- und Spitzelwesen, das Ausspionieren und Einschüchtern, womit es die modernen Polizeistaaten noch weit bringen sollten, begann im großen das Erzwingen äußerer Konformität und damit jenes einmalig ekle Gemisch aus Duckmäusertum und Heuchelei, das die christliche Volksseele seither charakterisiert.

Wie tolerant waren dagegen doch die heidnischen Kulte! Wie großzügig oft selbst die Römer gegenüber den Christen, die die Härte der Christenverfolgungen mitunter grotesk übertreiben bis heute. Keinerlei Nachspüren erlaubt 112 das Reskript Trajans, das für weit über hundert Jahre das Verhältnis zu den Christen bestimmt, kein anonymes Anklagen. «Denn das wäre ein schlimmes Beispiel und unserem Zeitalter nicht angemessen.» – «Ich will nicht», verordnet später Kaiser Hadrian, «daß Unschuldige belästigt werden, und man muß verhindern, daß die Verleumder ungestraft ihr häßliches Brigantenhandwerk ausüben können.»

Tausend Jahre weiter, welch sittlicher Fortschritt in christlicher Zeit! Jeder Betrug ist bei Überführung von «Ketzern» erlaubt. Zur Jagd auf sie wird allgemein gehetzt, zur Grausamkeit öffentlich erzogen. Man zahlt hohe Preise für Fensterplätze mit Scheiterhaufensicht und gewährt holzschleppenden Gläubigen vollkommene Ablässe. Man veranstaltet prunkvolle Autodafés, bei denen man, manchmal vor 200000 Zuschauern, Menschen massenweise ermordet. Man steckt sie auf ihrem letzten Weg noch unter einen Narrenhut, zwickt sie mit glühenden Zangen, schlägt ihnen bisweilen die rechte Hand ab und singt dann, während sie, je nach Windrichtung, ersticken oder langsam verbrennen: «Großer Gott, wir loben dich.» – «Ein erhebendes Schauspiel sozialer Vollkommenheit», rühmt noch 1853 die vatikanische Jesuitenzeitschrift die Inquisition.

Kein Kabarettist könnte doch dies Christentum besser parodieren.

Es kam vor, daß man sterbende Frauen in ihrem Bett auf den Richtplatz schleppen und ins Feuer werfen ließ.

Allein der Großinquisitor Torquemada schickte in Spanien persönlich 10220 Menschen auf die Scheiterhaufen und 97371 auf die Galeeren. Und noch in der Mitte des 20. Jahrhunderts foltern Christen in Franco-Spanien, in Korea, Algerien, Griechenland, Vietnam und in Gefängnissen der Deutschen Bundesrepublik. Aber auch die schreckliche Strafe der Sippenhaft – Papst Gregor IX. exkommunizierte bis in die siebte Generation, und Papst Urban II. sah im Töten von Exkommunizierten «aus Eifer für die Mutter Kirche» keinen Mord – kehrt in Nazideutschland wieder.

Nicht alle «Ketzer» verbrannte man. Bereuenden erwies man Gnade. Man geißelte sie sonntags während der Messe, einmal monatlich in jedem Haus, worin sie mit ihresgleichen verkehrten, und bei Prozessionen auf jeder Station. Manchmal trieb man sie auch nackt durch die Straßen, ehe man sie vor den Altären auspeitschte, ein Geschäft, das selbst päpstliche Legaten nicht unter ihrer Würde fanden. Andere Bereuende kamen an die «Mauer». Man verhängte den murus largus, eine relativ leichte Freiheitsberaubung, und den murus strictus, wobei man in einem fensterlosen Verlies – nach päpstlicher Verordnung so klein und finster wie möglich – auf Lebenszeit mit Händen und Füßen an die Wand geschmiedet wurde, was es nicht einmal unter Hitler gab. Noch gräßlicher war der murus strictissimus, über den die Inquisitionsregister freilich schweigen.

Wir kennen Katholiken, die im 13. Jahrhundert ihre Rechtgläubigkeit mit dem Eid beteuerten: «Ich bin kein Ketzer, denn ich habe eine Frau und schlafe bei ihr, ich habe Kinder und esse Fleisch, ich lüge, schwöre und bin ein gläubiger Christ, so wahr mir Gott helfe!»

Tote, deren «Häresie» erst später aufkam, mußten exhumiert und wie bei Lebzeiten behandelt werden. Ein berüchtigtes frühes Beispiel ist Papst Formosus. Papst Stephan VI. befahl 897, Formosus auszubuddeln, verurteilte ihn und schlug ihm zwei Finger der rechten Hand ab. Papst Sergius III. ließ Formosus 905 abermals ausgraben, in päpstliche Gewänder hüllen, auf einen Thron setzen und ihm, neuerlich verdammt, drei weitere Finger samt Kopf abhacken.

Nachdem man Zwingli abgestochen, wurde er gevierteilt, verbrannt und zur Verunehrung seiner Asche Schweinekot ins Feuer gemischt, während man unter den Scheiterhaufen von Hus heimlich ein verfaultes Maultier steckte, um dem Volk den Gestank des Teufels zu demonstrieren.

Doch befriedigten auch Einzelaktionen gegen «Ketzer» die Päpste nicht. Ganz Europa überzogen sie mit Krieg. Vom Süden bis zum Norden führten sie Kreuzzüge. Was nicht katholisch war, sollte verschwinden, wie noch im 20. Jahrhundert im klerofaschistischen Spanien und Kroatien.

Der erste Kreuzzug gegen Christen galt von 1209 an in Südfrankreich den Albigensern, den «Schmutz- und Schandflekken des Menschengeschlechtes», so noch im 19. Jahrhundert Papst Gregor XVI., die aber derart offensichtlich wieder ans Urchristentum anknüpften, daß selbst Kirchenlehrer Bernhard von Clairvaux von ihnen sagte: «Es gibt bestimmt keine christlicheren Predigten als die ihren, und ihre Sitten waren rein.» Indes, kaum zwei Monate nach seiner Thronbesteigung rief Innozenz III. die ganze Christenheit auf, alle nicht abschwörenden «Ketzer» zu verbrennen. Er versprach dem nordfranzösischen Adel ihre Güter, dem französischen König (der Bedenken äußert!) die Herrschaft über das Land und jedem katholischen Kreuzfahrer, auch den größten Sündern, die ewige Seligkeit.

Geistliche und weltliche Fürsten, Scharen von Rittern, Wegelagerern, Tausende von Leichenfledderern, Hurenknechten, Huren auf fahrbaren Venustempeln ergriffen daraufhin das Kreuz. Mit dem Lied «Komm, Heiliger Geist» stürmten sie die Städte und schlachteten alle Einwohner, «Häretiker» und Katholiken, wie sie ihnen unters Messer kamen. Sie schlachteten die Priester am Altar mit der Monstranz in der Hand, schlachteten Säuglinge und Greise: allein in Béziers 20 000 Menschen. Schon damals nahmen Mütter ihre Kinder an die Brust und verhüllten ihnen die Augen, ehe man sie ins Feuer stieß, wie später in den Gaskammern von Auschwitz. Doch weil selbst nach zwanzigjährigem Gemetzel noch Albigenser lebten, zahlte die Kirche nach dem Friedensschluß für jeden lebend oder tot gebrachten «Ketzer» zwei Silbermark als Prämie.

Kreuzzüge und Glaubenskriege grassieren nun in Europa jahrhundertelang. Auch die Heidenmission im Osten, schon von Karl «dem Großen» 782 mit der Exekution von 4500 Sachsen eröffnet, wird fortgesetzt. 1147 führt man den Wendischen Kreuzzug. Losung: «Wer sich nicht taufen läßt, soll sterben.»

Im Spätmittelalter morden im Osten die Ordensritter ganze Gegenden aus. Und schließlich liefern einander die Katholiken selber neun Schlachten, da der Papst als «Erbteil der Mutter Gottes» für sich beansprucht, was auch die Ritter behalten wollen.

Mitte des 15. Jahrhunderts fallen einem dreizehnjährigen Krieg des Ordens in Polen 1019 Kirchen und 17987 Dörfer zum Opfer. 500 Jahre später werden durch den «europäischen Kreuzzug» (so der katholische Feldbischof der Wehrmacht), durch Hitlers Rußlandfeldzug, den alle deutsch-österreichischen Bischöfe «mit Genugtuung» verfolgen und Papst Pius XII. als «Verteidigung der Grundlagen der christlichen Kultur» rühmt, mehr als 1700 Städte und 70000 Dörfer zerstört sowie 25 Millionen Menschen obdachlos, von den Toten zu schweigen. Über die weiteren Aussichten schreibt Katholik Friedrich Heer: «Ein christliches und kirchliches Vorplanen, Vordenken, Vorbereiten – in Handlangerdiensten – eines neuen Krieges schließt direkt an die Unterstützung des Hitlerkrieges durch die Führungen der beiden Großkirchen an.»

600 Jahre lang verfolgt man die Waldenser, nur weil sie die Bibel ernster nehmen. 1234 treibt Papst Gregor IX. zum Kreuzzug gegen die Stedinger Bauern, die dem Bremer Erzbischof die drückenden Abgaben verweigern. 5000 Männer, Frauen, Kinder werden erschlagen und ihre Höfe durch kirchliche Neusiedler besetzt.

Im frühen 15. Jahrhundert predigen Martin V. und Eugen IV. Kreuzzüge gegen die Hussiten, wobei es auf beiden Seiten zu ungeheuren Greueln kommt, man Katholiken Kreuze, Hussiten Kelche in die Stirnen schneidet, Priester in Pechfässern brät oder am Altar ersticht. Man metzgert ganze Städte leer, brennt Dörfer hundertweise nieder, schon damals die Taktik der verbrannten Erde erprobend. Doch noch nach dem Zweiten Weltkrieg belehrt uns der protestantische Theologe Thielicke: «Christen, die ihren Kriegsdienst unter den Augen Gottes ableisten, haben ihr Handwerk des Tötens immer so verstanden, daß sie es im Namen der Liebe übten!» Während sein Kollege Künneth 13 Jahre nach «Hiroshima» erklärt: «Selbst Atombomben können in den Dienst der Nächstenliebe treten.»

Kein Kabarettist...

1538 ruft Paul III. zum Kreuzzug gegen das abgefallene England auf, dessen «Ketzer» er samt und sonders versklaven will.

1568 beschließt das spanische Inquisitionstribunal die Beseitigung von drei Millionen Niederländern, die, so steht auf den Hüten der Geusen, «lieber türkisch als päpstlich» sein wollen. Nachdem Herzog Alba schon viele Tausende ermordet hat, schickt ihm der Papst zur weiteren Aufmunterung einen geweihten Degen, und nun werden unter ausgesuchten Greueln, wobei man Töchter im Blut ihrer Väter erstickt, ganze Städte bis auf das letzte Kind liquidiert.

In Frankreich kommt es 1572 – Schlachtruf: «Es lebe die Messe! Tötet, tötet!» – in einer Nacht zur Niedermetzelung von 20000 Hugenotten. Papst Pius V. hatte ihre «Ausrottung» gefordert, Papst Gregor XIII. veranstaltet aus Freude darüber öffentliche Lustbarkeiten und prägt auf einer Festmedaille einen hugenottenschlachtenden Engel, rückseitig sein eigenes Bild.

Noch nach 1685 verlassen 200000 Hugenotten Frankreich. Die riesigen Umsiedlungen, Ausbürgerungen, Emigrationen im 20. Jahrhundert haben schon im Mittelalter ihre großen Vorbilder, wo religiöse Nonkonformisten in alle Himmelsrichtungen durch die Länder fliehen, Waldenser, Humanisten, lutherische Sektierer, Erasmianer, Täufer, Sozinianer, Antitrinitarier usw.

1584 stellt Papst Gregor XIII. in der Bulle «In Coena Domini» die Protestanten auf eine Stufe mit Seeräubern und Verbrechern. Und als man nach dem Dreißigjährigen Religionskrieg des 17. Jahrhunderts, der 40 bis 70 Prozent der beteiligten Völker verschlingt, in totaler Erschöpfung den Westfälischen Frieden schließt, ist es Papst Innozenz X., der feierlich protestiert.

Nur kurz sei hier an die blutige Mission der Kirchen in außereuropäischen Ländern erinnert, in Indien, Afrika, Amerika, dessen Einwohner man zu Millionen, auf Kuba ganz ausgerottet hat, alles natürlich ebenfalls, wie Schopenhauer höhnt, «in majorem Dei gloriam und zum Behuf der Verbreitung des Evangeliums, und weil überdies, was nicht Christ war, auch nicht als Mensch angesehen wurde».

Das Christentum ist theoretisch die friedliebendste, praktisch die blutrünstigste Glaubensgemeinschaft der Weltgeschichte. Immer wieder haben dies ehrliche Forscher betont. Sicherlich keine Übertreibung nennt der englische Historiker William E. H. Lecky die Feststellung, «daß die Kirche den Menschen ein größeres Maß unverdienten Leids zugefügt hat als irgendeine andere Religion». Und der deutsche Theologe Bruno Bauer bekennt: «Keine Religion hat so viele Menschenopfer gefordert und auf eine so schmähliche Weise hingeschlachtet als diejenige, die sich rühmt, sie für immer abgeschafft zu haben.»

Sie führten Krieg und ließen andere für sich Kriege führen. Sie vernichteten das Heidentum. Sie schufen die Inquisition. Sie betrieben Kreuzzüge gegen Türken und Christen. Doch war es ihnen noch immer nicht genug.

Vom 13. bis ins 19. Jahrhundert verbrannte die christliche Kirche Hexen – während man im alten Babylon bloß ihr Bild verbrannt hatte. Primitivster Geisterwahn selbst der berühmtesten Katholiken (Augustinus glaubt fest an Weibern nachstellende Faune; Thomas von Aquin an wetterproduzierende Dämonen; Papst Gregor I. – durch den Beinamen der Große und den seltenen Titel eines Kirchenlehrers geehrt, den außer ihm nur ein einziger Papst trägt, eine Quelle christlicher Erbauung und «Wissenschaft» für länger als ein halbes Jahrtausend – füllt vier Bücher mit einem haarsträubenden Unsinn nach dem andern, zum Beispiel mit dem Rapport von jener Nonne, die versehentlich den auf einem Salatblatt sitzenden Satan verschluckt und dergl.: alles bitterernst gemeint!), primitivster Geisterwahn, groteske Teufelspsychose, verdrängte Sexualität und grenzenlose Raffgier brachten nun Millionen Menschen, vor allem Frauen, einen gräßlichen Tod.

Die Päpste Gregor IX., Alexander VI., Leo X., Julius II., Hadrian VI. und viele andere haben an die Existenz von Hexen geglaubt, an Männer und Frauen, wie Innozenz VIII. in seiner «Hexenbulle» formuliert, «die mit buhlerischen Nachtgeistern sich leiblich vermischen» zum schwersten Schaden für Erde, Mensch und Tier. So jagte man neben Heiden, Türken, «Ketzern» nun auch Hexen und schrieb Fanglöhne für eingebrachte Frauen aus – im katholischen Offenburg beispielsweise zwei Schilling pro Stück –, während dreitausend Jahre früher der altbabylonische Herrscher Hammurapi im § 2 der ältesten Rechtssammlung der Welt jeden für unwahre Bezichtigung der Hexerei mit Tod und Konfiskation seines Besitzes bedroht.

Jetzt unterzog man die Opfer schrankenlosen Torturen, zwang Kinder, gegen ihre Mütter, Mütter gegen ihre Kinder auszusagen, erpreßte durch die Folter erlogene Geständnisse und Namen neuer Opfer, aus denen dann wieder neue Namen herausgemartert wurden. Man fesselte die Elenden in unterirdischen Verliesen auf Holzkreuze, schmiedete sie im Freien an Mauern, setzte sie Ratten, jeder Witterung aus und malträtierte selbst die von Geistlichen und Henkersknechten oft halbtot genotzüchtigten Kinder. Man hängte sie in Türmen an Ketten in die freie Luft, ließ sie hungern, frieren, dann am Feuer braten. «Du sollst so dünn gefoltert werden, daß die Sonne durch dich scheint», hieß eine Hexenformel.

Man muß die Schreie der Unglücklichen hören! Muß lesen, was manche aus den Kerkern schrieben, Frauen an ihre Männer, Väter und Mütter an ihre Kinder: die Beteuerungen der Unschuld, die Abschiede für immer. Man muß das kennen, um zu wissen, daß der Teufel ein Christ, der Christ oft ein Teufel ist oder die Christenheit, wie Kierkegaard sagt, «Satans Erfindung».

Eine Viehseuche im Erzbistum Salzburg führte 1678 zum Feuertod von 97 Frauen. Der Bamberger Bischof Fuchs von Dornheim mordete um 1630 ungefähr 600 Hexen und Hexer, alle fünf Bürgermeister der Stadt. Sein Vetter, der Würzburger Oberhirte Adolf von Ehrenberg, brachte etwa 1200 Hexen und Zauberer auf den Scheiterhaufen und stiftete dann hl. Messen für ihre Seelen. Erzbischof Johann von Trier liquidierte 1585 so viele Hexen, daß in zwei Dörfern nur zwei Frauen überlebten. «Es geht gewiß die halbe Stadt drauf», klagt Mitte des 17. Jahrhunderts ein Pfarrer aus Bonn, wo man unter dem Druck des Kölner Erzbischofs Ferdinand von Bayern bereits dreijährige Kinder wegen ihrer «Buhlteufel» verbrannte.

Überall wurden die Frauen «weggebeizt» und «weggeputzt», wie die christlichen Chroniken berichten. «Da wir nun die alten nahezu erledigen und hinrichten ließen», unterbreitet Landgraf Georg von Darmstadt 1582 seinem Gesandten beim Augsburger Reichstag, «so geht es jetzt an die jungen ...» Sie warfen hundertjährige Frauen ins Feuer, einjährige Kinder, Krüppel und Blinde, Todkranke und Schwangere, ganze Schulklassen, selbst Geistliche und Nonnen. Die Länder litten schlimmer als durch Kriege. Und jeder, der gegen den Irrsinn aufbegehrte, wurde als «Hexenpatron» meist selbst «verheizt» – um einen Naziausdruck zu gebrauchen, den eine lange Kirchenpraxis illustriert. Gab es doch im Bistum Bamberg, Bistum Breslau schon Verbrennungsöfen für Hexen!

Nachdem der Klerus aber die Elenden umgebracht, raubte er ihr Vermögen, nicht selten der eigentliche Grund für viele Ketzer- und Hexenprozesse. Ein Mainzer Dechant ließ in zwei Dörfern über 300 Menschen verbrennen, nur um ihre Güter mit seinem Stift vereinigen zu können. Ein Schreiber in Fulda, dessen Fürstabt ein bekannter Hexenjäger war, bedrohte besonders die Reichen und brüstete sich, in neunzehn Jahren 700 Menschen beiderlei Geschlechts auf den Scheiterhaufen gebracht zu haben. Jedes der zahlreichen Todesurteile im Bistum

Augsburg endete mit der Formel: «Ihr Hab und Gut verfällt dem Fiskus Ihrer fürstlichen Gnaden des hochwürdigen Herrn Marquard Bischofs zu Augsburg und Dompropstes zu Bamberg.» Den Bamberger Bischof warnte Kaiser Ferdinand II.: «Was aber die höchst schmutzige Konfiskation anbelangt, können Wir diese Dero Andacht durchaus nicht und unter keinerlei Vorwand mehr gestatten.»

Auch die Inquisitoren und Beichtväter kassierten Blutgelder. Der Hexenrichter Geiß, der in der Wetterau nicht nur Zechen in Rechnung stellte, die «der Ausschuß bei der Hexenjagd in zwei Tagen dort versoffen», sondern auch ein Drittel des Eigentums seiner Opfer einstrich, konnte sich zuletzt nur noch durch Flucht vor der Volkswut retten, verlangte aber nach seiner Entlassung sein Gehalt weiter – darin sehr ähnlich vielen Nazirichtern in der Bundesrepublik. Das schnellste und leichteste Mittel, reich zu werden, hieß ein geflügeltes Wort, sei das Hexenbrennen. Oft endete es sofort, wenn die Aussicht auf Beute entfiel.

Die Reformation hat den Wahnsinn nicht gehemmt. Im Gegenteil. Wie die Reformierten in Holland schließlich barbarisch die Katholiken dezimierten, wie sie deren Kirchen und Klöster plünderten, niederrissen, die Kruzifixe und Heiligenbilder samt Priestern, Mönchen ins Feuer warfen, wie lutherische Landsknechte 1527 in Rom Tausende von Päpstlichen erschlugen und selbst in der Peterskirche 200 massakrierten, worauf sie durch ungeheuerliche Brandschatzungen oder, wie die Lutheraner selber glauben, «die Gnad Gottes reich worden [sein], davon nicht genugsam zu beschreiben ist» – so töteten sie nun auch die Hexen. Luther, der überall den Satan sah, war mit der Einäscherung der «Teufelshuren» genauso einverstanden wie der Papst oder, wie er sagt, die «Papstsau», der er freilich ebenfalls, gleich allen Kurialen, die Zunge hinten zum Hals herausreißen und sie so der Rangordnung nach an den Galgen nageln wollte. Und Calvin, der seine Kritiker eifrig mit Folter und Schwert zur Ruhe, auch einen Servet auf den Scheiterhaufen brachte, erkannte gern die Verdienste des Genfer Rats im Hexenfangen an, machte darauf aufmerksam, daß es «noch viele andere derartige gebe» und ersuchte darum, «diese Rasse ... auszurotten».

Tatsächlich starben in vielen protestantischen Gebieten mehr Hexen noch als in katholischen. Im Braunschweigischen, wo man Ende des 16. Jahrhunderts oft zehn an einem Tag verbrannte, sahen bei Wolfenbüttel die Pfähle, an denen die Frauen auf den Scheiterhaufen standen, wie ein verkohlter Wald aus. Erst in nachreformatorischer Zeit erreichte die Verfolgung ihren Höhepunkt. Noch im 17. Jahrhundert fielen ihr in Europa mutmaßlich fast eine Million Menschen, meist Frauen, zum Opfer. Und noch im späten 18. Jahrhundert zeigte sich der evangelische Bischof Troilus in Dalarne, Schweden, tief besorgt über «unsere gleichgiltige und freidenkende Zeit», in der man angeklagte Hexen nicht mehr verheizen wollte.

Überhaupt wurde die Frau in der christlichen Welt, und wieder im Gegensatz zur Haltung Jesu, durch die ganze Geschichte zurückgesetzt. Das beginnt mit Paulus, der den Mann weit über das Weib stellt, und mit anderen antiken Theologen, die in ihm nur ein niedriges, fleischliches, den Mann verführendes Geschöpf sehen, die Eva und Sünderin schlechthin, die man am liebsten, wie der hl. Hieronymus anregt, kahl geschoren hätte, der man mitunter selbst das Singen in der Kirche, oft deren Betreten und die Kommunion während der Menstruation bei schweren Strafen verbietet, und wirkt über den an Paulus anknüpfenden Luther und all die Diskriminierungen des weltlichen Rechts bis ins 20. Jahrhundert.

Der Deutsche Reichstag lehnt noch im August 1918 das Frauenstimmrecht ab. In Frankreich erhalten die Frauen erst 1945 das aktive und passive Wahlrecht. Und im Land des Papstes gab es noch danach eine doppelte Rechtsprechung für die Geschlechter, war Ehebruch des Mannes, wie noch unlängst der Oberste Gerichtshof Italiens im Rückgriff auf ein altes Gesetz und im schreienden Widerspruch zur Verfassung entschied, kein Vergehen, Ehebruch der Frau dagegen ein Verbrechen.

Auch die fromme Jagd auf Heiden, Moslems, «Ketzer», Hexen aber genügte der Kirche nicht; hinzu kamen die Juden.

Zwar war im Christentum alles, was nicht von Heiden stammte, jüdisch – vom Alten Testament an über die Engelheere, Erzväter, Propheten, das Vaterunser bis zum gesamten *Wort*gottesdienst. Doch gerade weil die Juden den angeblich christlichen Charakter ihres Glaubens nicht einsehen konnten, weil sie «verstockt» blieben, flammte der christliche Judenhaß durch zwei Jahrtausende.

Auch er begann bereits bei Paulus, wuchs im Johannesevangelium und nahm ständig zu. Fast alle antiken Kirchenväter sind Antisemiten. Schon im 2. Jahrhundert findet der hl. Justin, der seinerzeit bedeutendste großkirchliche Apologet, die Juden nicht nur schuld am Unrecht, das sie selber tun, «sondern auch an dem, das alle anderen Menschen überhaupt begehen» – was selbst Streicher nicht mehr überbieten konnte. Kirchenlehrer Ephraim, die «Zither des Heiligen Geistes», schimpft die Juden Sklavennaturen, Wahnsinnige, Teufelsdiener, Mörder, ihre Führer Verbrecher, ihre Richter Schurken, «sie sind 99mal so schlecht wie Nichtjuden». Kirchenlehrer Johannes Chrysostomos hält Juden für «nicht besser als Schweine und Böcke» und meint von ihrer Synagoge: «Nenne einer sie Hurenhaus, Lasterstätte, Teufelsasyl, Satansburg, Seelenverderb, jeden Unheils gähnender Abgrund oder was immer, so wird er noch weniger sagen, als sie verdient hat.»

Kein Wunder also, wenn schon im 4. Jahrhundert jüdische Gotteshäuser rauchen, auch die Christen Roms bereits eine Synagoge anzünden, Bischof Innocentius von Dertona eine zerstören läßt, selbst der hl. Kirchenlehrer Bischof Ambrosius sich mit den Brandstiftern von Kallinikon flammend solidarisch erklärt und behauptet, auch die Mailänder Synagoge eingeäschert zu haben, hätte sie nicht schon ein Blitz ruiniert. Kein Wunder, wenn im 5. Jahrhundert eine weitere Synagoge Roms in Flammen steht; wenn der Patriarch von Alexandrien, Kyrill, Heiliger und Kirchenlehrer wieder, sämtliche Synagogen Ägyptens beschlagnahmt und unter seiner Führung, doch ohne jede Befugnis, die Synagoge an seinem Bischofssitz von einem riesigen

Volkshaufen stürmen, zerstören, das Eigentum der Juden plündern und sie selber mit Weib und Kind, ohne Habe, ohne Nahrung, vertreiben läßt, angeblich mehr als hunderttausend, vielleicht zweihunderttausend, die erste «Endlösung».

Schon im ausgehenden Altertum verfügen Dutzende von Synoden eine scharfe antijüdische Bestimmung nach der andern, bis das 6. Konzil von Toledo 638 die Zwangstaufe aller in Spanien lebenden Juden befiehlt und das 17. Konzil von Toledo 694 sämtliche Juden zu Sklaven erklärt. Ihre Kapitalien werden konfisziert, ihre Kinder vom siebten Jahr an ihnen weggenommen.

Gewiß haben weltliche und geistliche Fürsten Juden gelegentlich beschützt, meist aber nur aus wirtschaftlichen oder politischen Gründen; man ließ sich gut bezahlen dafür und verlangte überdies oft den Glaubenswechsel. Und nachdem schon die Kirchenväter des ausgehenden Altertums den Begriff der Judenknechtschaft, der servitus Judeorum, geprägt hatten, brachten die Schutzbriefe der spätkarolingischen Kaiser und Könige ein stets größeres Abhängigkeitsverhältnis der Juden, zuerst in Westfrankreich, dann in England, wo es im 12. Jahrhundert heißt: «Die Juden und all das Ihre gehört dem König.» Entsprechend gehörten sie in Deutschland zur «Kammer» des Kaisers, der sich als Eigentümer des jüdischen Vermögens ansah, zumindest eine ständige Hypothek darauf hatte, dies Recht auch an den Episkopat, den Adel, die Städte abtrat, worauf die Lage der Juden immer unsicherer wurde, die Bischöfe Gewaltmaßregeln gegen sie begünstigten und ihnen Schutz nur gewährten, wenn sie sich taufen ließen, mochten sie auch vor ihren Augen krepieren.

Seit 1103 wurde der Königsschutz durch Heinrich IV., unter dem der Investiturstreit mit dem Papsttum begann, für etwa 120, 130 Jahre allen Juden zuteil; wenig erfolgreich. Auch mußten sie dafür jährlich hohe Steuern zahlen, ja, nach der Wahl eines jeden Römischen Königs und der Krönung eines jeden Römischen Kaisers diesen ein Drittel ihres Vermögens geben für die «Gnade», nicht verbrannt zu werden.

Zwar begünstigten sie auch mehrere Päpste durch Schutzbullen, Alexander III. im späteren 12. Jahrhundert, Gregor IX. 1237, Innozenz IV. 1247, der freilich schon 1244 den Talmud verbrennen ließ. Doch in anderen Bullen, 1279, 1577, 1584 etc., zwangen die Päpste die Juden bis ins 19. Jahrhundert hinein regelmäßig zur Teilnahme an genau kontrollierten Bekehrungspredigten, wobei man sie mit Stöcken am Einschlafen gehindert hat.

«Die Juden zu mißhandeln hält man für ein gottgefälliges Werk», meldet im 12. Jahrhundert Abaelard. «Wenn sie zum nächsten Ort reisen wollen, müssen sie mit hohen Geldsummen den Schutz der christlichen Kirchen erkaufen, welche in Wahrheit ihren Tod wünschen, um ihren Nachlaß an sich zu reißen. Äcker und Weingärten können die Juden nicht haben, weil niemand da ist, der ihren Besitz garantiert. Also bleibt ihnen als Erwerb nur das Zinsgeschäft, und dies macht sie wieder bei den Christen verhaßt.»

1179 dekretiert das 3. Laterankonzil, daß Christen, «die sich erdreisten, mit Juden zu leben, dem Kirchenbann unterfallen». Innozenz III. nennt sie 1205 «gottverdammte Sklaven», schreibt an den Grafen von Toulouse, den er exkommuniziert: «Der Christenheit zur Schmach verleihst Du öffentliche Ämter an Juden ... Der Herr wird Dich zermalmen!», und will sie dauernd versklavt sehen. Das Konzil von Zamora verfügt 1313 abermals ihre Verknechtung und fordert die Durchführung dieses Beschlusses von den weltlichen Behörden unter Androhung des Kirchenbanns. Kurz, bis ins 19. Jahrhundert reißen die antijüdischen Erlasse der Kirche nicht ab. Noch der 1823 gekrönte Leo XII. (so moralisch wieder, daß er den Walzer als obszönen Tanz verbietet) errichtet neue Gettos und unterwirft deren Bewohner der Inquisition.

Kein Wunder, wenn der permanent aufgeputschte christliche Pöbel nun auch die Juden auszulöschen begann. Sie wurden erschlagen, ertränkt, gerädert, gehängt, zerhackt, gevierteilt, lebendig verbrannt und lebendig begraben. Sie wurden an Stricken und Haaren zum Taufbecken gezerrt, und der hohe Klerus nahm aktiv an diesen Zwangstaufen teil, wie ihm überhaupt die Verfolgung nie scharf genug sein konnte.

Zu den ersten allgemeinen Judenmassakern führten die Kreuzzüge. Man finanzierte sie zu einem beträchtlichen Teil mit jüdischem Geld, und indem man die Juden erschlug, befreite man sich von der Rückzahlung des Kapitals und der Zinsen. Als erstes plünderten die Kreuzfahrer 1096 die Judengemeinde von Rouen, brannten deren Häuser nieder, stachen die Einwohner ab. Ebenso tötete man die rheinischen Juden, in Köln, Worms, Trier, wo Bischof Egilbert nur jene rettete, die sich taufen ließen; die andren wurden umgebracht. In Mainz hatte Erzbischof Ruthard den Juden gegen hohe Bezahlung Schutz versprochen und ließ sie dennoch liquidieren, zwischen 700 und 1200 Menschen. Ebenso ermordete man sie in Regensburg, Prag und anderen Städten. Bei der Eroberung Jerusalems, am 15. Juli 1099, wo die Kreuzfahrer angeblich bis zu den Knien, den Sätteln der Pferde in Blut wateten, trieb man die jüdische Bevölkerung in den Synagogen zusammen und verbrannte sie bei lebendigem Leib.

Auch beim sogenannten Zweiten und Dritten Kreuzzug kam es zu Judenverfolgungen, wozu in Frankreich Abt Petrus von Cluny, der Ehrwürdige, ein Heiliger, aufstachelte, während in Deutschland der Mönch Rudolf zum Terror trieb. In England begannen die Gemetzel mit dem Dritten Kreuzzug 1189/90; die jüdischen Gemeinden dort sollen sich davon nie ganz erholt haben.

Im 13. und 14. Jahrhundert gingen die antisemitischen Haßausbrüche, die ganz Europa erschütterten, vor allem von den Laterankonzilien aus.

Das unter Innozenz III., dem mächtigsten Papst der Geschichte – «Der Jude», schrieb er 1205 dem Bischof von Paris, «ist wie ein Feuer im Busen, wie eine Maus im Sack, wie eine Schlange am Hals» – versammelte Vierte Laterankonzil bestätigte, unter Berufung auf Augustin, die Behauptung von der ewigen Knechtsexistenz, dem Sklavenstand, der Juden und erließ eine Reihe antijüdischer Dekrete. So verbot man den Juden öffentliche Ämter, sie mußten jährlich an Ostern eine Sondersteuer zahlen und bei geschlossenen Läden zu Hause bleiben. Sie durften mit Christen nicht zusammenleben und hatten bestimmte Kleidung oder Abzeichen zu tragen, hohe kegelförmige Hüte, sogenannte Judenhüte – später den gelben Ring; hier hat Hitlers Judenstern seinen Ursprung. Streng wurde der Geschlechtsverkehr zwischen Juden und Christen verpönt. Der dann wieder von den Nazis so perhorreszierte Beischlaf galt als Verbrechen gegen das Christentum, Abfall vom Glauben, gelegentlich als Bestialität. Das Mainzer Stadtrecht bestrafte dies durch Abschneiden des Gliedes und Verlust eines Auges, das Iglauer Stadtrecht mit Lebendig-Begrabenwerden, das Altprager mit Pfählung und Vermögenseinziehung, das Augsburger Stadtrecht und der Schwabenspiegel durch Verbrennen der übereinandergelegten «Schuldigen».

1235 wurden in Fulda 34 jüdische Männer und Frauen niedergemacht, weil zwei von ihnen fünf Christen-Kinder ermordet haben sollten, was eine kaiserliche Kommission als gänzlich haltlos erwies. 1257 und 1267 hat man die Judengemeinden von London, Canterbury, Northampton, Lincoln, Cambridge und anderen Städten vernichtet. 1281 warf man alle Juden Kastiliens – angeblich 300 Gemeinden – in die Gefängnisse und preßte ihnen unerhörte Kontributionen ab: neben der Vertreibung eine immer wieder praktizierte Methode, wollte ein Bischof oder weltlicher Herr mehr Geld. In Frankreich wurden die Juden zwischen 1182 und 1322 fünfmal ausgewiesen, jedesmal beraubt, jedesmal wieder vertrieben. 1290 kamen bei einem böhmischen Judenpogrom etwa 10000 Menschen um.

In Franken, Bayern, Österreich sollen 1298, nach einer Ritualmordbeschuldigung, 146 jüdische Gemeinden ausgerottet worden sein, wobei als erste große Judengemeinde Frankens die Würzburger der Verfolgung zum Opfer fiel: 900 tote Juden. Das katholische Bamberg tötete damals etwa 135 Juden, das katholische Nürnberg 628 jüdische Männer, Frauen, Kinder. 1328 liquidiert man die jüdischen Gemeinden in Navarra fast völlig. 1337 geht von Deggendorf aus eine Mordwelle durch Bayern, Böhmen, Mähren, Österreich, die 51 Orte erfaßt. 1348 werden die Basler Juden auf einer Rheininsel, die Straßburger Juden auf dem Friedhof verbrannt.

1349 beseitigt man in mehr als 350 deutschen Städten und Dörfern nahezu sämtliche Juden, meist durch Verbrennen bei lebendigem Leib. Die Christen ermordeten in diesem einzigen Jahr weit mehr Juden als die Heiden einst Christen in der zweihundertjährigen antiken Christenverfolgung! Viele Juden hätten sich durch die Taufe retten können, zogen aber fast stets das Martyrium einem katholischen Leben vor. In Mainz vernichteten jetzt die Katholiken die größte Judengemeinde Deutschlands, 6000 Menschen. Nach Ermordung der Nürnberger Juden werden ihre Häuser beschlagnahmt, ihre Vermögen eingezogen, wovon der Bamberger Bischof 800 Gulden kassiert. In Bamberg selbst sticht man einen Teil der Juden ab, andre verbrennen sich aus Verzweiflung mit Hab und Gut. Fast sämtliche Häuser der Opfer erhält der Bamberger Bischof Friedrich, die Synagoge modelt man zu einer Marienkapelle um. In Würzburg verbrennt sich die ganze Judenschaft in ihren Häusern selbst.

In Spanien beginnen die großen Judenmassaker im 14. Jahrhundert mit schrecklichen Blutorgien in Gerona und Barcelona. In Sevilla werden 1391 unter Führung des stellvertretenden Erzbischofs Martinez 4000 Juden kaltgemacht, etwa 25000 als Sklaven verkauft. Darauf griff der Pogrom auf zahlreiche andere Städte über, alle Judenviertel wurden eingeäschert, ihre Bewohner in Stücke geschnitten oder vertrieben.

Am 1. November 1478 autorisiert eine Bulle von Papst Sixtus IV. die spanischen Herrscher zur Errichtung eines Inquisitionsgerichtes, das am 17. September 1480 beauftragt wird, in Sevilla «mit der Arbeit» zu beginnen. Darauf feiert man die Verbrennungen als regelrechte Volksschauspiele in aller Öffentlichkeit. Noch unter Sixtus verbrennt die Inquisition an drei Tagen in Toledo 2400 Marranen, wie die zum Christentum konvertierten Juden hießen, was «Schwein» bedeutet. In kurzer Zeit sollen fast 30000 hingerichtet worden sein.

1389 schlachtet man in Prag an einem Tag 3000 Juden, 1420 in Österreich 1300 Juden, 1453 in Schlesien, nach einer Agitation des Kapuzinergenerals Capistrano – eines wilden Antisemiten, Kreuzzugpredigers, Inquisitors und Heiligen der katholischen Kirche; noch heute feiert sie jährlich sein Fest am 28. März –, sämtliche Juden, 1648 in Polen ungefähr 200000 Juden. Solche Zahlen ließen sich häufen.

Die Reformation änderte auch am christlichen Antisemitismus nichts. Im Gegenteil. Nach einer frühen philosemitischen Phase, in der die von Luther begeisterten Juden den Anbruch der messianischen Zeit verkündeten, empfahl der Reformator in übelsten Pamphleten «scharfe Barmherzigkeit» und übernahm, beredt, verführerisch, fast alle katholischen Lügen und Greuelmärchen, die Brunnenvergiftung ebenso wie den Ritualmord. Er identifizierte die Juden mit Schweinen, fand sie «schlimmer als eine Sau», forderte für Ausübung ihres Gottesdienstes die Todesstrafe, verlangte ein Verbot ihrer Schriften, Zerstörung ihrer Häuser, Niederbrennung ihrer Schulen und Synagogen, «daß kein Mensch einen Stein oder Schlacke davon sehe ewiglich. Und solches soll man tun unserem Herrn und der Christenheit zu Ehren, damit Gott sehe, daß wir Christen seien». Noch kurz vor seinem Tod stachelte Luther die Fürsten zur Vertreibung der Juden auf. Doch waren sie damals aus den meisten großen deutschen Städten ohnedies verjagt.

Die 1540 mit der Gründung des Jesuitenordens einsetzende Gegenreformation – die Jesuiten verlangten von jedem ihrer Kandidaten Judenreinheit seines Stammbaums bis in die fünfte, später bis in die dritte Generation – richtete sich besonders fanatisch gegen die Juden. Paul IV., der schon 1553 als Kardinal Carafa, was in ganz Italien rasch Schule machte, alle in Rom auffindbaren Talmud-Exemplare unter seinen Augen auf dem Campo dei Fiori hatte verbrennen lassen (wo man wenige Jahrzehnte später auch eines der größten Genies der Neuzeit, Giordano Bruno, verbrannte), erneuerte als Papst eine Fülle antijüdischer Gesetze des Mittelalters, zwang die Juden zum Tragen gelber Hüte, verbot ihnen Grund und Boden, christliche Angestellte, schloß sie von allen akademischen Berufen aus – Verfügungen, die in Italien fast ausnahmslos bis zum 19. Jahrhundert gelten – und ließ 24 Männer und eine Frau, Marranen, in Ancona öffentlich verbrennen. Als viele

Marranen nach der Entdeckung Amerikas schnell in die «Neue Welt» übersiedelten, folgte ihnen die Alte alsbald nach mit grauenhaften Autodafés – ein Wort, das, vom lateinischen actus fidei stammend, «Glaubensakt» heißt.

In Frankreich besserte sich das Schicksal der Juden durch die Französische Revolution, in den meisten deutschen Staaten, nicht in Bayern, durch die Ereignisse des Jahres 1848. In Rußland aber, wo im 19. Jahrhundert zwei Drittel der gesamten Juden der Welt lebten, großenteils die Nachfahren derer, die im Mittelalter vor Kreuzzüglern und anderen Frommen geflohen waren, kommt es zu Judenpogromen, die auf Lehre, Verhalten, direkte Hetze des orthodoxen Klerus zurückgingen. Nicht zufällig beginnen die Ausschreitungen 1881 an Ostern, man erschlägt, vertreibt in den folgenden Jahren, und 1903 jagt man die Juden in 284 russischen Städten, wozu das Läuten von Kirchenglocken den Auftakt gibt, gelegentlich auch ein Pope eine Fahne mit dem Bild des gekreuzigten Christus vorausträgt: 50000 Menschen werden mit Billigung der Regierung ermordet.

Auch im Westen lebt der Antisemitismus fort, kommt es weiter zu Ritualmordbeschuldigungen, Folterungen, Blutopfern. Im Kirchenstaat stellt man das Gettosystem bis ins kleinste Detail wieder her. In Deutschland gründet man im späteren 19. Jahrhundert einen antisemitischen Bund, dessen Leiter der protestantische Hofprediger in Berlin, Adolf Stoecker, wird; als antisemitische Hetzblätter fungieren vor allem die protestantische «Kreuzzeitung» und die katholische «Germania», deren Hauptaktionär seit 1924 der nachmalige Stellvertreter Hitlers und Päpstliche Kammerherr Franz von Papen ist.

Nach deutschem Vorbild gründet man auch in Österreich eine «Antisemitische Partei», deren Führer Fürst Liechtenstein und Karl Lueger vor den Wahlen das Placet des Papstes erhalten. Lueger wird langjähriger Bürgermeister in Wien, der Antisemitismus der einzig feste Programmpunkt der Christlich-Sozialen Österreichs, deren «unmittelbare Ausgeburt» (so Katholik F. W. Foerster in einer Veröffentlichung des katholischen Herder-Verlages): Adolf Hitler.

Als dieser am 26. April 1933 in Berlin den Bischof Berning mit Generalvikar Prälat Steinmann empfing, sagte er, «durchaus überzeugt von der großen Macht und der tiefen Bedeutung der christlichen Religion»: «Man hat mich wegen Behandlung der Judenfrage angegriffen. Die katholische Kirche hat 1500 Jahre lang die Juden als die Schädlinge angesehen, sie ins Getto gewiesen usw., da hat man erkannt, was die Juden sind... Ich gehe zurück auf die Zeit, was man 1500 Jahre lang getan hat..., ich sehe die Schädlinge in den Vertretern dieser Rasse für Staat und Kirche, und vielleicht erweise ich dem Christentum den größten Dienst.»

Die Prälaten widersprachen Hitler mit keinem Wort. Klagte ja im selben Monat der theologische Herausgeber der Monatsschrift «Seele» dem Münchner Kardinal Faulhaber, «daß in dieser Zeit einer äußersten Haßschürung gegen die doch sicher zu mehr als 99% unschuldigen jüdischen Staatsbürger kein einziges katholisches Blatt, soviel ich sehe, den Mut hatte, die katholische Katechismuslehre zu verkünden, daß man keinen Menschen hassen und verfolgen darf – am wenigsten wegen seiner Rasse». Faulhaber replizierte verlegen, gereizt, ironisch, erklärte, jeder Christ müsse gegen die Judenverfolgung auftreten; für «die kirchlichen Oberbehörden» dagegen bestünden «weit wichtigere Gegenwartsfragen» und keine Veranlassung, «der Regierung einen Grund zu geben, um die Judenhetze in eine Jesuitenhetze umzubiegen».

Judenhetze aber hatte gerade die katholische Kirche immer wieder betrieben und gefördert. Noch ein Papst des 20. Jahrhunderts, Pius X., erklärte wörtlich: «Die jüdische Religion war die Basis der unseren; aber sie wurde ersetzt durch die Lehre Christi, *und wir können ihr keinen weiteren Bestand zuerkennen.*» Noch der Papst des Zweiten Weltkriegs, Pius XII., war deshalb entschieden gegen die Errichtung des Staates Israel. Und nach dessen Gründung drängte Pius XII. «immer wieder... auf eine Internationalisierung von Jerusalem und den heiligen Stätten in ganz Palästina. Den Staat Israel hat der Vatikan nie anerkannt und hat daher auch keine diplomatischen Beziehungen mit ihm» (Günter Stemberger).

In der Hitlerzeit spielte die katholische Kirche häufig den Antisemitismus samt nazistischer Rassenlehre für sich aus.

So steht in dem Buch des katholischen Theologen Johannes Peter Junglas, «Christus und der deutsche Mensch», 1935 mit «Imprimatur» erschienen, ein ganzer Abschnitt über «Christentum und Rasse», der die Frage wissenschaftlich, politisch und weltanschaulich behandelt. Unter der wissenschaftlichen Erörterung heißt es: «Vom Standpunkt der Kirche aus ist gegen diese neue Fragestellung nichts einzuwenden. Denn die Kirche segnet jedes Streben nach Wahrheit. Sie muß deshalb auch diese neue Wissenschaft begrüßen...»

Die politische Betrachtungsweise prangert «mit Entsetzen» sogar an, «wie unter der drückenden wirtschaftlichen Not viele Erbgesunde ehelos und kinderarm bleiben, während Erbkranke sich hemmungslos vermehren und unser Volk mit geistig und körperlich minderwertigen Menschen überlasten».

Der dritte Gesichtspunkt, der weltanschauliche, belehrt uns dann: «Tatsächlich hat gerade die jüdische Rasse dem Christentum von Anfang an die größte Feindschaft entgegengebracht. Im heutigen Evangelium verkündet der Heiland selbst [!] die Verstoßung Israels..., sagt der Heiland: ‹...Die Kinder des Reiches aber werden hinausgeworfen in die äußerste Finsternis, da wird Heulen und Zähneknirschen sein.›» Die christliche Kirche wird als «eine Kirche der Heidenvölker» gefeiert. «Alle Rassenwerte werden bejaht und gesteigert», doch sei nach «dem Zeugnis der Rassenlehre... die edelste Ausprägung des nordischen Menschen, die bisher auf der Welt erschienen ist, das mittelalterliche Rittertum der Hohenstaufenzeit», wobei natürlich «gerade das Rittertum unter der Einwirkung der christlichen Kirche sich geformt hat».

Das Predigtbuch des Theologen Konrad Metzger, «Lebendige Predigt», 1936 mit «Imprimatur» veröffentlicht, bietet zum Passionssonntag einen Abschnitt «Von der Überlegenheit der Rassechristen» und darin wieder einen Unterabschnitt: «Das Blut Christi überwand jüdische Religiosität». Nachdem die «Rassigkeit», die «Rassechristen» und die «wahrhaftigsten Rassechristen», die Heiligen, herausgestellt worden sind, heißt das Resümee: «die jüdische Religion mußte überwunden werden. Dieses übermenschliche Werk vollbracht zu haben, darf Christus sich rühmen... Wer im Blut Christi lebt, überwindet in sich allmählich den Geist und die Formen jüdisch-religiöser Äußerlichkeit.»

Noch 1941 dokumentiert der Jesuit Peter Browe im «Archiv für katholisches Kirchenrecht» ausführlich die kirchenrechtliche Stellung der getauften Juden und ihrer Nachkommen, der «Judensprößlinge», wie es immer wieder heißt. Denn wurden diese auch weder im Altertum noch Hochmittelalter tatsächlich oder rechtlich zurückgesetzt, so traf, vor allem in Spanien und Portugal, die allgemein grassierende christliche Judenverachtung dann doch auch diese «Neuchristen».

Seit der Wende vom 15. zum 16. Jahrhundert schloß man solche «Judensprößlinge» aus den meisten Ritterorden aus, aus dem Orden von Alcantara etwa, dem Orden vom hl. Jakob vom Schwerte, außerhalb der Iberischen Halbinsel aus dem Ritterorden der Johanniter, dem Orden der Cavalieri di S. Stefano. Doch auch die anderen Mönchsvereine gingen in nachmittelalterlicher Zeit gegen Christen jüdischen Blutes vor, die regulierten Chorherren beispielsweise, die Trinitarier, Mercedarier, Karmeliter, Benediktiner, Zisterzienser, die Eremiten vom hl. Hieronymus, die Franziskaner, die Theatiner, die Dominikaner – vor allem, «um in den Dienst der Inquisition treten zu können»; Inquisitoren sollten offenbar besonders rasserein sein.

Der Stifter der Jesuiten war zwar zurückhaltend in der Aufnahme von «Judensprößlingen», äußerte aber zweimal, er sehe die Abstammung von Juden als eine große Gunst des Herrn an; «denn sollte es nicht eine große Gnade sein, mit unserm Herrn und U. L. Frau verwandt zu sein»? Doch bald schon, 1592, schlossen auch die Jesuitenoberen auf der pyrenäischen Halbinsel Leute aus, «deren Geschlecht nicht rasserein ist...; denn wir müssen die Gesellschaft von ihnen reinigen, da sie nur eine Last sind und Schaden bringen und vielen ernsten Kreisen, besonders dem hl. Offizium, Ärgernis geben». Ein Jahr später, 1593, dehnte die in Rom versammelte Fünfte Generalkongregation das Verbot fast einstimmig auf die ganze Gesellschaft Jesu aus, wobei auch der General in keinem Fall Dispens erteilen durfte. Entschieden Jesuitengenerale doch wiederholt, daß Kandidaten, deren jüdische Abkunft bekannt war, nicht aufgenommen werden dürften, «auch wenn ihre Vorfahren bis zum 16. Grade und darüber hinaus gute Christen gewesen» oder «wenn auch zwei Kardinäle aus ihnen hervorgegangen wären».

Jesuit Browe beschließt seine Untersuchung im Jahr 1941: «Nach dem gemeinen Rechte von heute gibt es dieses aus dem Blute herkommende Hindernis nicht mehr; nur für die Neugetauften besteht nach c. 987 § 6 die Bewährungsfrist, die schon das Konzil von Nizäa gefordert hatte. Trotzdem werden wohl auch jetzt noch Judenstämmlinge, deren Herkunft bekannt ist, in manchen Ländern nicht so leicht in den Klerikerstand aufgenommen werden oder zu höheren Würden gelangen wie andere Kandidaten, deren Eltern und Voreltern alte Christen waren.»

Die Evangelische Kirche Deutschlands, die schon 1933 einen judenfeindlichen Arierparagraphen geschaffen hatte, veröffentlichte am 17. Dezember 1941 (unterzeichnet von den Landesbischöfen beziehungsweise Landeskirchenpräsidenten von Sachsen, Hessen, Mecklenburg, Schleswig-Holstein, Anhalt, Thüringen und dem Vorsitzenden der evangelisch-lutherischen Kirche Lübecks) folgende Bekanntmachung über die kirchliche Stellung evangelischer Juden:

«Die nationalsozialistische deutsche Führung hat mit zahlreichen Dokumenten unwiderleglich bewiesen, daß dieser Krieg in seinen weltweiten Ausmaßen *von den Juden* angezettelt worden ist. Sie hat deshalb im Inneren wie nach außen die zur Sicherung des deutschen Lebens notwendigen Entscheidungen und Maßnahmen gegen das Judentum getroffen.

Als Glieder der deutschen Volksgemeinschaft stehen die unterzeichneten deutschen Evangelischen Landeskirchen und Kirchenleiter in der Front dieses historischen Abwehrkampfes, der u. a. die Reichspolizeiverordnung über die Kennzeichen der Juden als der *geborenen Welt- und Reichsfeinde* notwendig gemacht hat, wie schon Dr. Martin Luther [!] nach bitteren Erfahrungen die Forderung erhob, schärfste Maßnahmen gegen die Juden zu ergreifen und sie aus deutschen Landen auszuweisen.

Von der Kreuzigung Christi bis zum heutigen Tage haben die Juden das Christentum bekämpft oder zur Erreichung ihrer eigennützigen Ziele mißbraucht oder verfälscht. Durch die christliche Taufe wird an der rassischen Eigenart eines Juden, seiner Volkszugehörigkeit und seinem biologischen Sein nichts geändert. Eine deutsche Evangelische Kirche hat das religiöse Leben deutscher Volksgenossen zu pflegen und zu fördern. *Rassejüdische Christen haben in ihr keinen Raum und kein Recht.*

Die unterzeichneten deutschen Evangelischen Kirchen und Kirchenleiter haben deshalb jegliche Gemeinschaft mit Judenchristen aufgehoben. Sie sind entschlossen, keinerlei Einflüsse jüdischen Geistes auf das deutsche religiöse und kirchliche Leben zu dulden.»

Hier also führt ein gerader Weg in die Gaskammern von Auschwitz, vorbereitet durch Tausende von Traktaten, Predigten, Papstbriefen, Konzilsbeschlüssen. Christliche Bischöfe und Heilige haben schon in der Antike Synagogen massenhaft beschlagnahmt oder verbrannt, schon damals geschrieben, der Teufel sei des Juden Vater, was bei Streicher wiederkehrt, im 9. Jahrhundert wortwörtlich den Nazislogan antizipiert: «Kauft bei keinem Juden!», im Mittelalter auch Hitlers Judenstern vorweggenommen und die entsprechende Konzilsverfügung zu einem Teil des Kirchenrechts erklärt. Schon sie haben die Juden entrechtet, beraubt, ins Getto gesteckt, aus ungezählten Gemeinden und Ländern vertrieben und hunderttausendweise massakriert.

Wie die Kirche aber alles bekämpft und ausgebeutet hat, so nicht zuletzt die eignen Schäfchen, was der folgende sozialgeschichtliche Exkurs wenigstens etwas ausführlicher auch darum umreißen soll, weil das enorme finanzielle Interesse des hohen Klerus seine Allianz mit den Staaten, seine obligatorische

Sanktionierung des Massenmords, unerläßlich macht – von Konstantin bis Vietnam. Als die Kirche die Partei der Reichen ergriff, ergriff sie auch deren Schwert – und wurde rasch immer reicher und reicher...

Der biblische Jesus zwar erschien als Freund der Parias und Entrechteten, Zöllner und Sünder, der Kranken, Krüppel, Gezeichneten. Er pries die Armen und drohte den Reichen. Er forderte Verzicht auf allen Besitz. Er verdammte den «ungerechten Mammon», den «Betrug des Reichtums», und seine Frohe Botschaft für die Unterdrückten hat die Rapidität der christlichen Mission gewiß begünstigt, hat gerade die Sklaven und Freigelassenen, die Arbeiter, kleinen Handwerker, vertriebenen Bauern angezogen, aus denen die älteste Christenheit größtenteils bestand. Durch römischen Agrarkapitalismus, die Diktatur der Cäsaren geknechtet, hatten diese Menschen seit Generationen Erlösung von ihrem Elend ersehnt und im Christentum nicht nur ein religiöses Ideal, sondern auch eine Erfüllung proletarischer Hoffnungen, eine Befreiung aus wirtschaftlicher Not erblickt.

Doch dachte der Klerus später gar nicht daran, die Gesellschaftsstrukturen zu ändern. War Jesu Lehre revolutionär bis ins Extrem, entwickelte sich die Kirche zu einer rein konservativen Macht, die den evangelischen Radikalismus durch Kompromisse und Relativierungen immer mehr gebrochen, die sozialen Traditionen des Urchristentums völlig preisgegeben und das antike Wirtschaftssystem in allen Stücken übernommen hat.

Am krassesten zeigt dies ihre strikte Erhaltung der Sklaverei, wofür bereits Paulus die Devise ausgibt: Wie jeder in dem Stande bleiben soll, in dem er sich befindet, so auch der Sklave in der Sklaverei. Ja, er soll, verlangt im 2. Jahrhundert Bischof Ignatius, «zur Ehre Gottes noch eifriger Sklavendienste tun»! Kirchenlehrer Ambrosius nennt die Sklaverei ein «Gottesgeschenk». Und Kirchenlehrer Augustinus, der schon ganz auf seiten der Herrschenden steht, das Ideal der «arbeitsreichen Armut» propagiert – arm bleiben und viel arbeiten, ist einer seiner wesentlichsten Ratschläge für die Armen –, tröstet einerseits (wie mutatis mutandis noch jede Sozialenzyklika der letzten hundert Jahre) die Sklaven durch die Gottgewolltheit ihres Schicksals und stellt andererseits ihren Herren den Nutzen vor, der ihnen aus solcher Beeinflussung erwächst!

Die *religiöse* Gleichberechtigung der Sklaven aber, schon früher im Dionysoskult anerkannt, geht im Christentum bereits 257 wieder verloren, als ihnen Papst Stephan I. das Priesteramt verbietet. Als wäre, schreibt 443 Kirchenlehrer Papst Leo I., «der Große», «ein schäbiger Sklave einer solchen Ehre würdig». Ja, hatte sich in heidnischer Zeit, besonders durch die stoische Lehre von der Gleichheit der Menschen, zuletzt ein leichter Umschwung zugunsten der Sklaven ergeben, verschärfte im 4. Jahrhundert die Kirche deren rechtliche Lage wieder. Und sie partizipierte nicht nur führend an ihrem Besitz, sondern machte, was es sonst nirgends gab, ihre Freilassung unmöglich. Sie waren als «Kirchengut» unveräußerlich. Nicht genug. Man verhängte von Jahrhundert zu Jahrhundert neue Versklavungen und behielt auch während des ganzen Mittelalters die Sklaverei bei. Thomas von Aquin hat sie ausdrücklich gerechtfertigt, Aegidius von Rom geradezu als «christliches Institut» gefeiert.

Dies christliche Institut aber nahm im ausgehenden Mittelalter in Südeuropa noch einen Aufschwung. Und unter allen abendländischen Großstädten hielt folgerichtig das päpstliche Rom am längsten daran fest. Weniger recht als billig, gewiß, denkt man an seine gewaltigen Besitzungen, doch grotesk, denkt man an Jesus und den «Liebeskommunismus» der Apostel, an den zahlreiche christliche Sekten anknüpfen, ja, viele Kirchenväter, Kirchenlehrer, wie Johannes Chrysostomos, der immer wieder Gütergemeinschaft statt Privatbesitz fordert und alle Dinge «in kommunistischer Weise zu besitzen» befiehlt. Oder Kirchenlehrer Basilius, einer der besten Christen aller Zeiten, der sein ganzes Vermögen den Armen schenkt, dann auch ein immenses Erbe, endlich noch den Hauptteil der Erträgnisse eines sehr reichen Bistums den Bedürftigen gibt, ein Christ, der Christen, denen auch nur etwas gehört, Räubern gleichstellt. Doch während diese Kirchenlehrer noch radikal das kapitalistische Wirtschaftssystem kritisierten, seine prinzipielle Beseitigung verlangten und den «Liebeskommunismus» der Urgemeinde als christliche Grundlehre verkündeten, war daraus bereits das ungeheuerste Ausbeutungsgeschäft aller Zeiten hervorgegangen. Und das schamloseste dazu.

Schon unter den ersten christlichen Kaisern vermehrte sich das Kirchenvermögen gewaltig. Im 6. Jahrhundert erhebt man den kirchlichen Zehnt, der unter Karl «dem Großen» gesetzlich festgelegt und bis ins 19. Jahrhundert eingezogen wird. Im 8. Jahrhundert erwirbt man durch Betrug und Krieg den Kirchenstaat. Und im Mittelalter befindet sich nicht weniger als ein Drittel des gesamten europäischen Bodens in klerikaler Hand und wird von hörigen Bauern bearbeitet.

Früher als die meisten Höfe geht die Kurie von der Naturalien- zur Geldwirtschaft über und entwickelt sich rasch im engen Kontakt mit den aufkommenden Banken zu einer der bedeutendsten Finanzmächte der Welt. Mit Exkommunikation und Interdikt treibt sie die Zahlungen ein oder schickt gegen säumige Schuldner die Fürsten vor, die sie am Gewinn entsprechend beteiligt. In den Gewölben der päpstlichen Burg in Avignon, «der widerwärtigsten und unsaubersten Stadt», wie Petrarca schreibt, «die ich je gekannt», stauen sich die Schätze aus aller Herren Ländern. Alvarez Pelajo, ein durchaus papsttreuer Kurialer, berichtet, niemals in die päpstlichen Gemächer gekommen zu sein, ohne die geistlichen Herren beim Zählen des Geldes getroffen zu haben.

Schon um das Jahr 1000 brandmarkt der Bischof von Orléans die «Schande», daß an der Kurie fast alles käuflich sei, die Urteile nach dem Goldgewicht abgemessen werden. Im 13. Jahrhundert klagt Bischof Jakob von Vitry: «Alles nur um Irdisches und Zeitliches, um Könige und Königreiche, um Prozesse und Streitigkeiten. Kaum ein Gespräch über geistliche Dinge war erlaubt.» Ende des 15. Jahrhunderts ruft Savonarola in Florenz: «Sie handeln mit Pfründen und verkaufen sogar das Blut Christi.» Und Mitte des 20. Jahrhunderts wundert sich der französische Arbeiterpriester Henri Perrin darüber, «wie wenig die christlichen Kreise das Arbeiterproblem jemals ernst genommen haben. Von einem Jahr zum andern nichts als frommes Geschwätz» – was die päpstlichen «Sozialenzykliken» «Rerum novarum» (1891), «Quadragesimo anno» (1931) sowie die nur im Ton mildere, in der Sache dasselbe vertretende «Mater et Magistra» (1961) eklatant bezeugen.

Gleichzeitig aber behauptet Papst Pius XII. (der von Arbeiter und Unternehmer auch schreibt: «Sie sind Mitarbeiter an einem gemeinsamen Werk. Sie essen, möchte man fast sagen, am gleichen Tisch. Denn sie leben schließlich vom Gesamtertrag der Wirtschaft ihres Landes.»): «Die Kirche Christi geht den Weg, den ihr der göttliche Erlöser vorgezeichnet hat... Sie mischt sich nicht in rein politische und wirtschaftliche Fragen ein.» Doch beiseite, daß ihr Grundbesitz, insgesamt viele Millionen Hektar, in einigen Ländern fast 20 Prozent aller Felder, noch heute der größte ist in der christlichen Welt, daß sie eine Reihe der einflußreichsten römischen Banken besitzt und in Europa, in Nord- und Südamerika an einer überwältigenden Fülle mächtigster Industrieunternehmen teilhat, ja, daß ihr einige weitgehend gehören, wie die Gesellschaft Alitalia, die führende italienische Luftfahrtgesellschaft, oder die Autofirma Fiat (während jährlich Millionen Menschen verhungern und allein in Südamerika, wo 33 Prozent aller Katholiken leben, 30 Prozent der Bevölkerung obdachlos sind) – auch die drei Neffen von Pius XII. tragen hohe vatikanische Würden, präsidieren bedeutenden Banken, Monopolgesellschaften und erraffen, bei kaum einem großen italienischen Finanzskandal fehlend, während der Amtszeit ihres Onkels ein Vermögen von ungefähr 120 Millionen DM. Und Papst Pacelli selbst, der seiner Seligsprechung entgegengeht, hinterläßt bei seinem Tod einen persönlichen Schatz von 80 Millionen DM in Valuten und Gold.

Wahrlich, unter allen seltsamen Heiligen der katholischen Kirche – und es sind berühmte Urkundenfälscher darunter wie Kirchenlehrer Athanasius (Kirchenlehrer ist die höchste Auszeichnung für Katholiken; von 260 Päpsten erhielten sie nur zwei), berühmte Bestechungsspezialisten wie Kirchenlehrer

Kyrill von Alexandrien, berühmte Diebe und Brandstifter wie Martin von Tours, Nationalheiliger der Franzosen –, unter allen seltsamen Heiligen der Catholica wäre Eugenio Pacelli im Falle seiner Heiligsprechung einer der seltsamsten. Und nicht nur im Hinblick auf Lk. 12,33 oder 14,33 oder Kirchenlehrer Chrysostomos' Worte: «Ohne Ungerechtigkeit kann man nicht reich *werden*» und «Es ist unmöglich, unmöglich ist es, in Ehren reich *zu sein.*»

Nahezu alles machten die Päpste zu Geld, von Jahrhundert zu Jahrhundert ein Beispiel größter Korruption und Verdorbenheit. Trotz Verbotes verkauften sie jeden Bischofsstuhl, jeden Abtssitz, jede Domherrenwürde. Ja, sie verkauften schon die Anwartschaft darauf, sogar an mehrere Anwärter zugleich, wobei die Taxe mit der Wahrscheinlichkeit der Expektanz stieg. Sie verkauften jede Bulle, Gnadenerweisung, Urkunde, jede Entscheidung. Sie verkauften die heiligsten Reliquien und führten sie noch in der Antike, wo sie, bereits im 4. Jahrhundert, in Rom Tuchreliquien fabrikmäßig herstellen ließen, massenhaft aus. Die Wittenberger Schloßkirche hat um 1510 nicht weniger als 5500 Reliquien. Und von 19 überprüften Heiligen existieren noch heute in Kirchen und Klöstern 121 Köpfe, 136 Leiber sowie eine stupende Fülle anderer Glieder. «Die Vorhaut Christi», schreibt Alfonso de Valdes, «habe ich selbst gesehen in Rom, Burgos, Antwerpen» – sie soll noch immer 14fach vorhanden sein –, «allein in Frankreich gibt es über 500 Zähne des Jesuskindes. Die Milch der Muttergottes, die Federn des Hl. Geistes werden an vielen Orten aufbewahrt.»

Derart übertölpelten sie das Volk weit länger als ein Jahrtausend. Kein Wunder, sitzt es noch im 20. Jahrhundert jedem ideologischen Schwindel auf! Kein Wunder auch, wenn die Hierarchen, seit den Tagen der Apostel und rabiater als die Nazis, jede kritische Literatur verboten, verbrannten, über ein halbes Jahrtausend hinweg den Laien sogar die Lektüre des Buchs der Bücher, besonders der Evangelien, «mit allen Kräften» untersagten, wie es noch im 16. Jahrhundert, als man im bischöflichen Würzburg bibellesenden Bauern den Kopf abschlug, unter Papst Julius III. heißt; was die Nazis doch nicht einmal mit «Mein Kampf» zu tun brauchten, denn dort stand nur, was sie auch tatsächlich trieben.

Die Päpste kassierten Pacht und Zins aus ihren Hoheitsrechten, ihnen unmittelbar unterstellten Kirchen, Klöstern, Städten, aus ganzen lehenspflichtigen Ländern. Sie kassierten das gesamte Eigentum aller im Kirchenstaat verurteilten «Ketzer» und von jeder Kirche der Welt den zehnten Teil ihrer Einkünfte, von mancher aber auch erheblich mehr. Sie kassierten die Einnahmen suspendierter Bischöfe und den Besitz testamentslos verstorbener Kleriker. Sie kassierten Geld für die Verleihung und Bestätigung von königlichen Kronen, für die Pflichtbesuche der Kirchenfürsten an den Apostelgräbern, die Abweisung unerwünschter Visitierungen. Sie kassierten gewaltige Bestechungssummen, trieben den schwungvollsten Ablaßhandel, verkündeten immer häufiger monetenreiche Jubeljahre, wobei man gelegentlich das Geld mit Rechen vom Altar strich. Sie erhöhten ständig die Steuern und erfanden laufend neue, allein Papst Urban VIII. nicht weniger als zehn. Sie erfanden Zehnten für Kreuzzüge, die nie stattfanden, und finanzierten damit, was immer sie wollten – Johannes XXII., eines der größten Geldgenies der Geschichte, seinen Kampf gegen Ludwig den Bayern, Gregor IX. seinen langjährigen Krieg gegen Friedrich II., dessen Reich er just überfiel, als der Kaiser auf einem Kreuzzug war. Bonifazius IX. annullierte 1402 alle Anwartschaften auf irgendwelche Pfründe, bloß um jeden, der schon dafür gezahlt, nochmals zu erpressen. Papst Sabinianus hortete Getreide und verhökerte es 605 in Zeiten der Hungersnot zu Wucherpreisen. Papst Sixtus IV., ein ehemaliger Franziskaner, der es auch mit seiner Schwester, seinen eigenen Kindern trieb, gründete Freudenhäuser in Rom, vermietete sie an Kardinäle und belegte noch die Huren mit einer Sondersteuer. Ja, Benedikt IX. verklopfte 1045, nachdem er alles Brauchbare verbraucht, selbst seine Papstwürde für eine Lebensrente Gregor VI.

Wenn viele Päpste, wie die meisten Potentaten, auch für Repräsentation, Luxus, Mätressen, für Neffen, Söhne, Töchter hohe Summen springen ließen, wenn sie mit Raubzügen, Wuchergewinnen, den Lügen der Ablaßhändler Kirchen erbauten, die die Welt noch heute bewundert, wenn Eugen IV. eine Krone im Wert von zwei Millionen Francs, Paul II. Edelsteine im Wert von acht bis zehn Millionen Francs erwarb, Leo X. («Laßt uns ein frohes Papsttum leben!») allein für seine Tafel monatlich 10000 bis 12000 Dukaten verpraßte, Nikolaus III. ein Fürstentum nach dem anderen an Verwandte gab und die «Stellvertreter» noch in den ersten 75 Jahren des 17. Jahrhunderts die riesige Summe von fast 17 Millionen Goldscudi verschleuderten – man könnte lange derart weiterfahren –, so wurde Geld für sie doch immer mehr ein entscheidendes Mittel ihrer Macht, ihr wichtigstes Regierungsinstrument bis heute, wo es ganz den Anschein hat, als wollten sie die Welt nicht mehr missionieren, sondern kaufen, was auch aussichtsreicher wäre (wenn selbst in Rom bereits 70 Prozent der Bevölkerung ohne Sakramente sterben).

Schon im 13. Jahrhundert ließ Gregor IX. die Landeskirchen direkt in die päpstliche Kriegskasse zahlen, und seine Nachfolger rüsteten immer mehr. Denn auch wenn sie drei uneheliche Kinder nebst zwanzig Nepoten aushielten, wie Pius IV., vergaßen sie doch nicht, Religionskriege gegen Hugenotten und Türken zu subventionieren. Und wenn sie, trotz ungeheurer Einkünfte, sogar ihre Kronen, die raffaelischen Tapeten, das Tafelgeschirr versetzten und noch Millionen Schulden hinterließen, wie Leo X., häuften doch schon die nächsten Päpste neue Schätze, beispielsweise, und wieder trotz größter eigener Verschwendung, Paul III. mehr als 700000 Dukaten, die freilich nach seinem Tod so rasch verschwanden, daß man mit dem Rest eben noch die Wachmannschaft für das nächste Konklave besolden konnte.

Genug. Diese Finanzwirtschaft, die sich, nachgeahmt von Bischöfen, Äbten, weltlichen Herren, immerhin weit über ein Jahrtausend erstreckt, ging und geht natürlich nur auf Kosten des Volkes, zunächst des italienischen, das während des ganzen Mittelalters am meisten und von allen Seiten, besonders aber vom Klerus ausgeplündert worden ist. «Tod den Pfaffen und

Mönchen!» schreit man in Perugia. «Tod der Kirche!» in Bologna, «Nieder mit dem Papst!» in Napoli. Die Florentiner stürmen das Gebäude der Inquisition und füttern Hunde mit Priesterfleisch. Rom wird zur aufrührerischsten und meistgeschröpften Stadt des Abendlandes. Hungersnot, Despotie, Revolten nehmen kein Ende. 1585, im ersten Regierungsjahr von Sixtus V., sagt man, es seien mehr Köpfe gerollt als Melonen auf den Markt gekommen. Rigorose Ausnahmegesetze und Polizeiaktionen sind die Antwort des Papstes auf die Französische Revolution, die ein Kant mit Freudentränen begrüßt. «...ein freies Italien!» ruft noch Lord Byron. «Seit den Tagen des Augustus hat es so etwas nicht gegeben.» 1849 stimmen von 141 italienischen Delegierten 136 für die Absetzung des Papstes als Souverän des Kirchenstaates. Auch Truppen, aus halb Europa gegen seine Landsleute mobilisiert, retten ihn jetzt nicht mehr. 1870 geht das Papsttum in vatikanische «Gefangenschaft», woraus es erst die Faschisten erlösen.

Die Hauptlast der aristokratisch-hierarchischen Ära aber trugen bis tief in die Neuzeit nicht die Bürger, sondern die Bauern, richtiger Landsklaven. Denn das kleine freie Bauerntum wurde mit der Rezeption des römischen Rechts in Europa bald gänzlich vernichtet und von den weltlichen, den geistlichen Domänen aufgesogen. Man schund die Bauern – erst zu Hörigen, später Leibeigenen gemacht – mit fortschreitender christlicher Zivilisation immer mehr. Sie konnten mit dem Land vererbt, verkauft, vertauscht, verschenkt werden und galten ihren Herren oft weniger als das Vieh. Der Hochmeister des Deutschritterordens, Siegfried von Feuchtwangen, pflegte um 1300 zu sagen, es schmecke ihm kein Bissen, habe er zuvor nicht einige Bauern hängen lassen.

Bauernaufstände grassieren derart im Abendland, daß sie die Historiker bis ins 20. Jahrhundert übersehen.

997 empören sich die Bauern der Normandie, 1008 die der Bretagne. In Friesland, Holland, Frankreich gibt es im ganzen 11. Jahrhundert Bauernrevolten. In Frankreich kostet damals ein Landsklave 38, ein Pferd 100 Sous. Der französische Bau-

ernkrieg beginnt 1358, 20000 Menschen werden durch den Adel hingerichtet, doch ein halbes Jahrtausend dauern da die Bauernwirren fort. In England wirft König Richard II. 1381 eine große Bauernerhebung blutig nieder. 1437 rebellieren die Bauern Siebenbürgens. 1514 endet ein furchtbarer Bauernaufruhr in Ungarn mit besonders zahlreichen und gräßlichen Exekutionen. Und noch im 19., im 20. Jahrhundert kommt es in Rumänien zu Krawallen der Unterdrückten.

In Deutschland beginnen die Unruhen lange vor dem Bauernkrieg, und überall werden die Anführer verbrannt, gehängt, geköpft, gevierteilt. 1460 stellen sich die Kemptener Bauern gegen ihren Abt. 1476 demonstrieren 16000 Bauern bei Nacht mit Fackeln vor der Marienburg des Würzburger Bischofs, der mit Kanonen von den Wällen auf sie feuern läßt. 1490 revoltieren die Bauern Augsburgs gegen ihren Bischof Friedrich von Hohenzollern. 1493 bildet sich der Elsässer Bundschuh; Parole: «Loset, was ist das für ein Wesen? Wir mögen nicht vor Pfaffen und Adel genesen.»

Pfaffen und Adel, Thron und Altar – sie haben ein Jahrtausend lang die Völker verachtet, unterdrückt und ausgesogen. Jeder konnte auf die Tyrannei des andern bauen. Und mochten sie einander noch so oft befehden, soziologisch gehörten, sozial hielten sie zusammen, eine nur auf Macht und Gewinn versessene, nur vom Schweiß und Blut aller andern lebende Klasse, eine verdorbene Minorität, wie noch Büchner von den Fürsten seiner Zeit aus Straßburg schreibt, die «die große Masse der Staatsbürger zum fronenden Vieh macht».

Nicht zufällig brach der deutsche Bauernkrieg im Südwesten aus, wo Erzherzog Ferdinand von Österreich und der Konstanzer Bischof gemeinsam besonders barbarisch jede «Ketzerei» verfolgten. Und wie viele christliche Sozialaufstände, wie die von Ideen Wiclifs beeinflußte, von Priestern geführte englische Bauernerhebung, manche italienischen Proletarierrevolten oder die hussitische Infiltration in Ungarn, Polen, Deutschland, Belgien, Frankreich revolutionäres frühchristliches Gedankengut begleitet hat, so auch den deutschen Bauernkrieg, der in Franken und Tirol sogar hauptsächlich dem hohen Klerus galt. Die Bauern stritten als «evangelische Brüderschaft», als «christlich evangelisches Heer», ihre Fahnen zeigten Bilder des Gekreuzigten und den Namen Jesu. Ihr Manifest, verfaßt von dem 1528 in Wien verbrannten früheren Regensburger Domprediger Balthasar Hubmaier, Professor und Prorektor einer Universität, rechtfertigte alle ihre wirtschaftlichen Beschwerden aus der Bibel und erklärte im 12. Artikel, von Forderungen abzustehen, die nicht dem Wort Gottes gemäß seien.

Es gab Fürsten, die friedlich, verhandlungsbereit waren, die lange zögerten, ihre Vereinbarungen mit den Bauern zu brechen, wie Kurfürst Ludwig von der Pfalz, ja, die den Aufruhr als gerechte göttliche Strafe empfanden und ihn «in der Güte» stillen wollten, wie Kurfürst Friedrich der Weise und sein Bruder Herzog Johann. Doch die Bischöfe und Martin Luther wieder – denn «Was ist unbarmherziger», sagt Paracelsus, «armen Leuten als die Geistlichkeit?» – bearbeiteten sie unermüdlich, stachelten sie auf, mit dem Reformator zu sprechen, «flugs zum Schwerte zu greifen», «mit gutem Gewissen» (das der Klerus den Mördern in allen Kriegen läßt) dreinzuschlagen, «den Himmel mit Blutvergießen» zu verdienen (auch ein beliebtes christliches Motiv), «zu würgen, zu stechen, *heimlich* und öffentlich, wer da kann, wie man einen tollen Hund totschlagen muß». «Steche, schlage, würge sie, wer da kann», hetzt Luther ein anderes Mal, beinah päpstlicher als der Papst, «bleibst du darüber tot, wohl dir; seligeren Tod kannst du nimmermehr überkommen, denn du stirbst im Gehorsam des göttlichen Wortes.»

So metzelte denn der christliche Adel die Bauern, stach sie tausendweise vom Pferd aus ab, prellte sie wiederholt, ließ sie sich freiwillig entwaffnen und schlachtete sie dann, allein bei Zabern 18000. Sie wurden geblendet, gehängt, geköpft, gespießt, gevierteilt, von Rossen auseinandergerissen, lebendig verbrannt. Schmierten sie auch mal ihre Schuhe mit gräflichem Fett, plünderten, schleiften sie Schlösser und Klöster in Massen – «Haben wir lange genug hineingeführt, können wir auch einmal herausführen» –, es floß doch fast nur ihr Blut.

Selbst Luther fand das Bauernschinden schließlich «greulich» und «erbärmlich». – «Aber was soll man tun? Es ist nötig, und Gott will's auch haben.»

«Gott will es!» schrien schon die Päpste bei ihren Kreuzzügen. Und so schreit es fort. Noch Hitlers Rußlandüberfall gab der ganze deutsche Episkopat als den «heiligen Willen Gottes» aus. Und gleichzeitig rief der protestantische Bischof Lilje: «Mit Gott! Nur im Namen Gottes kann man dies Opfer legitimieren.» Je mehr sie morden, desto lauter rufen sie zu Gott.

«Laßt's Euch nicht so arg bekümmern», tröstet der Reformator den Adel und animiert: «Der Esel will Schläge haben und der Pöbel mit Gewalt regiert sein» – das christliche Regierungsrezept durch die Jahrtausende.

Auch Krieg ist für Luther so nötig wie für Thomas oder Augustin, der mit der zynischen Gelassenheit des selbst kaum Gefährdeten höhnt: «Was hat man denn gegen den Krieg? Etwa daß Menschen, die doch einmal sterben müssen, dabei umkommen?» Von diesen Teufeln übernimmt Luther die Theorie vom «gerechten Krieg», heute nur noch als Kabarettnummer (oder Moraltheologie) denkbar, und lehrt: «In solch einem Krieg ist es christlich und ein Werk der Liebe, die Feinde getrost zu würgen, zu rauben, zu brennen und alles zu tun, was schädlich ist, bis man sie überwinde. Ob es nun wohl nicht so scheint, daß Würgen und Rauben ein Werk der Liebe ist, weshalb ein Einfältiger [!] denkt, es sei kein christliches Werk und zieme nicht einem Christen zu tun: so ist es doch in Wahrheit auch ein Werk der Liebe.» Deshalb empfiehlt und befiehlt Luther dem ausrückenden Christen, nicht lange zu fackeln, das Credo, das Vaterunser zu sprechen «und lasse damit genug sein... und zeuch dann vom Leder und schlage drein in Gottes Namen».

Wie die Papstkirche, ließ Luther die Armen im Stich, verriet er die Sache der leibeigenen Bauern, machte er aus der Reformation nur einen neuen Vorteil der Fürsten, ein neues Mittel der Despotie, weshalb schon Thomas Münzer gegen den «Leisetreter», «das sanftlebende Fleisch», das Wittenberger «Mastschwein» seine flammenden Proteste schleudert und alles

Recht für sich hat, wenn er schreibt: «Die Grundsuppe der Dieberei sind unsere Fürsten und Herren, nehmen alle Creaturen zu ihrem Eigenthum, die Fisch im Wasser, die Vögel in der Luft, das Gewächs auf Erden muß alles ihre seyn. Aber den Armen sagen sie: Gott hat geboten, du sollst nicht stehlen. Sie selber schinden und schaben alles, was da lebt; so aber ein Armer sich vergreift am Allergeringsten, muß er henken. Dazu sagt denn der Doctor Lügner Amen.»

Auf päpstlicher Seite zwar hatte Luther «nichts, das zur Christenheit dienet, nur Geld- und Hadersachen» bemerkt. «Das auch wohl ein jeglicher Räuber thun konnt.» Doch dann begann die Reformation mit dem kolossalen Raub der katholischen Kirchengüter durch die lutherischen Fürsten, die «deutschen Kantönlipotentätchen», wie Theodor Lessing spottet, die durchaus gewillt waren, «die neue Bewegung mitzumachen bis zur äußersten Grenze ihres eigenen Vorteils». Und noch das Vorbereitungsheft zum Deutschen Evangelischen Kirchentag in Stuttgart 1952 bekennt: «Es ist nicht Aufgabe des Evangeliums, an den bestehenden Verhältnissen irgend etwas zu ändern.»

Das Scheitern des Bauernkrieges, später immer wieder beklagt, von Alexander von Humboldt noch im Potsdamer Schloß, unmittelbar neben den Gemächern des Königs, dessen täglicher Gesprächspartner er war, gehört zu den folgenreichsten Verhängnissen deutscher Geschichte. Die süddeutschen Bauern blieben weiterhin leibeigen, die norddeutschen, rechtlich als Freie anerkannt, wurden es wieder, und alle werden nun noch brutaler mißhandelt bis zum Beginn des 19. Jahrhunderts.

Der Woiwode von Sendomir will 1586 die vom deutschen Adel terrorisierten livländischen Bauern «wenigstens den polnischen Leibeigenen» gleichstellen. Und die fränkischen Landstände fragen sich 1583, als wieder einmal die «Türkensteuer» fällig ist, ob sie es «unter den Türken nicht besser hätten». Tatsächlich boten die Türken den ungarischen Bauern die Freiheit an, wofür diese gern auf ihr Christentum verzichteten.

In Schlesien, Kursachsen, Preußen kommt es um 1790 zu

Bauernunruhen. Graf Mirabeau berichtet vom Sträflingsdasein norddeutscher Landarbeiter – 19stündige Fron, Sommer wie Winter. Reichsfreiherr vom und zum Stein, der gut das «Lumpengesindel der deutschen Fürsten» kennt, beobachtet 1802 in Mecklenburg einen Edelmann, der seine Leibeigenen wie Vieh traktiert. 1842 sieht Friedrich List an Rhein, Neckar und Main Bauern die schwere Arbeit von Pferden und Kühen verrichten, «ohne sich der kräftigen Nahrung dieser Lasttiere zu erfreuen». In Holstein wohnen die Ärmsten mit Kranken und Säuglingen unter freiem Himmel oder in Kuhställen. Blieben sie jedoch die Steuern schuldig, drohte man mit Pfändung und Exekution. Noch in der Nationalversammlung von 1848 ist unter 600 Abgeordneten ein einziger Bauer.

In England, wo man bis ins 18. Jahrhundert Sklaven hält, wo bis zum 19. Jahrhundert ein paar hundert Feudalfamilien herrschen, bis 1832 von 15 Millionen Einwohnern 400 000 wahlberechtigt sind und noch zu Schopenhauers Zeiten «zwei Drittel der Nation nicht lesen können», behandeln Klerus und Großgrundbesitzer den Bauern schlechter als alle Stalltiere. Noch im späten 19. Jahrhundert ist er halb so gut genährt und hat doppelt so viel zu arbeiten wie die Sträflinge in den englischen Zuchthäusern. «Er ist eine Null in den Berechnungen des Pächters», registriert 1865 ein offizieller Bericht. «Er hat keine Furcht für die Zukunft, weil er über nichts verfügt, außer dem, was zu seiner Existenz absolut unentbehrlich ist... Komme, was wolle, er hat keinen Anteil an Glück oder Unglück.» Mit blutigem Hohn übergießt die liberale Presse Adel und Hochkirche, die in ferne Länder «Missionen zur Sittenverbesserung der Südseewilden» senden. «Und nun versichere ich kühn», schließt ein Korrespondent des «Morning Chronicle», «daß die Lage dieser Leute, ihre Armut, ihr Haß gegen die Kirche, ihre äußerliche Fügsamkeit und ihre innerliche Bitterkeit gegen die kirchlichen Würdenträger die Regel ist durch die Landgemeinden von England, und das Gegenteil nur die Ausnahme.» Bloß einige christliche Sekten halfen. Die Hochkirche aber verzieh, schreibt Marx, «eher den Angriff auf 38 von ihren 39 Glaubensartikeln als auf 1/39 ihres Geldeinkommens».

Nicht weniger hundsföttisch verfuhr Europa mit seinen Industriearbeitern, wie sich vor allem im Ursprungsland der großen Industrie zeigt.

Noch Mitte des 19. Jahrhunderts sind viele «freie Engländer» billigere Arbeitstiere als die antiken Sklaven. In kaum vorstellbaren Löchern hausen sie halbnackt auf verfaultem Stroh und mit verdorbenen Lebensmitteln. Überall Dreck, Kot, Nässe, tote Kinder, Kranke und Krüppel, Schwindsucht, Typhus, Erblindung. Während die Profite der Fabrikanten immer riesiger werden, wird das Elend der Arbeiter immer entsetzlicher und 1834 die Armenverordnung von 1601 durch ein Gesetz abgelöst, das keine Unterstützung der Armen mehr kennt.

In London hört schon William Blake, in Kirche und Staat die Schuldigen erkennend, aus allen Schornsteinen und Gassen den Schrei der geschundenen Kreatur. 1866 gibt es dort 200000 Menschen, «deren elende Lage», so ein großer Gesundheitsbericht Julian Hunters, «alles übersteigt, was jemals anderswo in England gesehen worden ist». 1867 mahnt der torytreue «Standard»: «Erinnern wir uns, was diese Bevölkerung leidet. Sie stirbt vor Hunger. Das ist die einfache und furchtbare Tatsache. Es sind ihrer 40000... In unserer Gegenwart, in einem Viertel dieser wundervollen Metropole, dicht neben der enormsten Akkumulation von Reichtum, welche die Welt je sah, dicht dabei 40000 hilflos verhungernd.» Weder Arbeitssuche noch Bettel nützen da, denn «die lokalen Armensteuerpflichtigen sind durch die Forderungen der Pfarreien selbst an den Rand des Pauperismus getrieben».

1840 beträgt die durchschnittliche Lebensdauer der Arbeiter in Liverpool 15 Jahre. In Manchester sterben 57 v. H. der Arbeiterkinder vor dem fünften Jahr. Neun- bis Zehnjährige schuften nicht selten 24 und 36 Stunden ununterbrochen. Sie werden nachts in die Fabriken getrieben und mit Peitschen wach gehalten. Noch 1860 ersucht man in öffentlichen Eingaben um eine Beschränkung der Arbeitszeit auf 18 Stunden. Kinder von drei, vier Jahren stehen bei der Spitzenfabrikation auf Stühlen. In den Strohflechtereien haben sie oft weniger

Platz als ein Hund in seiner Hütte. Marx nennt das die «Verwandlung von *Kinderblut* in Kapital». In den Bergwerken kriechen Vier-, Fünfjährige mit Männern und Frauen halbnackt oder nackt, an Ketten hängend, durch die viel zu engen warmen Stollen. Wer sich beklagt, wird entlassen und als «Gezeichneter» nirgends mehr beschäftigt. Die Toten fliegen in die Straßengräben und werden in Löchern, Morästen verscharrt. An «Bildung» erhalten diese Leute so gut wie nichts, ausgenommen – Religionsunterricht.

In Irland verhungern 1846 mehr als eine Million Menschen. Zwei Millionen wandern aus.

In Schlesien, wo man Katholiken und Protestanten gegeneinander hetzt, stürzen die Weber, trotz härtester Arbeit, in immer größeres Elend. Sie wären glücklich, versichert 1844 Wilhelm Wolff, an dem reichlichen Kartoffelmahl der Mastschweine ihrer Lohnherren teilnehmen zu dürfen. Und sie hausen in Unterkünften, «gegen die der Viehstall eines Dominialbesitzers ein Prunksaal genannt werden muß». Die christliche Regierung läßt sie niederknallen.

In Köln bettelt um 1800 ein Drittel der Bevölkerung. Bayern greift Ende der dreißiger Jahre 145993 Bettler auf, darunter 24960 Kinder. Preußen verbietet allen (ohnedies traditionell staatshörigen) Universitätslehrern politische Diskussionen. In den vierziger Jahren emigrieren aus Deutschland jährlich 100000, nach 1849 jährlich 250000 Menschen.

In Frankreich schließt 1801 Napoleon I. ein Konkordat. Kennt er doch keine Menschen, «die sich besser verstehen als Priester und Soldaten». Auch weiß er: «Wenn man mit dem Papst im Einklang ist, beherrscht man noch heute das Gewissen von hundert Millionen Menschen»; noch Mussolini zitiert es beim Abschluß der Lateranverträge. 1808 macht Napoleon zur Grundlage des gesamten Unterrichts erstens die Vorschriften der katholischen Religion, zweitens die treue Ergebenheit gegenüber dem Kaiser – stets Hauptursachen europäischen Völkerelends. In den Slums laufen die Kinder nackt. Um 1830 essen zwei Drittel aller Franzosen kein Fleisch. In den Fabriken ruinieren sich Männer, Frauen, Kinder von fünf Uhr morgens bis acht, neun Uhr abends für Hundelöhne. Das Durchschnittsalter der französischen Arbeiter ist 21 Jahre.

1848 werden in Paris Tausende von ihnen abgemurkst. In Berlin toben Straßengefechte. In Baden, Posen, Prag schlägt man Aufstände nieder. In Rom muß der Papst fliehen, sein Minister Graf Rossi wird ermordet. Nach schweren Kämpfen erobern die Reaktionäre Wien zurück. Männer, Frauen und Kinder werden getötet. Friedrich Hebbel versäumt nicht, als Augenzeuge dem Fürsten Schwarzenberg zu sagen: «...die männlichen Leichname hatten ihre Geschlechtsglieder als Cigarren im Munde; das ist doch immer schon etwas und wird, ich bürge dafür..., der Geschichte nicht verlorengehen.»

Überall stehen die Geknechteten auf, überall werden sie zusammengeschossen, in Zuchthäuser gesteckt, zum Auswandern gezwungen. In ganz Europa ist die Polizei die Stütze der Religion und die Zahl der Wahlberechtigten bis ins 20. Jahrhundert so klein wie möglich.

Am 8. April 1850 ruft Victor Hugo, der ehemalige Ultra-Royalist und Christ, in der von Katholiken bestimmten Nationalversammlung: «Erhebt Euch doch, Katholiken, Priester, Bischöfe, Männer der Religion, die Ihr da in dieser Nationalversammlung sitzt und die ich da mitten unter uns sehe! Erhebt Euch! Das ist Eure Rolle! Was macht Ihr da auf Euren Bänken?» Einzige Reaktion: Gelächter. 1851 läßt Napoleon III. neue Aufstandsversuche blutig unterdrücken. «Man hat die Kirche, man hat die Armee, man hat die Bank!» kommentiert Hugo, alles nennend, was heute noch die Welt beherrscht. 1871 wird ein weiterer Aufstand der Kommune in Blut erstickt. Für 64 von ihr erschossene Geiseln metzelt die Regierung 6000 Arbeiter nieder.

Schon Mitte des 19. Jahrhunderts wünschen die Reaktionäre auf allen Seiten die Vernichtung des europäischen Proletariats in einem großen Krieg. Fieberhaft arbeiten sie dafür im frühen 20. Jahrhundert. Überall predigen Kirche und Staat Patriotismus. Bald gibt es einen deutschen, einen russischen, einen französischen Christus – und schon vor 1914 stehen auf seiten der deutschen Gegner 27000 von Krupp gebaute Kanonen, sind sämtliche Giftgaspatente der I. G. Farben an den französischen Chemiekonzern verkauft. Ja, während die deutschen Soldaten mit dem Deutschlandlied sterben, liefert die Firma Thyssen, später Finanzier Hitlers, Infanterieschutzschilder nach Frankreich fast halb so billig wie an die deutsche Heeresverwaltung. Allein im ersten Halbjahr 1916 bringt der deutsche Stahltrust 30 Millionen Zentner Stahl und Eisen nach Frankreich. Und Krupp erhält für das – mit Wissen des Reichskriegsministeriums und mit Gewinnbeteiligung an jeder einzelnen Granate! – vor dem Krieg nach England verkaufte deutsche Granatzünderpatent KPz 96/04 unmittelbar nach dem Krieg 123 Millionen Goldmark – und floriert noch heute.

Der Klerus aber rast frenetisch hinter allen Fronten, preist tausendfach die Massenschlächterei als «religiöse Erhebung», «religiöse, moralische und soziale Wiedergeburt», «Kreuzzug», «Heiligen Krieg», «Gottesdienst», «Gebot unseres Gottes», «Gottes Willen» usw. usw. Vom «Gott will es!» in den Kreuzzügen, «Gott will's auch haben» im Bauernkrieg über «Gottes Willen» im Ersten Weltkrieg bis zum «Heiligen Willen Gottes» im Zweiten Weltkrieg: *Wer sich vor* diesem *Christentum nicht ekelt, gehört selbst dazu.* Und während die schamlosen bischöflichen, jesuitischen, protestantischen Phrasen in Fluten von Predigten, Papier über den verdummten, verkauften Köpfen der Gläubigen zusammenschlagen, läßt man sich die Tötung jedes einzelnen Soldaten runde 100000 kosten, wovon die Rüstungsindustrie jeweils 60000 Mark kassiert, Reingewinn. 12 Millionen Tote.

Nun hatte man also seinen Krieg. Endlich war er da. «Der Krieg ist seit Jahren emsig und ernst vorbereitet worden. Jahrelang war das Heer in steter Kriegsbereitschaft. Aber eine der wichtigsten Vorbereitungen war der Eucharistische Kongreß in Wien.» So erklärt 1916 einer, der es wissen muß, der österreichische Weihbischof Waitz, der auch 1938, nun als Fürsterzbischof, zusammen mit Kardinal Innitzer von Wien, Hitlers Einmarsch in Österreich als Erfüllung der «tausendjährige[n] Sehnsucht unseres Volkes» feiert. Im gleichen Jahr tagt der

– schon 1912 in Wien bahnbrechende – Eucharistische Kongreß in Budapest. Faschistenkomplice Eugenio Pacelli beschwört dabei als päpstlicher Legat die «Gefahr des Bolschewismus». Ein Jahr darauf bricht der Zweite Weltkrieg aus, 25 000 Tote täglich, Tagesumsatz 2 Milliarden Mark. 1960, auf einem Höhepunkt des Kalten Krieges, tagt der Eucharistische Kongreß in München. Pacelli-Intimus Kardinal Spellman, einer der rührigsten Reaktionäre der Welt, prophezeit die Zeit, da die heutigen kommunistischen Herrscher hinweggefegt werden, fliegt im Hubschrauber am «Eisernen Vorhang» entlang, zelebriert vor den Truppen eine Pontifikalmesse «unter dem Donner der Geschütze», nicht vergessend, die Soldaten «seine lieben Freunde» zu nennen. (Priester und Soldaten, wie Napoleon wußte, ja, schon Konstantin.) Und der katholische Bundesverteidigungsminister Strauß, der auch die «päpstlichen Rundschreiben der deutschen Gesetzgebung zugrunde gelegt» wissen will, gesteht freimütig: «Dafür sind wir Soldaten,... daß die Macht aus atheistischen Händen wieder in christliche übergeht.»

«Nach Ostland woll'n wir reiten...» sangen schon die Kreuzfahrer des Mittelalters. Und von Jahrhundert zu Jahrhundert hoffte das Papsttum – mit dem Katholiken de Maistre zu sprechen –, den auftauenden Kadaver der Ostkirche beerben zu können. Auch im Ersten Weltkrieg, als die Mittelmächte, vom Vatikan unterstützt, Siedlungsraum im Osten, in den polnischen Gebieten, der Ukraine, dem Baltikum wollen, sieht man sich wieder einmal dem heißersehnten Ziel nah. Im Zweiten Weltkrieg ist man berauscht vom Rußlandfeldzug der antiklerikalen Nazis. Und während Millionen Deutsche für ihr Vaterland zu fallen glauben, krepieren sie nur für die größten Verbrecher der Geschichte.

Kurz: nach dieser eineinhalb Jahrtausende langen systematischen christlichen Erziehung zur physischen und geistigen Barbarei *konnte* überhaupt nichts anderes kommen, als gekommen ist. Zwar scheute Papst Leo XIII. 1885 in seiner Enzyklika «Immortale Dei» die Behauptung nicht: «Alles, was die persönliche Würde des Menschen fördert, was die Rechtsgleichheit unter den einzelnen Bürgern erhält, das alles hat die katholische Kirche ins Leben gerufen, begünstigt und stets geschützt.» Doch wahr ist das Gegenteil. Wahr ist, daß alle sozialen Erleichterungen der Neuzeit nicht durch die Kirche, sondern gegen sie geschaffen wurden. Daß die Menschheit fast alle humaneren Formen und Gesetze des Zusammenlebens verantwortungsbewußten außerkirchlichen Kräften verdankt. Daß die Kirche, wie kein Gegner des Christentums, sondern der bedeutende protestantische Theologe Martin Dibelius schreibt, stets die «Leibwache von Despotismus und Kapitalismus» gewesen ist. «Darum waren alle», wie der christliche Gelehrte bekennt, «die eine Verbesserung der Zustände dieser Welt wünschten, genötigt, gegen das Christentum zu kämpfen.»

Und so ist es noch heute.

«Weide meine Lämmer!»

«Sie sollen mir sogleich in den katholischen Klöstern von Halberstadt einen Priester auswählen, der mir als Feldprediger bei den Regimentern, die ins Feld ziehen sollen, in Vorschlag gebracht werden kann. Das Priesterlein braucht nicht intelligent zu sein, im Gegenteil: je dümmer, desto besser...»

FRIEDRICH II., 1740

«Das lebenslängliche Bekenntnis zu den Kronrechten des Kaisers» («diese erzstarke Herrschergestalt mit dem goldenen Herrschergewissen, dieser Reinwuchs deutscher Kraft, diese majestätische Verkörperung soldatischer Edelart») «ist Nachfolge Jesu.»

MICHAEL FAULHABER, Bischof und Feldpropst der Bayerischen Armee, über Wilhelm II. im Ersten Weltkrieg

«Nachts um 11 Uhr durch eine Ekrasitgranate mitsammen tödlich verletzt, umarmten sie sich: ‹Wir sterben mitsammen, gelt, wir sterben mitsammen. Für unseren Kaiservater in Wien sterben wir gern.›»

MICHAEL FAULHABER über zwei Soldaten im Ersten Weltkrieg

«Wir haben eine ähnliche Zeit schon durchlebt im Weltkrieg und wissen daher aus einer harten und bitteren Erfahrung, wie notwendig und wichtig es ist, daß in solcher Lage jedermann ganz und gern und treu seine Pflicht erfüllt.»

Kardinal MICHAEL FAULHABER im Zweiten Weltkrieg

«... wie Christus mehr von uns verlangt, als selbst Hitler von uns verlangt hat.»

Ein katholischer Militärseelsorger der Gegenwart

Die bis ins 20. Jahrhundert nicht abreißende Greuelchronik der Catholica ist um so degoutanter, als sie – blutiger Hohn! – im Namen des Friedens, der Liebe, der Frohen Botschaft geschah. Keine Religion der Weltgeschichte trat so revolutionär in sie ein, und keine wurde so erzreaktionär, keine hat ihre Praxis so sehr zum Gegenteil ihrer Predigt gemacht und keine die Kluft zwischen beiden derart geleugnet oder bagatellisiert. Wer sonst mußte die Lektüre seines eigenen Heiligen Buches Jahrhunderte hindurch verbieten, weil ihm die Wirklichkeit so scheußlich widersprach! Nur «frommen und gelehrten Leuten» wurde sein Lesen erlaubt; beim Lesen «in vulgari translatos», «in vulgari lingua», «mehr Schaden» befürchtet.

Zwar kennen wir kaum das Credo des geschichtlichen Jesus, ja, haben nicht einmal Gewißheit über seine Existenz. Doch wir wissen, daß der synoptische Lehrer frei ist von nationalistischen Instinkten, Leidenschaften, von Patriotismus und Machtambition, daß er kein politischer Messias, kein militanter Apokalyptiker sein will, sondern ein Nichtkrieger, Friedensfürst, ein Pazifist. Wir wissen, daß er jedes Faustrecht verwirft, jeden Terror, jede Despotie, daß er fordert, das Böse nicht nur bedingungslos hinzunehmen, sondern mit Güte zu belohnen, daß sein Gebot der Feindesliebe unbegrenzt ist – wie immer man diese eindeutigen Worte wendet, einschränkt, ins Gegenteil verkehrt. Wir wissen, daß die gesamte Frühchristenheit Krieg und Gewalt kompromißlos verabscheut hat – sei es auch nur, weil die Propagierung der pazifistischen Bibelpostulate ihrer eigenen politischen Ohnmacht entsprach. Umringt von Andersgläubigen, konnte man leicht Versöhnlichkeit und Feindesliebe lehren.

Man tat es mit allem Eifer, tat es bis ins 4. Jahrhundert hinein. Von Justin über Tatian, Athenagoras, Tertullian, Origenes, Cyprian bis zu Arnobius, Laktanz wurden die christlichen Theologen nicht müde, der Welt Frieden zu verkünden und religiöse Toleranz, Gewaltlosigkeit, Vergebung, ein Leben ohne Feindschaft und Krieg. In grandioser Monotonie beteuern sie ihre Harmlosigkeit, Güte, ihre Unschuld und Langmut, behaupten sie, zwar noch auf Erden zu sein, doch schon im Himmel zu wandeln, alle zu lieben, keinen zu hassen, niemandem Unrecht zu tun, nicht Böses mit Bösem zu vergelten, lieber Ungerechtigkeit zu ertragen als hervorzurufen, lieber das eigne Blut zu vergießen, als Hände und Gewissen mit andrem zu beflecken. Wenn man sie schlage, versichern sie, schlügen sie nicht wieder, wenn man sie beraube, prozessierten sie nicht, im Gegenteil, sie hielten auch die andere Backe hin und gäben zum Leibrock noch den Mantel, sie segneten ihre Feinde und beteten für ihre Mörder. Sie renommieren damit, die Schwerter mit Pflügen, die Lanzen mit Ackergerät vertauscht zu haben. Sie geloben, sich überhaupt nicht mehr zu wappnen, zu wehren, zu verteidigen, da sie Kinder des Friedens seien, da Jesus bei der Entwaffnung Petri jedem den Degen abgeschnallt. Kurz, sie mißbilligen nicht nur Kriegsdienst, Notwehr, sondern die Tötung eines Menschen überhaupt, gleich aus welchem Grunde oder mit welchem Recht.

Weil der Klerus jedoch stets betrügt, weil selbst und gerade der Patron der Prediger, der heilige Chrysostomos, die Notwendigkeit der Lüge zum Zweck des Seelenheils bejaht, sogar unter Berufung auf Beispiele des Alten und Neuen Testaments (!), lügen auch heute die Katholiken leichten Herzens, die Kirche habe die Lehre vom gerechten Krieg «immer und überall vertreten» (Ermecke), habe «zu allen Zeiten den schrankenlosen Pazifismus abgelehnt und neben der persönlichen Notwehr und der innerstaatlichen Notwehr – Todesstrafe – auch die überstaatliche, d. h. den gerechten Krieg anerkannt» (Fleischmann). Tatsächlich aber war der christliche Pazifismus vor Konstantin so absolut, daß noch zu Beginn des 4. Jahrhunderts die Synode von Elvira jedem Gläubigen, der auch *nur durch Anzeige* eines Mitmenschen zu dessen Hinrichtung oder Ächtung beitrug, zeitlebens, selbst in der Todesstunde, die Kommunion verweigerte. (Die spanische Kirchenversammlung unterscheidet dabei nicht zwischen einer wahrheitsgemäßen und einer verleumderischen Anzeige. Ein Christ, der – rechtmäßig oder nicht – den Tod eines Menschen veranlaßt, wird ausgeschlossen.)

In Übereinstimmung damit untersagt auch Kirchenvater Laktanz die Denunzierung eines Verbrechens, auf dem die Todesstrafe steht. Denn: «Wenn Gott das Töten verbietet, ist nicht nur das Ermorden von Menschen nach Räuberart verboten; das verbietet auch schon das staatliche Gesetz; sondern es ist dann jede andere Menschentötung verboten, auch eine solche, die nach weltlichem Recht sehr wohl erlaubt wäre.»

Ein Grundsatz, der selbstverständlich erst recht jeden Krieg ausschließt, auch den «gerechten». Konsequent bekämpft Laktanz – was immer zu Massakern geführt hat und führt, die Kirche seither aber stets unterstützt – Patriotismus und Nationalismus. Denn: «Was sind die ‹Vorteile des Vaterlandes› anderes als die Nachteile eines zweiten Staates oder Volkes, das heißt das Gebiet auszudehnen, indem man es anderen gewaltsam entreißt, das Reich zu mehren, die Staatseinkünfte zu vergrößern? Alles dieses sind ja nicht Tugenden, sondern es ist die Vernichtung von Tugenden. Vor allem nämlich wird die Verbundenheit der menschlichen Gesellschaft beseitigt, es wird beseitigt die Redlichkeit, die Achtung vor fremdem Gut, schließlich die Gerechtigkeit selbst... Denn wie könnte gerecht sein, wer schadet, wer haßt, wer raubt, wer tötet? Das alles aber tun die, welche ihrem Vaterlande zu nützen streben.»

So in seinem Hauptwerk «Divinae Institutiones», knapp vor 313 verfaßt. Doch wie merkwürdig: Gleich darauf verzichtet eine verkürzte Neuausgabe desselben Traktates auf alle antimilitaristischen Partien und verherrlicht den Tod fürs Vaterland! 313 nämlich hatte Konstantin die Christen anerkannt, und sofort fielen sie jetzt um. Augenblicklich verriet Laktanz, Erzieher des Kaisersohnes, Erzieher vielleicht schon des Kaisers selber, nicht nur die eigne Glaubensüberzeugung, sondern auch eine dreihundertjährige Tradition. Mit allen Bischöfen und Heiligen ging er geradewegs ins Lager der ewigen Metzger der Menschheit über. Denn nun witterten sie Morgenluft, nun witterten sie die Chance der Macht, nun begannen sie mit den Wölfen zu heulen. Und mit welch süßen Engelszungen sie auch über die Zeiten hin Toleranz und Liebe gepredigt, Gewaltlosigkeit, Frieden – plötzlich predigten sie beides: Frieden *und* Gewalt, Feindesliebe *und* Feindeshaß, die Frohe Botschaft und die schlimmste: Krieg, Krieg, Krieg! Mit dem einen faszinierten sie Verdummte, mit dem andren hofierten sie die Macht, und durch beide wurden sie selbst die Allermächtigsten, die Allesüberdauernden, die ganze Geschlechter unter sich begruben.

Es muß ein eigentümliches Vergnügen für die Menschen sein, sich fort und fort verdummen, verkaufen, vernichten zu lassen: für das Vaterland, den Lebensraum, die Freiheit, für den Osten, den Westen, für diesen und für jenen Herrn, am meisten aber für die, die Gott stets so sicher mit ihrem Vorteil verwechseln und ihren Vorteil mit Gott, die so zielstrebig dem Tag dienen, doch die Ewigkeit nie aus dem Auge verlieren, die im Frieden Frieden propagieren und im Krieg den Krieg, und beides mit gleicher Überzeugungskraft und gleicher Perfektion: da das Christkind, dort Kanonen; da die Bibel, dort Pulver; da «Liebet einander», dort «Bringt sie um, Gott will es». «Sie haben geschworen, sie müssen gehorsam sein!» Sie müssen verrecken, sobald ein Haupt- und Staatsverbrecher es befiehlt, zu Tausenden, zu Hunderttausenden, Millionen. Ja, es muß ein eigentümliches Vergnügen sein, von Jahrhundert zu Jahrhundert im Blut der Menschheit zu schwimmen und Halleluja zu rufen! Es muß ein eigentümliches Vergnügen sein, fast zwei Jahrtausende hindurch zu lügen, zu fälschen, zu täuschen. Es muß ein eigentümliches Vergnügen sein, über Äonen, über alle Zusammenbrüche, alles große Völkernasführen und Völkerruinieren hinweg die Heuchelei zur Kunst aller Künste zu machen und sie fort und fort zu sanktionieren – auf daß es einem wohlergehe und man lange lebe auf Erden.

Wo sonst noch gibt es diese atemverschlagende Mischung von Wolfsgeheul und Friedensschalmei, Weihnachtsbotschaft und Scheiterhaufen, von Heiligenlegende und Henkersgeschichte! Wo sonst dies allumfassende Liebespalaver und den praktisch allesverschlingenden Haß! Wo sonst eine Religion, die aus Liebe tötet, aus Liebe foltert, aus Liebe raubt, erpreßt, entehrt, verteufelt und verdammt! Es wurde die große, die weltbeglückende Praxis des Christentums, die grassierende Pest der Jahrtausende. Mit einem Wort: Das Christentum wurde der Antichrist. Jener Teufel, den es an die Wand malte: er war es selber! Jenes Böse, das es zu bekämpfen vorgab: es war es selber! Jene Hölle, mit der es drohte: sie war es selbst! Von allem Schlimmen wurde es das Schlimmste: nicht weil andre minder schlecht gewesen, sondern weil sie's nicht so lang sein konnten, nicht so intensiv, weil sie nicht solche Macht über das Volk gewannen, das sich mit Hokus und Pokus,

Latein und Lügen, mit pastoralem Pathos, den Gesten der Heiligkeit, den Schrecknissen und Süßigkeiten des Jenseits verzücken und bestürzen und zu jedem Verbrechen hinreißen ließ, geschah es nur in Gottes (und in ihrem) Namen, der alles erlaubte, alles erleichterte, alles ermöglichte, indes man sich selber die Hände in Unschuld wusch, die eigene Haut sicherte, den eigenen Säckel füllte und lehrte: «Sammelt nicht Schätze auf Erden», «Richtet nicht», «Liebet einander», «Tut Gutes denen, die euch hassen». Sie taten Böses jenen, die Jesus liebten, die seine Gebote befolgen wollten, sie rissen ihnen die Zungen, die Augen aus, zertrümmerten ihre Gebeine, sie begruben sie lebendig, sie kreuzigten, verbrannten, mauerten ein Leben lang ein, sie taten ihnen jede Schmach und jede Schande an und jeden Schmerz, sie rächten sich an ihren Kindern noch und Kindeskindern, sie fühlten sich gut und im Recht, sie fühlen sich noch immer so. Und schlugen doch die Menschheit ans Kreuz. Alle für Einen? Alle für sie! Seit Konstantin wurden Heuchelei und Gewalt die Kennzeichen der Kirchengeschichte, wurde Massenmord zur Praxis einer Religion. *Einen* zu töten war strikt verboten, Tausende umzubringen ein gottgefälliges Werk. Das Ganze heißt nicht Geisteskrankheit, das Ganze heißt Christentum.

Tauchte im ausgehenden 2. Jahrhundert die Frage, ob ein Christ Soldat werden könne, überhaupt erst auf, war dies im 4. gar keine Frage mehr. Taten Christen noch im 3. Jahrhundert Militärdienst nur ausnahmsweise, wurde er im 4. Jahrhundert für sie die Regel. Schlossen die Bischöfe vor 313 im Krieg nichtfahnenflüchtige Soldaten aus der Kirche aus, exkommunizierten sie danach die fahnenflüchtigen. Erlitten vordem einige Kriegsdienstverweigerer den Martertod, entfernte man ihre Namen nun schnell aus den Kalendern. Denn die Stunde der Soldatenmärtyrer war jetzt vorbei und die der Militärbischöfe da. Noch mit Konstantin rückten sie begeistert ins Feld, nicht um zu fechten, versteht sich, sondern um zu profitieren – und die Initialen Christi (welche Perversion!) leuchteten auf den Fahnen den Truppen der ersten christlichen Majestät voran, die, so jubilierte Kirchengeschichtsschreiber Bischof

Euseb, mehr Völker bekriegt und unterjocht habe als alle heidnischen Kaiser.

Einige gute Christen zwar machten noch Vorbehalte. Kirchenlehrer Basilius gebietet im späteren 4. Jahrhundert, gegen Räuber ziehende Laien vom Abendmahl auszuschließen, Priester in diesem Fall aber ihres Amtes zu entheben. Und den Kriegern befiehlt Basilius immerhin noch, «mit ihrer unreinen Hand drei Jahre wenigstens der Kommunion fernzubleiben». Bald jedoch wurde es üblich, mit der Kommunion im Bauch aufeinander einzustechen, wurde es für einen frommen christlichen Streiter ganz unerläßlich, erst zu kommunizieren, dann umzubringen, erst zu beten, dann zu morden, erst das Herz zu Gott zu erheben, dann den Schädel seiner Ebenbilder zu zertrümmern. Sechzehneinhalb Jahrhunderte schon ist das Töten mit Christus die Bedingung sine qua non für das Seelenheil des kämpfenden Christen. Sechzehneinhalb Jahrhunderte schon betreibt der Klerus dies große Geschäft – und er ist fest entschlossen, es weiter zu betreiben, fest entschlossen, die Schäfchen auch künftig den Schlächtern zu liefern, ob die nun schwarz, braun, rot oder sonstwas sind, ob sie traditionell oder atomar vernichten. Denn lieferte er nicht mehr, er wäre selber geliefert, um seinen Einfluß gebracht; macht ihn doch bloß dies Senden und Segnen des Schlachtviehs (und die Dämpfung der sozial Unterdrückten im Frieden) für den Staat zum begehrten Komplicen; für jeden Staat, den antiklerikalen sogar.

Ja, die Hirten, die Ober-Hirten. «Weide meine Lämmer!» Welch schönes Wort. Nur: «stellt Euch doch einmal die Frage», schreibt der von Hitlerschergen am Schreibtisch erschossene Theodor Lessing, «wozu und aus welchen Beweggründen der gute Hirte für seine Herde das Nachdenken besorgt? Erstens: weil er sie scheren will. Zweitens: weil er sie fressen will.»

Für Mord hatten die Synoden der ersten Jahrhunderte gar keine Buße festgesetzt, weil man glaubte, er käme bei Christen nicht vor. Doch um dieselbe Zeit, als Kirchenlehrer Basilius, der selbst freilich schon guten Kontakt mit höchsten Militärs unterhielt, für Krieger wenigstens noch jahrelange Kommunionverweigerung gebot, pries ein anderer, mehr Schule machender Kirchenfürst bereits das Töten im Krieg.

Athanasius, der berühmte «Vater der Rechtgläubigkeit», ebenso straßenkampferfahren wie intrigenerprobt, ein Hirte, den von vierundfünfzig Episkopen nur sieben, überdies eidbrüchige, zum Bischof gewählt, der gegen die Arianer, unter den Namen Kaiser Konstantins und seines Sohnes Konstantius II., widerliche Schmähbriefe fälschte, worin er jeden (ohne Appellation und Gnadenakte!) sofort liquidiert sehen wollte, der auch nur eine Schrift des Arius aufbewahrte, wie er überhaupt nicht frei ist vom Verdacht, an dessen Tod mitschuldig zu sein: dieser seltsame Heilige erklärte jetzt, Mord sei zwar nicht erlaubt, in Kriegen aber sei es «sowohl gesetzlich als lobenswert, Gegner zu töten».

Es wurde allgemeine Kirchenlehre.

Da aber das ganze nun einsetzende Schlachtgeheul der katholischen Heilsbringer doch zu kraß gegen das Evangelium und die gesamte frühchristliche Überlieferung verstieß, kreierte ein anderer Froher Botschafter desselben Schlags die Unterscheidung von «gerechten» und «ungerechten» Kriegen.

Augustinus, der auch die schlimmsten sozialen Gegensätze gerechtfertigt hat, dessen wesentlichster Ratschlag an die Armen hieß, «im ewig gleichen unverändert harten Joch des niedern Standes» auszuharren (wobei er mit Paulus ebenso übereinstimmt wie mit Thomas von Aquin), Augustinus, der auch Prototyp des mittelalterlichen Ketzerjägers wurde, indem er mit seinem bezwingenden cogite intrare, seinen schönen Seelsorger-Sprüchen: «Des Freundes Wunden seien besser als des Feindes Küsse», «Besser sei es, dem Hungrigen das Brot zu nehmen, wenn er die Gerechtigkeit verachte», «Wer härter strafe, zeige größere Liebe» und dergleichen katholischen Kostbarkeiten mehr die Zwangsbekehrung Andersgläubiger betrieb, Geldstrafen forderte, Konfiskation ihrer Kirchen, Verbannung; auch schon die Folter erlaubte, sie «leicht» im Vergleich zur Hölle nannte, eine «Kur» (emendatio) für den Menschen, auch die Todesstrafe zumindest hinnahm, wie er überhaupt den Krieg mit dem für seinesgleichen charakteristischen zynischen Zungenschlag als Weg zum Frieden verteidigte, zumal der Erfolg eine gewisse Verlustquote rechtfertige – ah, die Hirten, die Ober-Hirten, «Weide meine Lämmer!», dieser weitere seltsame Heilige verteidigte jetzt als «gerechte Kriege» alle jene, «die Unrecht rächen» – was Jesus doch gerade verbot!

Nun war zunächst selbstverständlich jede christliche Abschlachtung von Heiden gerecht. Und Gemetzel, bei denen man Ungläubigen die Feindesliebe mit dem Schwert dozierte, bei denen die Frohe Botschaft «Taufe oder Tod» hieß, falls man nicht gleich – stets das sicherste Bekehrungsmittel – Mission bis zur Ausrottung befahl, ließen sich oft vom «gerechten» noch zum «heiligen» Krieg steigern, in dem dann jeder, auch der größte Halsabschneider, im Falle seines Fallens, laut kirchlicher Garantie, die ewige Seligkeit gewann.

Doch geschah es immer häufiger und wurde bald die Regel, daß die Christen selber übereinander herfielen – auf beiden Seiten vorbereitet durch Fasten, Feldgottesdienste, Feldpredigten (in denen noch «die Kanonen des Krieges... Sprachrohre der rufenden Gnade» wurden: Ober-Hirte Michael Faulhaber im Ersten Weltkrieg) und nicht zuletzt gestärkt natürlich durch die heilige Kommunion. Sogar der Klerus bekriegte den Klerus, ein Kloster das andere, ein Bischof den anderen, ein Papst den anderen (immerhin 171 Jahre lang), wobei wahrlich kein Mittel ungenutzt blieb.

Nun gestattet die Catholica, im eklatanten Widerspruch freilich zu Jesus und all ihren Theologen vor Konstantin, zwar den «gerechten Krieg», im Widerspruch aber zu ihrer eigenen (späteren) Lehre erlaubt sie praktisch das Töten *beiden* Parteien, obwohl ja, wenn überhaupt, nur eine gerecht kämpfen kann. Doch da es der Kirche, wie gerade die Geschichte der Kriege bestätigt, gar nicht um gerecht oder ungerecht geht, sondern darum, mit den Wölfen zu heulen, mit den Wölfen zu überleben, zwingt sie ihre Gläubigen – ich wiederhole: auf beiden Seiten – durch einen Eid, sich im Kriegsfall gegenseitig zu massakrieren, während mitten in der von ihr frenetisch unterstützten allgemeinen Menschenschlächterei die Päpste urbi et orbi das erbauliche Schauspiel ergreifender Friedensappelle bieten – die mörderischste Heuchelei der Weltgeschichte!

Wie erklären dies die Hirten? Wie ziehen sie sich aus der Schlinge, in der sie ihre Schäfchen allzeit hängen lassen – denn werden die zum Scheren, Schlachten, zum Fressen nicht geweidet?!

Der Freiburger Erzbischof Conrad Gröber, Förderndes Mitglied der SS und einer der eifrigsten klerikalen Naziadjuvanten, zeigte dies 1935 in seinem der braunen Krapüle die staatserhaltende Kraft des Katholizismus anpreisenden Buch «Kirche, Vaterland und Vaterlandsliebe»: «Die katholischen Theologen haben immer den gerechten vom ungerechten Krieg unterschieden und es niemals in den Urteilsbereich des einzelnen mit all seinen Kurzsichtigkeiten und Gefühlsstimmungen gelegt, im Kriegsfalle die Erlaubtheit oder das Unerlaubtsein zu erörtern, sondern die letzte Entscheidung der rechtmäßigen Autorität überlassen.» «Das heißt», kommentiert der Katholik Johannes Fleischer, und ich wüßte keine bessere Glosse: «die ‹katholischen Theologen› vertreiben sich zwischen den staatlich organisierten Menschenschlächtereien ihre Langeweile mit dem neckischen Fragespiel: Wann ist ein Krieg ‹gerecht› und wann ‹ungerecht›? Sie füllen damit dicke Wälzer, weil ja die Entscheidung ‹sittlich, politisch und technisch so überaus kompliziert› ist (der Jesuit Hirschmann), weisen aber vorsorglich mehr oder minder deutlich darauf hin: Kinder, wie seid ihr doch dämlich, unseren moraltheologischen Zeitvertreib so ernst zu nehmen! Denn ‹im Kriegsfalle›, wenn unsere ‹Entscheidungen› eigentlich zum Zuge kommen sollten, danken wir still und heimlich ab und überlassen jedem Verbrecher das Urteil über Recht und Unrecht, wenn er nur – und das ist ja immer der Fall – als ‹rechtmäßige Autorität›, als ‹Gottes Dienerin zum Besten für dich› (Hirschmann zu Römer 13,4) von uns empfohlen wurde. Wir, ihr, der Papst und die Bischöfe gehören doch allesamt zu den ‹Einzelnen›, deren ‹Urteilsbereich› aus ‹Kurzsichtigkeiten und Gefühlsstimmungen› besteht. Vom Papst bis zum letzten katholischen Laien sind wir im ‹Kriegsfalle› also recht eigentlich das ‹emotional aufgepeitschte Volk› (Hirschmann).»

Tatsächlich wandern all die theologischen Schmöker mit ihren aufwendigen Spiegelfechtereien über «gerecht» und «ungerecht» im casus belli augenblicklich in den Schrank, und während ein paar hunderttausend, ein paar Millionen Schäfchen das Zeitliche segnen – «Was hat man denn gegen den Krieg?», wie Augustin sich nicht genug verwundern konnte –, reichen die geistlichen Herren nun die Waffen: Waffen des Worts freilich nur, «Waffen des Lichtes»: Michael Faulhabers Gesammelte Kriegsreden, sie reichen – ein Verlags-Etikett Herders für klerikale Feldpredigten – «geistiges Kommißbrot». Und erst jetzt, das spürt man, fühlen sie sich ganz in ihrem Element. Erst jetzt werden sie die wahren Arbeiter im Weinberg des Herrn. Denn «so überaus kompliziert» nach dem Jesuiten Hirschmann die Entscheidung über den «gerechten» und den «ungerechten» Krieg auch ist, so einfach wird es für die Theologen, bricht der Krieg aus.

Nun nämlich gilt, und mehr noch als im Frieden, das «Leitwort» eines gemeinsamen deutschen Hirtenschreibens im Ersten Weltkrieg: «Gebet dem Kaiser, was des Kaisers ist...»; nun gilt im besonderen Römer 13: «Jedermann sei untertan der Obrigkeit, die Gewalt über ihn hat. Denn es ist keine Obrigkeit, ohne von Gott»; wobei man bloß an Hitler zu denken braucht, um die rechten Vorstellungen von Gott zu bekommen – oder von Paulus, dessen Obrigkeit ihn doch selbst nicht nur weidlich auspeitschen, sondern sogar um eben jenen Kopf kürzer machen ließ, den er, unblutig, schon in Römer 13 verloren hatte, wenn nicht bereits bei Damaskus... Wie ja auch Jesus als Opfer der von Gott (ihm selber!) stammenden Obrigkeit endete, er freilich wissend, «daß die, die über die Völker herrschen, sie unterjochen und die Großen sie vergewaltigen» (denn weil das Evangelium, wie Herders «geistiges Kommißbrot» verrät, «von unvergleichlicher Anpassungs- und Anwendungsfähigkeit» ist, bietet es auch «Vorräte und Beiträge für alle [!] Fälle und Lagen»). Doch ob nun die Obrigkeit, laut Paulus, «Gottes Ordnung» repräsentiert oder, laut Jesus, die Völker vergewaltigt, daran denkt der Klerus, mit Dilemmata vertraut wie keiner, im Krieg noch weniger als sonst. Er denkt überhaupt nicht. Er betet nach. Er predigt. Und was? Den «gerechten» Krieg natürlich. Hüben und drüben!

Selbst die beiden bisher größten Völkergemetzel sind grauenhafte Beweise dafür. Auf französischer Seite verklärte sich den Katholiken, vom Kardinal bis zum Kaplan, der Erste Weltkrieg, in den man vier Jahre lang 60 bis 70 Millionen Menschen gejagt, zu einem Kräftiger Frankreichs, einem Reiniger und Einiger, einem «von Gott beauftragten Sendboten mit dem Ziel der religiösen, moralischen und sozialen Wiedergeburt», wurde der Schützengraben zur «Grotte von Gethsemane», das Schlachtfeld zu «Golgatha», der Augenblick des Schlachtens zur «göttlichen Minute», kurz, der ganze französische Klerus war, wie der Rektor der katholischen Universität und spätere Erzbischof von Paris, Baudrillart, über «diese Ereignisse sehr glücklich» – und das, obwohl die 1915 von elf französischen Kardinälen und Bischöfen edierte Schrift «La Guerre Allemande et le Catholicisme» Deutschland beschuldigte, «einen Vernichtungskampf gegen den Katholizismus und das Christentum» zu führen.

Sehr glücklich aber war, auf der anderen Seite, auch der katholische deutsche Klerus über ein Massaker, bei dem man täglich 6000 bis 7000 Menschen ermordete («Was hat man denn gegen den Krieg?»), insgesamt 12 Millionen, wozu noch 20 Millionen Verwundete und Krüppel kommen sowie 7 Millionen Menschen, die während des Krieges verhungert sind, den die Hirten und Ober-Hirten nun als «Völkerfrühling» feierten, als «heilige Zeit», «Gnadenzeit», «Deutschlands größte Zeit», als den «Tag, den der Herr gemacht», den «Krieg, der dem Herrn gefällt», «die Neuschöpfung des Heiligen Geistes», den «Wiederaufbau von Gottes Reich», die «Hochzeit der siegesfreudigen Nation mit ihrem Gott» und dergleichen konkurrenzlose Schamlosigkeiten aus der eloquentia sacra mehr, deren millionenfache Verbreitung man sich ebenso bewußt machen muß wie das Eingeständnis des katholischen Theologen Heinrich Misalla, ihm seien bei seiner Untersuchung der deutschen katholischen Kriegspredigt 1914 bis 1918 anderslautende Äußerungen in der gesamten «zur Verfügung stehenden

Predigtliteratur nicht begegnet». Auf protestantischer Seite natürlich das gleiche.

Und im Zweiten Weltkrieg? Wie weideten die Hirten da die Herden? Nun, nach altem Hirtenbrauch; diesmal gar für den größten Verbrecher der Geschichte, dem sie gemeinsam schon 1933 «einen Abglanz der göttlichen Herrschaft und eine Teilhabe an der ewigen Autorität Gottes» attestiert, dem sie 1936 gemeinsam Unterstützung «mit allen Mitteln», «Treue bis in den Tod» versprochen. Und nachdem Bischof Graf von Galen, der berühmte «Widerstandskämpfer», 1938, ausgerechnet zur Zeit des großen Judenpogroms, der «Kristallnacht», auf Hitler einen «Fahneneid» autorisiert hatte, der mit den Worten schloß:

> «Was Frost und Leid!
> Mich brennt ein Eid.
> Der glüht wie Feuerbrände
> Durch Schwert und Herz und Hände.
> *Es ende drum wie's ende –*
> Deutschland, ich bin bereit!»

befahlen die Bischöfe in einem auf deutscher Seite völlig ungerechten Krieg, den katholischen Soldaten «aus Gehorsam zum Führer ihre Pflicht zu tun und bereit zu sein, ihre ganze Person zu opfern». Sie verfolgten seinen Rußlandüberfall, wiederum in corpore, «mit Genugtuung», identifizierten ihn mit dem «heiligen Willen Gottes», dem «Triumph der Lehren Jesu über die der Ungläubigen» und versäumten nicht, zusammen der Nachwelt zu bezeugen, daß sie zur Förderung des Gemetzels «immer wieder und... eindringlichst aufgerufen». Und während sie unermüdlich für den Gangster aller Gangster beten und Festgeläute zu seinen Siegen erschallen ließen, bis zu sieben Tagen hintereinander, während sie Dankgottesdienste zelebrierten, Tedeums anstimmten, gratulierten, Kirchenglokken spendeten, verlangten sie – wohlgemerkt: für einen Banditen, der bereits Tausende ihrer eigenen Geistlichen (aber natürlich keinen Ober-Hirten) in seine Konzentrationslager hatte stecken und viele Hunderte hatte ermorden lassen! –, verlangten sie von «jedermann ganz und gern und treu seine Pflicht», «die ganze Kraft», «jedes Opfer», priesen sie Hitler als «leuchtendes Vorbild», seinen Schreckensstaat als «Retter und Vorkämpfer Europas», seinen Weltüberfall als «Kreuzzug» und «heiligen Krieg» und erklärten ihren Schafen – während diese millionenweise zu verbluten, zu erfrieren begannen, indes die deutschen Städte in Schutt und Asche sanken –, «wie unsagbar groß das Glück ist, daß wir Deutsche sein dürfen».

Ah, die Ereignisse waren wieder einmal sehr glücklich! Zumal auch der Papst – Pacelli, Pius XII., ohne Zweifel der oberste der Hirten! –, der als Kardinalstaatssekretär Hitler schon 1933, bei der Annexion Österreichs und beim Einmarsch in die Tschechoslowakei unterstützt hatte, nun ihn, wie alle Faschisten, erst recht unterstützte. Denn obwohl er, wie er selber sagt, «ununterbrochen gerufen und gemahnt hat: Friede, Friede, Friede!», drohte er doch den «Millionen Katholiken» in «den deutschen Heeren»: «Sie haben geschworen. Sie müssen gehorsam sein», fehlte es ihm, wie er wiederum selbst gestand, ganz und gar «nicht an Lichtblicken» während des bisher größten Blutbads der Geschichte, hatte er «das Herz zu großen, heiligen Erwartungen» erhoben, war er voller «Bewunderung großer Eigenschaften des Führers» und wünschte, wie er gleich durch zwei Nuntien übermitteln ließ, «dem Führer nichts sehnlicher als einen Sieg».

Millionen und Abermillionen Tote, Verwundete, Verstümmelte, Vergaste, Witwen, Waisen, Obdachlose, Vertriebene, Unglückliche jeder Art – «Weide meine Lämmer!» Hatten etwa die Hirten versagt? Waren sie vielleicht beteiligt? Steckten sie gar bis zum Hals im Blut? O nein! Sie hatten Hitler doch immer bekämpft. Schon vor 1933. Und 1945 bekämpften sie ihn gleich wieder. Und die geschlagenen Herden, die sie dazwischen auf seine Schlachtfelder gepredigt, die lockten sie nun wieder in den Pferch. Weit rissen sie die Tore auf: «Kommet alle zu mir, die ihr mühselig und beladen seid...»

Und was taten sie dann? Nach den Erfahrungen zweier Weltkriege? Als *erste* forderten *sie* öffentlich in Deutschland durch den Kardinal Frings (auf dem Katholikentag 1950) die Wiederaufrüstung der Deutschen und schimpften die Kriegsdienstverweigerung «eine verwerfliche Sentimentalität». 1956 wurde der Generalvikar und stellvertretende Armeebischof Hitlers, Werthmann, der hakenkreuzgeschmückt katholische Kriegsdienstverweigerer einst «ausgemerzt und um einen Kopf kürzer gemacht» sehen wollte, Generalvikar in der Bundeswehr. 1957 forderte Erzbischof Jäger, der schon als Divisionspfarrer den Nazibanditen gedient und nicht sie natürlich, sondern ihre russischen Widersacher «durch ihren Christushaß fast zu Tieren entartet» sah, die Erfüllung der «Ideale der Kreuzzüge... in neuzeitlicher Form». 1958 propagierten, offenbar zur Verdeutlichung dieser Form, Jäger und andere führende Kleriker die Atombewaffnung der Bundeswehr. 1959 verkündete der Jesuit Gundlach als Resultat der Lehre des obersten der Hirten: «Die Anwendung des atomaren Krieges ist nicht absolut unsittlich.» Und heute bereitet die katholische Militärseelsorge die Soldaten schon darauf vor, daß «Christus» [!] mehr von uns verlangt, als selbst Hitler...»

Weiß man noch immer nicht, mit wem man es da zu tun hat?

Sexualität und Christentum

«Solange man nicht die Moral des Christentums als Kapitalverbrechen am Leben empfindet, haben dessen Verteidiger gutes Spiel.»

NIETZSCHE

«Die bedeutendste negative Leistung des Christentums war die ‹Problematisierung› der Sexualität ... Wir brauchen eine Geisteshaltung, die in der Sexualität kein ‹Problem›, sondern ein ‹Vergnügen› sieht. Den meisten Leuten fehlt dazu die Sicherheit – und oft auch die Liebe.»

ALEX COMFORT

Die fundamentale Bedeutung des Sexus drückt sich im Glauben aller Völker aus, ursprünglich stets positiv. Vulva und Phallus sind als Träger der Gebär- und Zeugungsfähigkeit dem frühen Menschen heilig, geschlechtliche Akte oft der Mittelpunkt der Religion.

Man huldigte der Sexualität durch Hierogamie, die sakrale Paarung zweier Menschen, den größten aller religiösen Kulte des Altertums, wobei sich, zumindest in der Frühzeit, die Versammelten oft in gewaltigen Massenorgien wahllos vermischten. Man feierte den Sexus durch allgemeine voreheliche Defloration im Tempel; kein Mädchen durfte heiraten, bevor es dort von einem beliebigen Mann entjungfert worden war – ein Ritus, in Indien einst ebenso bekannt wie in Vorderasien oder bei manchen afrikanischen Stämmen. Und man betrieb, als dritte Hauptform des religiösen Koitus, vor allem in semitischen und kleinasiatischen Städten, den Tempelbeischlaf auch dauernd, hat aber die Hierodulen zunächst keinesfalls verachtet, vielmehr oft höher geschätzt als andere Frauen.

Nach einer jahrtausendelangen Verherrlichung der Sexualität entstanden jedoch nicht nur ihr immer mächtigere Feinde, sondern auch der in den alten matriarchalischen Kulturen hoch geachteten Frau. Es kamen, stets unter religiöser Ägide, Kräfte auf, die das eine oder andere bekämpften oder beides zusammen. Es begann ein Krieg zwischen den Geschlechtern und gegen das Geschlecht überhaupt – nicht zuletzt im monotheistischen Judentum und im hellenistischen Mysterienwesen, die dann den größten Einfluß auf das Christentum gewannen.

Jesus selber lebte allerdings nicht als Asket, hauste nicht, wie Johannes der Täufer, in der Wüste, trennte sich vielmehr von ihm, ja, wurde von seinen Feinden «Fresser und Weinsäufer» geschimpft. Auch verkehrte er ganz unbefangen mit Frauen, hielt sie nicht für minderwertig, setzte sie nirgends zurück, pflegte Umgang mit Sündern sogar, Huren und verurteilte selbst eine Ehebrecherin nicht.

Dagegen klingen bei Paulus, dem eigentlichen Gründer des Christentums, Kasteiung, Affektertötung, Leibeshaß bereits gewaltig an. Das «Fleisch» erscheint geradezu als Sitz der Sünde. Im Körper ist überhaupt «nichts Gutes», er ist ein «Todesleib», der Christ muß «den Leib zerschlagen», «knechten», «töten» usw. Gleichzeitig würdigt Paulus die Frau herab, macht sie nur zu einem Abglanz des Mannes und ordnet sie ihm völlig unter – alle apologetischen Ausflüchte scheitern am Text. Schließlich setzt der Apostel auch die Ehe herab, erlaubt er sie doch bloß «um (der Vermeidung) der Hurerei willen» und erklärt ausdrücklich für gut, «kein Weib zu berühren».

Schon früh überbieten einander die bekanntesten Kirchenväter in der Propagierung der Askese und reizen besonders Kinder, Fünf-, Vierjährige bereits, mit dem verführerischsten Zungenschlag zur Jungfräulichkeit an. Ahnungslosen Köpfen und Körpern nötigten sie lebenslang bindende Gelübde ab. Protestierten aber einsichtige Erwachsene, hetzte man gegen sie auf. «Die Eltern widerstehen, doch sie wollen überwunden werden», predigt der hl. Ambrosius.

Um der Keuschheit willen leben viele Mönche entsetzlich. Sie wälzen sich nackt in Ameisenhaufen, wie Macarius, in Dornen, wie Benedikt, sie flennen immerzu, wie Schenute, oder starren vor Dreck, wie Antonius. (Der Antoniterorden erhält das Privileg der Schweinezucht und ein Schwein als Attribut, Antonius avanciert zum Patron der Haustiere.) Sie sehen, wie Symeon der Säulenheilige, zeitlebens die eigene Mutter nicht an und werfen nach Frauen mit Steinen. Sie binden sich schwere Eisen um den Penis, so daß sie den Eunuchen ähnlich werden. Sie leben jahrelang eingemauert, jahrzehntelang auf Säulen, fressen lebenslang nur Gras, das sie wie Vieh vom Boden abweiden. Sie stellen sich dauernd verrückt – und nicht wenige *sind* es. Doch noch im 20. Jahrhundert feiern Theologen all dies als «Heroismus», «Heiligkeit», «vertieftere Formen religiösen Bewußtseins», Produkt einer «herrlichen Blüte der Einwirkung des Heiligen Geistes» etc.

Auch das ganze Mittelalter sieht in der Leib- und Triebfeindlichkeit hysterischer Asketen das höchste Ideal. Fast alles Sexuelle ist schwer sündhaft, das pathologisch Keusche heilig, die Lust wird verteufelt, die Kasteiung in den Himmel gehoben. Die Theologen schimpfen den Körper «Dunggrube», «Gefäß der Fäulnis», «voll Schmutz und Scheußlichkeit». Nicht irgendwer, sondern Johannes von Avila, noch 1926 zum Kirchenlehrer erhoben, lehrt: «Verachte den Leib, betrachte ihn als einen schneebedeckten Misthaufen, als etwas, das dir Ekel bereitet, wenn du nur daran denkst.» Nicht irgendwer, sondern der hl. Franziskus verfügt, den Körper zu «hassen, weil er fleischlich leben will»; befiehlt, «daß das Fleisch abgetötet und verachtet... und schimpflich behandelt werde». (Pissintunicis nennt man gelegentlich die mittelalterlichen Mönche, «Kuttenbrunzer».)

Wenn sie eine Pollution hatten oder nur befürchteten oder eine Frau ein wenig lüstern anlinsten, stürzten sie augenblicklich, selbst mitten in Nacht und Winter, ins Wasser, in kälteste Flüsse, eisige Seen, machten darin Kniebeugen und sangen dazu Psalmen. Auch steckten sie, zur Zähmung ihres Gliedes, jahraus jahrein in nägelstarrenden Gewändern, schliefen sogar darin, wie der sensbile Heinrich Seuse, oder geißelten sich oft bis zur Bewußtlosigkeit, wie der Stifter des Dominikanerordens. Und noch im 20. Jahrhundert traktieren die Jesuiten sich mit Peitschen, Stahlspitzen – ist doch, nach dem hl. Franz von Sales, die äußere Abtötung der Hafer für den Esel, damit er besser laufe.

Denn der von der Kirche stets so geflissentlich als kraftvoll, groß gefeierte Asket, der Bezwinger des «Tiers in uns», des «niedern Triebs», ist natürlich gar nicht willensstark, vielmehr das Gegenteil: ein kleiner bigotter Befehlsempfänger bloß, der nicht aus eignem Antrieb keusch sein will, sondern nur, weil man es ihm eingetrichtert hat, von klein auf schon; ist gar nicht innerlich fest, geistig autark, sondern tief unselbständig, schwach, so schwach, daß er sich ganz in einen Wahn verrennen muß, um überhaupt bestehen zu können. Wie denn Nietzsche Fanatismus die einzige Willensstärke nennt, zu der auch der Schwache gebracht werden kann.

Da das gesamte Sexualleben hier unterdrückt wird, kommt es zu wilden Visionen von in allen Stellungen posierenden Weibern bei den Mönchen und geilsten Teufeln bei den Nonnen, zu einem höchst lustvollen Verkehr sogar mit der Magd des Herrn oder ihm selbst, zu all den psychischen Veitstänzen und seelengewaltigen Grotesken jener Christen, die sich, entlarvend genug, ihr Verhältnis zum Metaphysischen bloß unter den Symbolen von Liebe und Ehe vorstellen können. «Ach, zu oft nur drückt der Gottesliebe Aphrodite ihren Stempel auf» (Schiller).

Die männlichen Religiosen frönen gern einer schwülen Madonnenminne, sind verlobt mit Maria, vermählt, in heimliche Verhältnisse versponnen, saugen selig an ihr, versenken sich, geistlich, in ihre Milch, ihren Uterus – wie denn noch die neuere Moraltheologie das Onanieren vor einer Statue der hl. Jungfrau erörtert.

Der mystische Geschlechtsersatz der Nonnen wird Jesus. Die Kirche macht sie zu «Bräuten», «Tempeln des Herrn», «Tabernakel Christi», verpaßt ihnen Schleier, Brautkrone, Brautring, schließlich – den Benediktinerinnen – ein blumengeschmücktes Brautbett mit einem Gekreuzigten als Bräutigam auf dem Kopfkissen. Innig pressen sie Jesusfiguren an die nackten Brüste, fühlen sich schwanger. Man küßt, herzt, meditiert über Jesu hl. Beschneidung, die Hitze im Schoß der Maria bei ihrer Empfängnis, und läßt sich dabei selber vom lieblichsten Feuer entzünden und aufreiben.

Viele Damen bekommen die berühmte tiefe Wunde, die sie mit ungeheurer Lust erfüllt. Mehrere, die hl. Katharina von Genua, Madame Guyon, erhalten die Wunde beim Tête-à-tête mit einem sie magisch anziehenden Beichtvater. Andere, wie die hl. Katharina von Siena, liegen vor Brunst stunden- oder tagelang im Totstellreflex. Wieder andere werden um so lebendiger. Die hl. Magdalena dei Pazzi rast, allein oder mit anderen Schwestern, wie toll im Kloster umher, ruft «Liebe, Liebe, Liebe…, es ist zuviel», reißt sich die Kleider herunter und springt, nach dem Zeugnis ihres Beichtvaters, Pater Cepari, am 3. Mai 1592 im Chor einer Kapelle neun Meter hoch, um sich einen Kruzifixus zu greifen und zwischen die Brüste zu pflanzen.

Die hl. Theresia von Avila, die größte katholische Mystikerin, ein überschwenglich gefeiertes Wesen (und geldgierig, nebenbei, bis zum Exzeß), träumt immer wieder von Lanzen, Stoßdegen, langen zudringlichen Gegenständen, muß dem Herrn die «Feige» zeigen und wird oft so von göttlicher Liebe durchbohrt, gestoßen und erhoben, daß sie steif und fest behauptet, wiederholt, mitunter eine halbe Stunde lang, frei in der Luft geschwebt zu haben.

Weniger ausgezeichnete Christinnen tragen immerhin als Verlobungsring die göttliche Vorhaut, die man vielerorts, jeweils im Original, versteht sich, aufbewahrt, auch durch eine eigene «Brüderschaft von der heiligen Vorhaut» sowie spezielle Vorhaut-Kapläne und gewaltige Pilgerscharen verehren läßt. Ja, die Wiener Nonne Agnes Blannbekin delektiert sich im 18. Jahrhundert an einem kompletten Vorhautmenü. Fast von Kindesbeinen an mit dem ungewissen Schicksal der hochheiligen Vorhaut befaßt – wie ungezählte seriöse Kirchenväter auch –, fühlt die Blannbekin, just am Beschneidungsfest, gleich nach der Kommunion, plötzlich die herrliche Vorhaut auf der Zunge, unermeßlich süß, genießt sie, schluckt, spürt ein neues Häutchen, schluckt wieder. «Und so machte sie es», wie der gelehrte österreichische Benediktiner Pez dokumentiert, «wohl hundertmal.»

Die libidinöse Basis dieses Minnekultes, könnte sie noch

evidenter sein? Dabei gibt es, den rein literarischen Aspekt beiseite, keinerlei relevanten Unterschied zwischen einer «echten» und «nichtechten», «hohen» und «niederen» Mystik, zwischen Mystik und Mystizismus. Überall steckt die Natur in der «Über-Natur», die Sexualität in der Spiritualität, Eros in der Agape, zwar in der Art der Äußerung verschieden, doch nicht im Grund. Ob man, sich auf dem Boden wälzend, nach Jesus schreit oder mit dem Kruzifix masturbiert, stets sind es Surrogate bloß des leibhaft unterdrückten Triebs.

Nun befriedigt freilich weder der Marienbusen noch der hochheilige Vorhautkult die meisten Frommen. Und so klagt denn die Kirche selber seit der Antike und trotz aller Reformen im Mittelalter immer mehr, daß die Mönche den Völkern die «schlimmsten Beispiele geben», daß «fast in ganz Europa ... außer Platte und Kutte vom Mönch nichts mehr zu entdecken» sei, daß viele nur deshalb ins Kloster gingen, um möglichst ungestört huren zu können. Die Libertinage der Religiosen war in der Tat sprichwörtlich. Noch im späten 16. Jahrhundert wimmeln die Männerklöster von Weibern und Kindern.

Die Jesuiten, satzungsgemäß zur «Reinheit der Engel» verpflichtet, walkten (bei der sogenannten disciplina secundum sub) bevorzugt nackte Damenhintern selbst höchster Herkunft, von den Niederlanden bis nach Spanien. Und im Osten hinderte die alles ausmordenden Ritter des Deutschen Ordens weder ihr Keuschheitsgelübde noch ein Leben «allein im Dienste ihrer himmlischen Dame Maria», alles zu vögeln, was eine Vagina hatte, Ehefrauen, Jungfrauen, kleine Mädchen und, wie wir nicht ohne Grund vermuten dürfen, weibliche Tiere. Die Homosexualität florierte in den Klöstern seit deren Bestehen.

Die Ordensfrauen aber eröffnen im Abendland die ambulante Prostitution. Wie die Nonnen überhaupt mit wachsender Ausbreitung des Reiches Gottes auf Erden immer häufiger mit den Nutten konkurrieren. Schon vom 9. Jahrhundert an wiederholt sich der Vergleich von Frauenklöstern mit Frauenhäusern. Später sind viele Klöster offene Bordelle, vom hohen

Norden, wo Schwedens Nationalheilige jammert, daß die Pforte der Frauenklöster Tag und Nacht Laien wie Klerikern geöffnet sei, bis hinunter nach Frankreich, Italien, wo der Theologe Nikolaus von Clemanges bekennt: «Heutzutage ein Mädchen verschleiern, heißt geradezu, es der Prostitution auszuliefern.» Die Stätten der Versenkung schmäht man des Adels «Hurhaus» oder «Offenhausen». Der Stadtrat von Lausanne befiehlt den Nonnen, den Bordellen keinen Abbruch zu tun, der von Zürich erläßt 1493 eine scharfe Verordnung «wider das unzüchtige Geläuf in die Frauenklöster».

Wo es an Männern mangelte, man den Nonnen nicht einmal die Beichtväter gönnte, mußten sie oft mit Kindern vorliebnehmen, Vierbeinern oder gar gänzlich unbeseelten Lustapparaten, primitivsten Rohrstücken, doch auch künstlichen Phallen nebst anhängendem Hodensack voller Milch, die man sich im spannendsten Moment, die Ejakulation vortäuschend, kalt oder heiß in die mehr oder weniger jungfräuliche Scheide jubelte – Surrogate, in Frankreich nicht grundlos «bijoux de religieuse» genannt, «Nonnenkleinod». Als 1783 Marguerite Gourdan, die berühmteste Puffmutter des Jahrhunderts, starb – eine bekannte Fabrikantin auch der raffinierten Trösterchen –, fand man bei ihr Hunderte von Bestellungen solcher «bijoux» aus französischen Klöstern.

Wo die Kirche auf «Zucht» drang, hagelte es unmenschliche Strafen. Sie ließ zumal Gelübdebrecher – selbst gegen ihren Willen ins Kloster gesteckte! – jahrelang bei Wasser und Brot vegetieren, lebenslang einkerkern, immer wieder zusätzlich schikanieren, geißeln, wobei die Anzahl der Schläge, wie es einmal heißt, der «Diskretion» des Abtes vorbehalten blieb, dem man nur in Ausnahmefällen gestattete, bis zum Totpeitschen vorzugehen.

Dem weltlichen Klerus oktroyierte man das Zölibat, das noch ein Primas der deutschen Bundesrepublik, Kardinal Döpfner, als «biblisch fundierte und orientierte Lebensform» propagierte, obwohl das Alte Testament selbst dem Hohenpriester «eine Jungfrau zum Weibe» empfiehlt und nach dem Neuen

Testament sogar der Bischof «eines Weibes Mann» sein muß. Wie denn die Apostel ihre Frauen noch auf den Missionsreisen mit sich führten, auch in der ganzen alten Kirche die Mehrzahl der Priester und Bischöfe verheiratet war.

Aus drei Gründen jedoch erzwang die Catholica das Zölibat. Erstens sollte der Verzicht auf den Geschlechtsverkehr die Geistlichen glaub- und ehrwürdiger erscheinen lassen. Zweitens kam ein eheloser Klerus die Kirche billiger als einer mit Frau und Kindern. Drittens erstrebte man allzeit disponible, weder an Familie noch Gesellschaft oder Staat gebundene willenlose Werkzeuge, mittels derer man herrschen konnte – das einzige, worum's da geht.

Eine widerliche, bis ins kleinste geregelte Bespitzelung begann. Man setzte verehelichte Kleriker ab, sperrte sie zeitweilig oder dauernd ein, folterte, verstümmelte, tötete sie, nachdem Päpste und Kirchenlehrer wie Alexander II. oder Damiani die Gläubigen aufgestachelt hatten, die eigenen Geistlichen «bis zur Vergießung des Blutes» zu verfolgen, «bis zur völligen Vernichtung».

Die Priesterfrauen aber, wiewohl völlig legitim verheiratet, vielfach sogar unter Beobachtung der kirchlichen Form, werden von Jahrhundert zu Jahrhundert gänzlich rechtlos gemacht, gepeitscht, verkauft, versklavt; ebenso die Priesterkinder.

Im übrigen haben die Zölibatäre, statt des ihnen nun verwehrten einen Weibes, Liebchen oft haufenweise, die Klerikerehe löst eine Art Klerikerharem ab. Im 8. Jahrhundert spricht der hl. Bonifatius von Geistlichen, die sich «vier, fünf, auch noch mehr Konkubinen nachts im Bette» halten, später gibt es – in Basel, in Lüttich – Bischöfe mit 20, ja, 61 Kindern.

In der Blütezeit des Christentums, dem 13. Jahrhundert, nennt Papst Innozenz III. die Priester «sittenloser als Laien», versichert Papst Honorius III.: «sie sind zum Verderbnis geworden und Fallstrick den Völkern», bestätigt auch Papst Alexander IV., «daß das Volk, anstatt gebessert zu werden, durch die Geistlichen vollständig verdorben wird». Confessio propria est omnium optima probatio (das eigene Bekenntnis ist der beste Beweis). «Sie verfaulen wie das Vieh im Miste», abermals ein goldenes Papstwort aus dem 13. Jahrhundert. Doch im 14. Jahrhundert, wo der österreichische Augustinerchorherr Waldhausen donnert, «dieser Augiasstall, der sich Kirche Christi nennt und doch nur ein Bordell des Antichrist ist», sieht es noch schlimmer aus. Und im 15. Jahrhundert, wo renommierte Theologen bezeugen, der geistliche Stand sei «von dem höchsten bis auf den niedersten verderbt», «sittenreine, gelehrte Leute bekommen keine hohen Würden», nur «stinkende Menschenkadaver» suchten die Bischofssitze, sind auf dem Konzil von Konstanz, das Hus verbrennt, außer dem Papst, über 300 Bischöfen und dem Heiligen Geist, wie Stadtchronist Ulrich von Richenthal meldet, auch 700 öffentliche Huren zugegen, nicht gerechnet jene, welche die Konzilsväter gleich selber mitgebracht.

Im Vatikan hielt man es in puncto puncti wie schon ein halbes Jahrtausend früher. Papst Sixtus IV. beispielsweise baute nicht nur die (nach ihm benannte) Sixtinische Kapelle, sondern auch ein Bordell. Er führte nicht nur, selber der Geilsten einer, der noch seine Schwester und Kinder besprang, 1476 das Fest der Unbefleckten Empfängnis ein, sondern kassierte von seinen Dirnen auch 20000 Dukaten Steuer im Jahr – und machte den Bluthund Torquemada zum Inquisitor! Sein Neffe, Kardinal Pietro Riario, mit vier Bistümern und einem Patriarchat gesegnet, koitierte sich buchstäblich zu Tode – und bekam auch noch eines der schönsten Grabdenkmäler der Welt.

1490 weist eine ziemlich zuverlässige Statistik in Rom, das damals weniger als 100000 Einwohner hatte, 6800 Freudenmädchen nach; jede siebte Römerin war eine Nutte! Nicht nur Päpste aber, auch Kardinäle und Bischöfe, Äbte und Oberinnen bauten oder kauften Hurenhäuser. Zeigte sich doch immer wieder, wie berechtigt Papst Pius II. war, dem böhmischen König, unter Berufung auf Augustin, zu beteuern, ohne geordnetes Bordellwesen könne die Kirche nicht existieren.

Und offenbar konnte auch der Klerus nicht ohne Weiber leben, ob man sie nun Ehefrauen, Konkubinen oder Köchinnen hieß. Trotz strikten Verbots erlaubten Bischöfe haufenweise ihren Priestern Kebsen für einen «Hurenzins», den man sogar von den unbeweibten verlangte, ja, von diesen – in Norwegen und Island – doppelt.

Natürlich setzten die Seelenhirten auch nach den tridentinischen Reformen ihr Sexleben fort. Noch im 17. Jahrhundert hatten selbst Prälaten weithin Weiber und Kinder, der Salzburger Erzbischof von Raitenau (mit der schönen Salome Alt) immerhin 15. Und noch 1970 sprach kein Kirchenfeind, sondern der katholische «Aktionskreis München» in einem allen Geistlichen des Bistums zugeleiteten Memorandum von dem «geheimen eheähnlichen Verhältnis» und der erzwungenen «Unwahrhaftigkeit» des katholischen Priesters. Als aber 1973 Hubertus Mynarek, vormals Dekan der Theologischen Fakultät der Wiener Universität, nach seinem Kirchenaustritt diese Unwahrhaftigkeit beschrieb, begann unmittelbar vor Publikation seines Buches «Herren und Knechte der Kirche» ein derartiges Intrigenspiel, daß sein Verleger unter Vertragsbruch das schon gedruckte und vorverkaufte Werk wieder aus dem Handel zog.

Die Heuchelei gehört bis heute zu den widerlichsten, doch wesentlichsten Charakterzügen des Christentums. Gemäß der alten katholischen Devise «si non caste caute», wenn schon nicht keusch, dann wenigstens vorsichtig, unterschieden die Päpste Alexander II., Lucius III. u. v. a. streng zwischen einer heimlichen und einer bekanntgewordenen Sünde, bei der sie die Strafe verdoppelten, verdreifachten gar. Expressis verbis fand Kardinal und Kirchenlehrer Damiani die geheime Unzucht der Geistlichen noch erträglich, unerträglich aber die schwangeren Leiber und schreienden Kinder ihrer Konkubinen – damit Panizzas blitzenden Spott provozierend: «Dieser Damiani hatte schon den echten katholischen Geist: Was geheim geschieht, ist nicht geschehen; nur was schreit, ist eine Sünde.» Wies doch Jean de Gerson, Kanzler der Sorbonne, Doctor christianissimus, den Klerus geradezu an: «Aber man achte darauf, daß es heimlich geschehe...» Und genau das ist die versteckte moralische Maxime noch heute, wo man etwa die Unzucht mit einem Beichtkind nur dann mit dauernder Buße und Deposition des Priesters bestraft, «wenn das Verbrechen öffentlich bekanntgeworden ist».

Überhaupt wurde generell nie der Mann verteufelt, sondern die Frau, der doch Jesus selber vorbildlich begegnete, der das älteste Christentum einen großen Teil seiner Missionserfolge verdankt.

Die größten Kirchenlehrer aber, Ambrosius, Augustinus, Johannes Chrysostomos, verbreiten schließlich, die Frau sei nicht nach Gottes Ebenbild geschaffen, ein subalternes Wesen, zur Dienerin des Mannes bestimmt, ja, man gebraucht immer wieder Wendungen, die direkt auf ein sklavenähnliches Verhältnis deuten. Im Hochmittelalter schimpft Thomas von Aquin, noch im späten 19. Jahrhundert zum ersten Lehrer der Catholica erhoben, die Frau körperlich minderwertig und geistig. Sie ist eine Art «verstümmelter», «mißlungener» Mann. Daß überhaupt, leider Gottes, Mädchen geboren werden, liegt nach dem offiziellen Kirchenphilosophen, Patron auch aller katholischen Schulen und Hochschulen, an einem miserablen männlichen Samen, einem defekten Gebärmutterblut, oder es gehen die «feuchten Südwinde» (venti australes) und verursachen mit dem vielen Regen Kinder von größerem Wassergehalt, nämlich Mädchen.

Auch Luther, der zwar das Zölibat abschaffte, die Nonnen aus den Klöstern holte, nannte den Mann doch «höher und besser», die Frau dagegen «ein halbes Kind», «ein Toll Thier»; «die größte Ehre, die es hat, ist, daß wir allzumal durch die Weiber geboren werden» und dergleichen Schmeichelhaftes mehr.

Diese beinah bis heute reichende Verunglimpfungskampagne, worin positive Äußerungen gänzlich untergehn, führte jedoch nicht nur innerhalb des kirchlichen Sektors zu zahlreichen und kompromittierenden Zurücksetzungen, sondern wirkte sich, bei dem enormen Einfluß des Klerus, auf fast alle Lebensbereiche verheerend aus. Die Frau wurde rechtlich, ökonomisch, sozial und bildungspolitisch ständig und stärkstens benachteiligt. Sie war jahrhundertelang juristisch handlungsunfähig, ohne jedes Erbrecht, ohne jedes nennenswerte Vermögen, sie mußte als Gattin ganz nach dem Willen des Mannes leben, den noch das Corpus Juris Canonici, das bis 1918 (!) gültige Gesetzbuch der römischen Kirche, legitimiert, seine Frau fasten zu lassen, sie zu verprügeln, zu binden und einzusperren.

Warum eigentlich wählen nun vor allem Frauen CDU? Wegen der Kirche natürlich! Wegen einer Kirche, die einst – fürchterlichste Folge ihres Weiberhasses – Millionen «Hexen» in Folterkeller und auf Scheiterhaufen trieb, und die auch die Frauen gerade der untersten Klassen, das heißt ihre Mehrheit, bis tief ins 19. Jahrhundert in vielem weit schlimmer mißhandeln ließ als die antiken Sklaven.

Wie die Frau, hat die Kirche – so sehr sie es bestreitet – durch fast zwei Jahrtausende auch die Ehe diffamiert. Vom hl. Justin über Tertullian bis zu Origenes lobt man mehr den Eunuchen als den Ehemann. Laut Kirchenlehrer Hieronymus leben Vermählte «nach Art des Viehes», sie unterscheiden sich durch den Beischlaf «in nichts von den Schweinen und unvernünftigen Tieren». Nach Kirchenlehrer Augustinus erhalten Verheiratete schlechtere Plätze im Himmel, ist nur die «Josefsehe», die völlig abstinente Ehe, eine «wahre Ehe», wäre es am besten, die Kinder würden «mit der Hand gesät wie das Korn».

Dementsprechend kam die Idee der Ehe als Sakrament erst nach mehr als einem Jahrtausend Christentum auf, gab man erst im 11. und 12. Jahrhundert üblicherweise das eheliche Jawort vor einem Priester, wurde eine Heirat aber auch ohne ihn bis ins 16. Jahrhundert anerkannt. Dementsprechend hat man häufig Eheschließungen verhindert, auch die Zweitehe (von Witwe oder Witwer), ohne sie zu untersagen, oft schwer bekämpft, gern mit dem Wort: «Die Sau wälzt sich nach der Schwemme wieder im Kot.»

Rigoros eingeschränkt wurde jedoch auch der eheliche Sexualverkehr selber. Verboten nämlich, im Frühmittelalter: an Sonn- und Feiertagen, Buß- und Bittagen, allen Mittwochen und Freitagen oder Freitagen und Samstagen, in der Oster- und Pfingstoktav, der vierzigtägigen Fastenzeit, der Adventszeit, vor der Kommunion, mitunter auch danach, während der Schwangerschaft, danach, summa summarum: an acht Monaten im Jahr. Und im Hochmittelalter und später noch während fast der Hälfte des Jahres. Übertretungen folgten Kirchenstrafen, und Ausschweifungen, bis ins 20. Jahrhundert, schreckliche Racheakte Gottes: aussätzige, epileptische, verkrüppelte, teufelsbesessene Kinder. Dagegen empfahl man als sittliches Vorbild das Kamel, das nur einmal jährlich, und besonders das Elefantenweibchen, das nur alle drei Jahre koitiere.

Erlaubt hat die Kirche den ehelichen Umgang nur: erstens um den möglicherweise lustvolleren außerehelichen zu verhindern. «Drumb», sagt Luther, auch den katholischen Standpunkt plastisch mitformulierend, «hat das Meidlein ihr Punzlein, daß es ihm [dem Mann] ein Heilmittel bringe, damit Pollutionen und Ehebrüche vermieden werden.» Zweitens brauchte man die Ehe um des eigenen Nachwuchses willen. «Ob sie sich aber auch müde und zuletzt todt tragen», wie Luther wieder schön offenherzig schreibt, «das schadet nichts, laß sie nur todt tragen, sie sind darum da.»

Mußte aber, Gott sei's geklagt, geliebt werden, sollte es doch selten und ohne jede Gier geschehn! Jahrhundertelang nannte man fast jeden Ehegebrauch sündhaft, später nur dann sündlos, wurde dabei die Lust gehaßt; Lust war stets ein crimen capitale im Christentum. Wählte man gar eine andere Stellung als die angeblich normale, gottgewollte – die Frau auf dem Rücken, der Mann facies ad faciem darüber: nach gewissen Experten die lustloseste, in der nichtchristlichen Welt weithin belächelte Lage, die sogenannte Missionarsstellung –, praktizierte man also, des größeren Genusses wegen, einen situs ultra modum (von den Moralisten oft und in allen Variationen fachmännisch erörtert), galt dies als Verbrechen, schlimm wie Mord. Am liebsten war es den Theologen, die Gatten koitierten mit Ekel vor dem Trieb, im Dunkel der Nacht und womöglich noch beiderseits in dem eigens dazu geschaffenen

Mönchshemd, einer Spezial-Kreation, die bis zur großen Zehe alles bedeckte und nur ein winziges Schlupfloch in der Genitalgegend ließ, doch ausschließlich zur Zeugung weiterer Christen und Zölibatäre.

Von Antikonzeptiva – in der Antike häufig gebraucht, mechanische und pharmakologische, sogar die Methode Knaus-Ogino war bekannt – scheint die christliche Welt nichts gewußt zu haben bis ins 18. Jahrhundert. Und dann wurden sie gleich mit allen Mitteln verteufelt.

Die Gläubigen sollten, predigten die deutschen Bischöfe in corpore 1913, lieber jede Not tragen, jeden Vorteil preisgeben. Selbst die einschlägige Industrie verdammten sie wegen «verbrecherische[r] Beihilfe» als «fluchwürdig», da ihre «verruchten Artikel... unser armes deutsches Volk nicht mit seinem Geld allein, sondern auch mit seinem Blut, mit der Gesundheit des Leibes und der Seele, mit dem Glück der Familie bezahlen» müßte: obwohl doch mit Geld, Glück, Gesundheit bezahlt, wer Verhütungsmittel verschmäht!

Und wann, in Parenthese, hätte die Kirche so die Rüstungsindustrie bekämpft? Wann sie «fluchwürdig», «verbrecherisch» geschimpft? Dabei hätten 1913 gerade für deren «Artikel» die «Hirtenworte» gepaßt: «Sie muß unser armes deutsches Volk nicht mit seinem Geld allein, sondern auch mit seinem Blut... bezahlen.» Doch nicht von Granaten, Kanonen, Gas sagten das die Bischöfe. Nein: von Präservativen. Granaten, Kanonen und den ganzen Krieg bejubelten sie bald wie Wahnsinnige, feierten sie als heilig! Die Präservative aber waren des Teufels und sind es noch. Denn die dezimieren Verbraucher und zu Verbrauchende, Konsumenten und Kanonenfutter, die Macht und die Herrlichkeit. Darum Krieg den Präservativen. Doch nie Krieg dem Krieg! Das ist die Moral der Kirche, die Massaker und Völkermorde als Gottesdienst preist – aber noch immer Sanitätern die Ausgabe von Antikonzeptiva untersagt: lieber soll man sich Tripper und Syphilis holen. Und Aids.

Schon jeder Verkauf von Präventivmitteln gilt noch heute als «formelle Mitwirkung mit der Sünde des Käufers». Der Verkauf von Granaten nicht! Das ist die Moral der Kirche, der wir es doch verdanken, daß man noch jetzt die Reklame für Prophylaktika mit Gefängnis bedroht, daß man noch in der zweiten Hälfte des 20. Jahrhunderts (in Deutschland, Italien) Ärzte vor Gericht stellte, die Frauen sterilisierten, ja, bloß Verhütungsmittel empfahlen – während das nichtchristliche Indien Erwachsenen, die sich unfruchtbar machen lassen, Prämien zahlt.

Selbstverständlich setzten die «Väter» auch auf dem Zweiten Vatikanum ihre alte antihumane lustfeindliche Linie ebenso fort wie 1968 durch das unmenschliche «Menschliche Leben» von Paul VI., das jede Geburtenkontrolle weiter verbietet, ausgenommen nur die durch Pius XII. – im Widerspruch freilich zur gesamten katholischen Tradition – genehmigte Nutzung der unfruchtbaren Tage der Frau, worüber sogar bekannte Theologen sich empörten, kritische Katholiken höhnten: «Die Heiligsprechung von Knaus-Ogino, dargestellt durch die Schauspieltruppe des Altersheimes St. Peter zu Rom unter Anleitung Papst Pauls VI.»

Doch warum diesen deshalb persönlich angreifen. Es ist viel weniger seine Schuld als die des Systems. Nicht nur die Enzyklika nämlich nimmt «einen völlig verkalkten Standpunkt» ein, wie der Vorsitzende der katholischen Ärztevereinigung (Saes) glaubt, nicht nur sie ist laut diesem Mediziner «eine Katastrophe», sondern die Kirche, das Christentum überhaupt. Und das schon seit Paulus, nicht erst seit Paul! Wer das heute nicht sieht, ist blind oder stellt sich so. Tertium non datur.

Gerade den Armen macht der Klerus noch immer die fast einzige Lust, die sie haben, zu einer bußinstitutlich überwachten, kostspielig kümmerlichen Kür unterm Kreuz mit der obligatorischen Auflage pausenloser Katholikenproduktion. Oder man verlangt – wird nicht «nach den Regeln der Natur» (dem höchst prekären Knaus-Ogino-Akt) geliebt – strikte Askese, den «Weg völliger Enthaltsamkeit», ein Leben «als Bruder und Schwester nach dem erhabenen Vorbild der Gottesmutter und des hl. Joseph».

Schon im letzten Jahrhundert jedoch lebten so viele Menschen wie in den vorangegangenen sechshunderttausend Jahren zusammen. Und in nur zweihundert Jahren würden ohne Familienplanung, mit der bisherigen Zuwachsrate, hundert Milliarden Menschen leben, so daß die ganze Erde, ausgenommen die Meere, Hochgebirge und Polargebiete, eine einzige Riesenstadt wäre.

Während darum alle führenden Bevölkerungsexperten die Menschheit beschwören, die Welt alarmieren, hält der Katholizismus am Verbot sämtlicher Verhütungsmittel fest; leitete Rom eine heimliche diplomatische Offensive ein – bei verschiedenen Regierungen, internationalen Organisationen, besonders bei den USA, der UNO –, um Finanzierung und Förderung der Geburtenkontrolle zu unterbinden. Und es signalisiert nur die letzte, schrecklichste Konsequenz solcher Politik, wenn der in Rom tätige Theologe Jan Visser im Deutschen Fernsehen die Frage, ob die Kirche, ihrer traditionellen Lehre wegen, auch eine hoffnungslose Übervölkerung unserer Erde in Kauf nähme, so beantworten konnte: «Ja. Wenn sie wirklich überzeugt ist, daß das das Gesetz Gottes ist, würde ich das denken. Auch wenn die Welt untergehen würde, Gerechtigkeit soll geschehen.»

Fiat justitia, et pereat mundus (Gerechtigkeit geschehe, auch wenn die Welt zugrunde geht). Ganz ähnlich erklärte der Jesuit Gundlach bei der Interpretation von Pius' XII. Lehre zum Atomkrieg auch einen atomaren Untergang der Welt als «Treuebekenntnis» zur göttlichen Ordnung für durchaus gerechtfertigt.

Doch bevor die Welt untergeht, muß noch möglichst oft ausgekeimt, darf auf keinen Fall abgetrieben werden. Deshalb hier ja das Trauerspiel der Kirchen wegen des § 218; wobei es schon zu erschütternden Auftritten kam – zum Beispiel jener entzückenden kleinen Eva, deren Schicksal zwar ungewiß ist, deren Tagebuch aber die bundesdeutsche Klerisei beider Konfessionen aus dem Uterus direkt an die Litfaßsäulen, Kirchenpforten brachte, ein Geniestück sui generis.

«In einem Akt der Liebe», so der geistliche Keimling, «wurde ich heute von meinen Eltern ins Leben gerufen.» Und schon die erste Meldung – wie das Pfaffenreklame zusteht – ist eine Falschmeldung. Denn ins Leben riefen diese Eltern eben nicht. Sonst würden sie, wie sich gleich zeigt, ja nicht abtreiben wollen! Doch das argwöhnt unser Schätzchen noch nicht. Im Gegenteil. Nach vierzehn Tagen, am 15. Juli, renommiert es, etwas kokett für sein Alter (und unchristlich), mit seinen körperlichen Reizen. Gerade von Kopf bis Fuß zwei Millimeter groß, behauptet es: «Mein Köpfchen wird immer hübscher...» Und am 2. August – es hat nun Arme, halb so lang wie gedruckte Ausrufungszeichen – jauchzt es (talentiert wie Frau Hedwig Courths-Mahler): «Herzallerliebste Fingerchen sind mir gewachsen. Mit denen will ich mich ganz an Dir festhalten, liebe Mama.» Vier Tage darauf – es wiegt knapp ein Gramm – rührt es selbst seinen Erzeuger zu Tränen: «Jetzt habe ich ein köstliches Näschen. Meine Ohren sind auch fertig und gleichen ganz denen von Papa.» Aber Mitte August wundert sich der klerikale Propagandasprößling: «Heute hat Mama erfahren, daß ich bei ihnen bin. Warum sie sich wohl Sorgen macht? Wir sind doch beide gesund und munter.» O ja. Besonders die Mama wird munter sein. Zumal es dann am 19. September heißt: «Heute will mich meine Mama auf Drängen meines Papas (oder einer selbstgerechten Öffentlichkeit...) töten lassen. Bitte, bitte, tue es nicht, liebe Mama, es gibt viele Menschen, die Dir in Deiner Not [!] helfen!»

Und wie man im ersten Satz lügt, so noch im letzten. Denn wer hilft denn da! Vielleicht gar die Kirche?

Schon bei der Geburt half sie nicht mehr. Bis in die zweite Hälfte des 20. Jahrhunderts ließ sie lieber die Mutter umkommen als den Embryo. «Direkte Fruchttötung ist auch dann verboten, wenn sie der Arzt zur Rettung der Mutter aus Lebensgefahr als ‹therapeutischen Abortus› für nötig hält und ohne diesen Eingriff eventuell Mutter und Kind sterben.»

Und wie half und hilft sie den Ausgekeimten?

Im Mittelalter, um nur das einzuflechten, duldete man in

Findel- und Waisenhäusern Kinder bloß so lange, bis sie selbständig «nach dem Almosen» gehen konnten; denn gelernt hatten sie, außer etwas Religion, meist so gut wie nichts. Doch als im Spätmittelalter, in der beginnenden Neuzeit, die Bettlerscharen immer mehr überhandnahmen, machte man förmlich Jagd auf sie, peitschte die Unglücklichen öffentlich aus, brandmarkte sie auf Brust, Rücken, Schulter, schnitt ihnen das halbe Ohr ab, das ganze, verstümmelte sie sonstwie und richtete sie nach mehrmaligem Aufgegriffenwerden ohne Arbeit – ungeachtet ob es eine gab – kurzerhand hin.

Von 740 Kindern, die zwischen 1763 und 1781 ins Findelhaus von Kassel kamen, lebten Ende 1781 noch 88, und kaum 10 erreichten das vierzehnte Lebensjahr – «Bitte, bitte, tue es nicht, liebe Mama, es gibt viele Menschen, die Dir in Deiner Not helfen!»

Noch 1927 wohnten im katholischen Wien 80 Prozent der Bevölkerung zu viert und mehr in einem Zimmer. Noch Jahrzehnte später leben im katholischen Italien über eine Million Menschen äußerst schlecht bezahlt und ohne Krankenversicherung von Heimarbeit, haben 50 Prozent der jungen ausgelernten (!) Industriearbeiter einen Wochenlohn von rund 5000 Lire (30 DM); sind 1,3 Millionen Italiener ganz arbeitslos, in Süditalien sogar 48,3 Prozent der Schulentlassenen. Und welches Elend grassiert erst im katholischen Lateinamerika! Doch ausgekeimt muß werden...

Gewiß quittierte man das Gejammer der Kirche über die Ungeborenen weniger mokiert, kümmerte sie sich mehr um die Geborenen! Was sie aber nur einmal ganz, bis an die Wurzel wahrlich der Existenz tut: indem sie bei keinem großen Blutbad ruht – zwei Weltkriege und das lange Gemetzel in Vietnam, mit zusammen mehr Ermordeten als Westdeutschland Einwohner hat, beweisen dies schon fürchterlich genug –, bis das als Keim von ihr so sehr umhegte *heilige* Leben, herangewachsen, zu Brei und Dreck zerfetzt wird, was freilich gleichfalls heilig heißt.

Massenmord hat diese Kirche seit Konstantin gesegnet, geschlechtliche Kontakte außerhalb der Ehe (und oft auch in ihr) aber stets zu Verbrechen erklärt.

Es gibt im Katholizismus, schreibt man in seinen Reihen selber, eine «lange Tradition» dafür, «daß jede Aktuierung des Geschlechtlichen Sünde oder doch von Sünde begleitet sei», daß «alle geschlechtliche Betätigung infolge der unlöslichen Verbindung mit der Begierlichkeit konkret sich als schlecht erweist». Und gerade sexuelle «Vergehen» galten immer als besonders schwer.

Schon das Apostelkonzil präsentiert in seinem Dekret als Kapital- oder Todsünden die bekannte Trias: Götzendienst, Mord und Unzucht. Alles steht da schön auf einer Stufe: Religion, Totschlag und Liebe.

Augustinus, ein Mann, der seine eignen sexuellen Probleme nicht meisterte, zwischen Geilheit und Frustration ständig hin und her gerissen wurde, der allen Ernstes beten konnte: «Gib mir Keuschheit..., aber noch nicht gleich», der erst fromm wurde, als er sich satt gehurt, als sein Faible für Frauen, wie bei manchen alternden Männern, ins Gegenteil umschlug, auch gesundheitliche, zumal für einen Rhetor lästige Beschwerden (der Lunge, der Brust) bei ihm auftraten, dieser Augustinus schuf die klassische, besonders die geschlechtliche Begierde verdammende Sündenlehre der Patristik und bestimmte damit maßgeblich die christliche Moral, das Schicksal ungezählter Millionen (sexuell gehemmter und verklemmter) Abendländer bis heute, doch nicht das ihre allein.

Liebe ist bei Augustin stets bloß die Liebe zu Gott, die sexuelle im Grund des Teufels, «scheußlich», «höllisch», «brennende Geschwulst», «entsetzliche Glut», «Fäulnis», «ekler Schlamm», «ekler Eiter». Wie aus einer Pestbeule bricht derartiges aus ihm und wirkt weiter in die Früh-, die Hochscholastik, wo Wilhelm von Auvergne die Geschlechtslust «ein Tier», Kirchenlehrer Bonaventura den Sexualakt «stinkend» nennt, Kirchenlehrer Thomas von Aquin die Konkupiszenz mit «Schmutz» vergleicht, ja, den Koitus zum «Niedrigsten» überhaupt zählt, und Kirchenlehrer Bernhard von Clairvaux erklärt, der Mensch sinke durch die böse Lust noch unter die Schweine.

Dementsprechend nahm man sich der Sache an – untersuchte den Verkehr mit einer toten Frau, mit einer Statue, einer durchlöcherten Holzpuppe, einem Astloch. Man erwägt den Fall, daß «der Schnabel eines Huhns in die Scheide eingeführt», daß «Speichel oder Brot in die Scheide gebracht wird, um dadurch einen Hund anzulocken, an den Schamteilen zu lecken», daß «ein Hund masturbiert wird, um sein Glied zur Erektion zu bringen und es dann in die Scheide einzuführen».

Dies und sehr viel Analoges mehr wird von den Experten genau taxiert und mit horrend hohen Strafen bedroht.

Im Hochmittelalter grübeln die Gottesgelehrten über Leute, die wegen ihrer Dickleibigkeit nur «nach der Art der Tiere» verkehren können; oder man bedenkt die Schwere der Sünde, wenn «die Erregung des Mannes wie die eines Pferdes oder Maulesels» ist. Eingehender ventiliert wurde die Ehefähigkeit der Eunuchen (ob man mit einem Hoden oder ganz hodenlos ehefähig sei, ob die virga erecta auch ohne Ejakulation genüge usw.), aber ebenso die «verengte Frau», die ein trennendes Ehehindernis war.

Im 18. Jahrhundert begann das goldne Zeitalter der katholischen Moraltheologie recht eigentlich erst. Jetzt untersucht einer ihrer Klassiker, der mit dem höchsten Titel der Catholica ausgezeichnete hl. Alfons von Liguori in seiner 1753 bis 1755 erschienenen, mehr als siebzig Auflagen erreichenden «Theologia Moralis» Sündengröße und Straffälligkeit ehelicher und außerehelicher Küsse mit Samenergüssen und ohne sie; das Betrachten der «unehrbaren Körperteile» (partium inhonestarum) – wozu man die Genitalien sowie die ihnen zunächst liegenden Teile zählte und wovon man die «weniger ehrbaren Teile» (partes minus honestae), Brust, Arme, Schenkel unterschied: bis ins 20. Jahrhundert hinein! – eines andern aus der Nähe und von sehr entferntem Ort; die unbeabsichtigten Pollutionen der Ärzte, die Geschlechtsteile berühren müssen. Er bestimmt «die geeignetste Lage für den Erguß des männlichen Samens und seine Aufnahme in die weiblichen Geschlechtsteile». Er fragt nach dem Koitus, der sitzend, stehend, von der Seite, von hinten nach Art der Tiere vollzogen wird; bei dem der Mann unten, die Frau oben liegt oder der Mann «außerhalb des natürlichen Gefäßes der Frau» (extra vas naturale) sich entleert. Er erörtert die Unzucht mit einer Frauenleiche (coire cum femina mortua), prüft, ob es Todsünde sei, nach dem dritten Beischlaf in der gleichen Nacht einen vierten zu verweigern oder ihn dem einmal abzuschlagen, der ihn fünfmal im Monat begehrt. Und mit alldem nennt sich die Moraltheologie bis heute «die Lehre von der Nachfolge Christi»!

Noch im 88. Lebensjahr, als Liguori, von Bedenken, Ängsten, Zweifeln zerfressen, in geistige Umnachtung fiel, litt er unter der Versuchung seines Fleisches und rief schluchzend: «Ach, ich zähle bereits 88 Jahre, und noch ist nicht erloschen das Feuer meiner Jugend!»

Es gibt Moralisten, die 20000 «Gewissensfälle» erforscht, die sich selber bis aufs Blut zerfleischt haben, die, wie Liguori, verrückt geworden sind. Und ungezählte Pönitenten wurden durch ihre Bußen für immer ruiniert.

Dabei spricht es für sich, vergleicht man zum Beispiel die Strafen für sexuelle Sünden mit jenen für Mord. So sühnte im frühen Mittelalter eine Frau schon einmaliges Onanieren (das doch niemandem geschadet, nur Lust bereitet hat) oft drei Jahre lang, was bedeuten konnte, es differiert nach Zeit und Ort: drei Jahre keinen Geschlechtsverkehr, drei Jahre Fahr- und Reitverbot, nur Wasser und Brot. Wer dagegen im Krieg getötet oder auf Befehl seines Herrn im Frieden einen Menschen ermordet hatte, brauchte nur vierzig Tage zu sühnen!

Freilich, heute büßt eine onanierende Katholikin bloß noch kurz, und ein katholischer Soldat, der im Krieg tötet, büßt längst nicht mehr, büßt vielmehr nur, wenn er *nicht* tötet, wenn er seinen Fahneneid bricht. So ändert sich das, aber zum Besseren?

Natürlich, rufen die Theologen. Man denkt jetzt in der Kirche doch liberaler, weltoffener. Vieles, was noch jüngst (!) vertreten wurde, Konservative auch weiter vertreten, sei im Grunde überholt, von ihnen, den Moralisten, schon selber angeprangert worden, kurz, ein bemerkenswerter Wandel (auch hier), neue Perspektiven, Akzente, Progressivität, mehr Dynamik, evolutives Denken etc. etc.

Aber stimmt das denn? Wandelt sich die Moraltheologie wirklich entscheidend? Oder haben wir es bloß mit ein paar neuen Zungenschlägen zu tun – und der alten Charakterlosigkeit? Gewiß zeigt man heute, wo Keuschheit nur wenig gilt (auch wenn es im Land der Päpste noch Versicherungspolicen auf die Virginität einer Tochter gibt), oft krampfhaft ein andres Gesicht; will man weniger ewige Wahrheiten verkünden wie bisher, als «Theologie in der Situation der Gegenwart treiben», weniger der «früheren Einkleidung» der Heilsbotschaft folgen, als «diese Botschaft in unserem heutigen Bild von Mensch und Welt» darbieten (Schoonenberg). An den verklemmten Sexualanschauungen des Paulus waren die Juden schuld und die Heiden, an denen des Origenes Platon, die Stoa, an denen Augustins die Manichäer, an der Diffamierung des Sexus im Mittelalter die «Ketzer». Und wo noch in «der letzten kirchlichen Epoche» die katholische Sexualfeindschaft einen «unüberbietbaren Ausdruck» gefunden, da war dies bloß ein Reflex «der bürgerlichen Gesellschaft viktorianisch-puritanischer Herkunft» (Pfürtner).

Doch manchmal schreckt man sogar vor Selbstbezichtigungen nicht zurück, zelebrieren die «fortschrittlichsten» Apologeten ein einziges Paterpeccavi – vom muntren Run auf das Erbsündenübel bis zu einer Ehrenrettung van de Veldes. Man gibt zu, «in allem [!] nur das Prinzip des Bösen» gesehen, «das Sexuelle vielfach falsch» bewertet, den «Wert der Jungfräulichkeit für die Allgemeinheit» «überspannt», auch «die Sündhaftigkeit» «überspannt» zu haben (Schröteler). Man gesteht sich «ruhig ein», so ein weiterer Katholik, «wir haben hier unendlich [!] viel nachzuholen und gutzumachen. Die Zeit liegt noch nicht allzuweit zurück, da unser sittliches Empfinden weitgehend von Prüderie und Unnatur mitbestimmt wurde» (Roetheli).

Zuweilen werden solche Zu- und Eingeständnisse nur kurz, manchmal wenigstens partienweise vorgenommen, mitunter aber fast über ein ganzes Opus ausgedehnt, so daß ein flüchtiger, phantasievoller Leser noch nach zweihundert Seiten verlockender moraltheologischer Liebesträume (mit Forderung auch vorehelicher Sexualbeziehungen, in etlichen Fällen zumindest: «keineswegs ein Freibrief für jede Art», «nie») bald ein ganzes Bacchanal an Sinnenseligkeit und dionysischer Sexusvergötterung im Katholizismus ausbrechen sehen mag.

Doch irgendwann, eher früher als später, erbleichen auch die ambitiösesten Fortschrittsapostel vor ihrer eigenen Courage und lassen immer deutlicher erkennen, es gehe «bei dem recht verstandenen ‹Aggiornamento›» der kirchlichen Moral keinesfalls «um eine Verkürzung oder Preisgabe evangelischer Botschaft durch opportunistische Anpassung an die Bedürfnisse des Zeitgeschmacks», o nein, «gerade um das Gegenteil, nämlich um die Freilegung dessen, was das Eigentliche christlicher Botschaft für uns heute...» etc. (Pfürtner).

Die «Progressisten» handhaben fast stets dieselbe täppische Methode. Da gibt man zunächst fast zweitausend Jahre lang offenkundig falsch Gemachtes zu, knapp und Schlag auf Schlag, so radikal mitunter und voller Weltveränderungswillen, daß man glauben könnte, eine Revolution stehe bevor, wüßte man nicht längst, daß nichts kommt – als der alte Pferdefuß.

Auf derselben Seite, auf der ein zeitgenössischer Moraltheologe (wie traurig, derartiges zum Zeitgenossen zu haben) ohne Scham schreibt: «Die Kirche hat sich zu allen Zeiten gegen jede Verdächtigung der schöpfungsmäßigen Geschlechtlichkeit ausgesprochen», stellt er die Stufenfolge auf: Sexus; darüber, «weiter und höher», der Eros; endlich, «unendlich [!] mehr als beide», die Agape (Häring). Doch das diffamiert nicht den Sexus, nein, nein! Nur gegen sein Auskosten ist man, gegen die Lüsternheit, Gier, den intensiven Genuß. Gegen das «Ausleben», wo es doch ums «Abtöten» geht! Denn «gewiß ist der Trieb von Gott gewollt und deshalb gut. Aber wehe, wenn der Mensch ihn nicht mehr beherrschen kann! Wenn er zügellos und ohne Hemmung seinen Trieben freien Lauf läßt, dann wird er zur Bestie!» (Leppich). Ja, wie gut auch immer der

Trieb sein mag – «da muß der Begierde Halt geboten werden, wo die Sünde beginnt..., die unsterblichen Seelen dürfen nicht dem Triebleben geopfert werden» (Berghoff).

Alles also wie gehabt. Ist doch noch immer nach allgemeiner Ansicht der Moraltheologie nicht nur die volle sexuelle Befriedigung (das «wenig schöne Wort», wie Primas Höffner klagt) außerhalb der Ehe eine schwere Sünde, eine Todsünde, sondern schon «jede frei gewollte direkte Erregung». Die Lust wird eben weiterhin verteufelt, mag sie selbst «noch so unbedeutend und kurz» sein! «Es gibt», betont man, «hier keinen geringfügigen Gegenstand» (Jone).

Im Krieg stören ein paar Millionen Tote durchaus nicht; sie sind erbauend, erhebend geradezu. Aber ein Koitus – was geht da kaputt! Ja, die Geschlechtssünde ist derart teuflisch, daß man nach katholischer Lehre «dem Nächsten auch ein Übel, sogar den Tod» (!) wünschen darf, «z. B. damit ein junger, leichtsinniger Mann nicht auf Abwege kommt» (Jone).

Das verstehen diese Leute unter Moral – und stöhnen noch heute, vom Professor bis zum Kurienkardinal, trotz allen theologischen Wandels, aller neuen Akzente, Perspektiven, Zungenschläge, Phrasen, über das «Evangelium des Fleisches und der sexuellen Verwilderung», «die sexuelle Diktatur», den «betäubenden Gestank des Sex», den «verfluchten Sexualismus unserer Zeit», den «untermenschliche[n] Sexus», diese «Seuche» usw. Noch immer lauert da jenseits der Sexualverdrängung das «Chaos», sinkt der Mensch, der die Lust um ihrer selbst willen bejaht, «auf die Stufe tierischen Seins und Lebens», verfällt er «erbarmungsloser Sklaverei», «der Lust ins Abwegige, Sadistische – Ende davon ist der Lustmord», der «Untergang eines Volkes» – alles, wie vor tausend, vor fünfzehnhundert Jahren.

Und es kann auch gar nicht anders sein, hängen die Moralisten doch völlig vom Papsttum ab, das auch im 20. Jahrhundert erzreaktionär ist, einflußreichster Repräsentant einer im wesentlichen mittelalterlichen Sexualmoral.

In seiner Enzyklika «Der keuschen Ehe Hoheit und Würde» zeigt sich der maßgebliche Förderer Mussolinis, Francos und

Hitlers, Pius XI., 1930 zwar «tief erschüttert durch die Klagen der Eheleute, die unter dem Druck bitterer Armut kaum wissen, wie sie ihre Kinder aufziehen sollen». Doch bei aller Erschütterung: die «verhängnisvolle Vermögenslage» darf nicht «Anlaß zu einem noch verhängnisvolleren Irrtum» werden. Denn da der eheliche Akt «seiner Natur nach zur Weckung neuen Lebens bestimmt ist, so handeln jene, die ihn bei seiner Tätigkeit absichtlich seiner natürlichen Kraft berauben, naturwidrig». Für die Eheenzyklika Pius' XI. ist alles, was gegen die – stets als «göttlich» deklarierte – kuriale Herrschsucht geht, «sündhaft», «etwas Schimpfliches», «Unsittliches», «schwere Schuld». Alle, die «aus Widerwillen gegen den Kindersegen die Last vermeiden, aber trotzdem die Lust genießen wollen», handeln schlicht «verbrecherisch».

Auch Pius' XI. Nachfolger, Pius XII., propagierte dieselbe Moral.

«Jedes Attentat der Ehegatten», belehrte er 1951 die Hebammen Italiens, «gegen den Vollzug des ehelichen Aktes oder gegen dessen natürliche Folgen, in der Absicht, den ehelichen Akt der ihm innewohnenden Kraft zu berauben und die Weckung neuen Lebens zu verhindern, ist unsittlich.» Der Papst behauptete sogar, diese Norm werde «in voller Geltung ... auch morgen und immer sein». Und in einer Antwort auf die mehr Liberalität erbittende Denkschrift des Weltverbandes der katholischen Frauenjugend 1952 betonte Pius XII. noch einmal die «grundlegende Verpflichtung des Sittengesetzes» (hier natürlich der römische Katholizismus) und erklärte von «Ehebruch, Geschlechtsverkehr Unverheirateter, Mißbrauch der Ehe, Selbstbefleckung», sie seien vom göttlichen Gesetzgeber «strengstens verboten». Barsch befahl der Papst: «Da gibt es nichts zu prüfen. Wie immer die persönliche Lage sein mag, es gibt keinen anderen Ausweg als den zu gehorchen.»

1968 setzte Paul VI. durch sein weltweit, nicht zuletzt von Katholiken, angefeindetes Rundschreiben «Humanae vitae», die «Pillen-Enzyklika» (die freilich die «Pille» gar nicht nennt, doch einschließt), die alte, die Lust bekämpfende Tradition seiner Kirche fort. Nur die Berücksichtigung der empfängnisfreien Zeiten wurde, wie schon erwähnt, weiter erlaubt, sonst jedoch alles untersagt, was die Fortpflanzung zu verhindern sucht, «entweder in Voraussicht oder während des Vollzugs des ehelichen Aktes oder darauf folgend», und verfügt, «daß jeder eheliche Akt an sich (per se) auf die Erzeugung menschlichen Lebens hingeordnet bleiben muß», und zwar auch dann, «wenn für diese andere Praxis immer wieder ehrbare und schwerwiegende Gründe angeführt werden».

Ebenso gestattete das Zweite Vatikanische Konzil «den Kindern der Kirche nicht..., in der Geburtenregelung Wege zu beschreiten, die das Lehramt in Auslegung des göttlichen Gesetzes verbietet». Die Abtreibung nennt das Zweite Vatikanum ein «verabscheuungswürdiges Verbrechen» (Pastoralkonstitution Nr. 51). Verwirft doch auch der Protestantismus grundsätzlich und entschieden den Schwangerschaftsabbruch, wobei sich allerdings in letzter Zeit auf evangelischer Seite vereinzelt eine humanere Tendenz abzeichnet; wie man hier überhaupt sämtliche Formen der Geburtenkontrolle, soweit sie frei von gesundheitsschädigenden Nebenwirkungen sind, erlaubt.

Am tradierten Sexualpessimismus aber halten, mehr oder minder, alle christlichen Kirchen fest, besonders freilich die römisch-katholische Kirche. Somit wäre es falsch, ja, absurd, darauf zu pochen, daß sich die klerikale Sexualmoral neuerdings geändert habe. Erstens weil gegenüber einer fast zweitausendjährigen Fehlerziehung mit all ihren entsetzlichen Folgen einige Jahre scheinbarer Anpassung wenig oder gar nicht zählen. Zweitens weil, ungeachtet einer Minderheit von Moralisten, die breite kirchliche «Aufklärungsliteratur» am alten Dualismus von Trieb und Geist, Geschlecht und Seele festhält wie seit je. Drittens weil die katholische Masse (und nicht bloß sie) von kleinen Zugeständnissen «Fortschrittlicherer» kaum profitiert und den Intellektuellen ein Wandel zum Besseren nur vorgetäuscht wird. Viertens weil auch die «seriöse» Moraltheologie im Grunde noch da steht, wo sie immer stand. Und fünftens weil die Kirche Konzessionen jederzeit zurücknehmen kann, wenn die Umstände es erlauben.

Überblickt man die Geschichte, wird niemand leugnen, am wenigsten ein Theologe der Moral, daß die Gläubigen zu allen Zeiten gleich in die sexuelle Sünde verstrickt waren. Paulus donnert dagegen ganz ähnlich wie irgendein Früh- oder Hochscholastiker oder ein Moralist des 20. Jahrhunderts. Also erzog man durch zwei Jahrtausende vergebens?

Klar jedenfalls ist, daß das katholische Bußinstitut vom Sündigen nicht abhält. Klar auch, daß dies niemand besser wußte als der Klerus selbst. Ja, er wußte es nicht nur, sondern, wichtigstes Ergebnis unsres Überblicks: er wollte die Menschen gar nicht anders, er wollte seinen Anhang so.

Zwar zunächst, im Urchristentum, mag da alles ohne große Hintergedanken, ohne evidente Charakterlosigkeit, vor sich gegangen sein. Die Rigorosität der ursprünglichen Bestrafung legt dies zumindest nahe. Als man aber aus dem Einmal der Bußsitte ein Zweimal und dann ein Immer-wieder gemacht (wie Nietzsche sagt: «Man lispelt mit dem Mündchen, / Man knickst und geht hinaus, / Und mit dem neuen Sündchen / Löscht man das alte aus» –), da wurde immer offensichtlicher, daß es nicht um Sittlichkeit, Ethik, «Besserung» des Sünders ging, sondern um die Schaffung von Abhängigen. Der Klerus braucht die Sünde, er lebt davon. Und am besten lebt er von der Sünde, die weitaus die häufigste und deshalb auch sein liebstes Kind ist: der sexuellen. Bis in die innerste Faser seines Hirns und den letzten Winkel seines Betts wird der Gläubige durch sie der Kirche versklavt, wird er von klein auf triebfeindlich erzogen, das Sündenbewußtsein ihm eingeimpft, nicht daß er sich frei von Sünde halte, was unmöglich ist, sondern daß er immer wieder in Konflikte gerate, immer wieder sündige, immer wieder scheitere, weil er doch nur als Schuldiger, Gescheiterter die kirchliche Hilfe, die Lossprechung von seiner Sündenlast und die Anwartschaft auf das begehrte ewige Heil bekommt, mit andren Worten eben zum Gegängelten, Beherrschten, Unterdrückten wird.

Der Klerus propagiert und will das Opfer, den Verzicht. Doch er rechnet mit der «Schwachheit» der menschlichen Natur, die er scheinheilig beklagt, während sie in Wahrheit sein größtes Glück ist, die Grundlage seiner Existenz. Luther, oft noch der aufrichtigste seiner Zunft, hat dies offen formuliert: «Sei ein Sünder und sündige wacker, aber vertraue und freue dich in Christus.» Und womöglich noch prägnanter: «Die rechten Heiligen Christi müssen gute, starke Sünder sein und solche Heilige bleiben.»

Nun könnte ein gleichgültiger Katholik oder Protestant, ein Konfessionsloser sagen: Was interessiert mich diese ganze christliche Vergangenheit, was kümmert mich die Kirche heute! Doch wenig wäre falscher und gefährlicher. Denn so gering die geistige Bedeutung des Christentums jetzt ist, geringer als je zuvor, gleich Null, noch immer beeinflußt es nicht nur die Politik, die Wirtschaft, sondern auch, entscheidend geradezu, unsere Sexualmoral und damit jedermann in der westlichen Welt, ja, darüber hinaus, selbst Nichtchristen und Antichristen. Noch immer bestimmt, was irgendwelche nomadisierenden Ziegenhirten vor zweieinhalbtausend Jahren dachten, die offiziellen Codices von Europa und Amerika. Noch heute besteht ein handgreiflicher Zusammenhang zwischen den perversen Sexualanschauungen der alttestamentlichen Propheten oder des Paulus und der strafrechtlichen Verfolgung von Unzucht in Rom, Paris oder New York.

Auch in der deutschen Bundesrepublik neigt man weiter zur Gleichsetzung von Recht und Moral, zumal von Sittlichkeit eben und Sexualmoral, ein eindeutiges Erbe christlicher Triebunterdrückung. Mit ermüdender Monotonie hebt der Gesetzgeber hier ab auf das «sittliche Empfinden», «die bisherige Sittenordnung», die «sittlichen Grundanschauungen des Volkes» – Formulierungen, hinter denen nichts anderes steht als die alte Sexualfeindschaft des Christentums. Wie sich denn das Bundesverfassungsgericht ipsissimis verbis auf «die öffentlichen Religionsgesellschaften» beruft, «insbesondere die beiden großen christlichen Konfessionen, aus deren Lehren große Teile des Volkes die Maßstäbe für ihr sittliches Verhalten entnehmen».

Und analog viele andere europäische Staaten. Da bestimmt

beispielsweise das kirchliche Inzestverbot die Rechtsprechung, wird der Begriff der Unzucht selbst auf Ehepaare ausgedehnt und mit horrend hohen Strafen bedroht, können im Ehebruch erzeugte Kinder nicht einmal durch nachfolgende Ehe legitimiert werden, bestraft man die Abtreibung, den Verkehr mit Minderjährigen, Reklame für Empfängnisverhütung, und all dies und sehr viel mehr in prinzipieller Übereinstimmung mit der Kirchenmoral.

Sogar in den USA, wo Religion und Recht doch theoretisch voneinander getrennt sind, beeinflußt die Religion stärkstens das Recht. Zumal die Entscheidungen der amerikanischen Strafgerichte über das Sexualverhalten beruhen noch heute hauptsächlich auf der Sexualgesetzgebung der spätmittelalterlichen englischen Zivilgerichte, die wiederum die kirchlichen Sexualgesetze zum Vorbild haben.

Ganz unabhängig aber vom geltenden Recht bzw. Unrecht ist auch die allgemeine Sittlichkeit – freilich nicht nur des Westens – höchst repressiv. Denn trotz aller Tabuverletzungen, die Tabus gelten fort. Sie sitzen bei den Massen, und nicht nur bei diesen, viel zu tief. Durch die Theologie, das Recht, sogar über bestimmte Gebiete der Medizin, der Psychologie wirken die Ausgeburten alt- und neutestamentlichen Aberglaubens fort und beeinträchtigen in hohem Grad unser Geschlechtsleben, unser Leben überhaupt.

Kurz, töricht zu glauben, das klerikale Tabureglement sei schon gefallen, die Lustfeindschaft beseitigt, die Frau emanzipiert. Wie uns heute das mittelalterliche Mönchshemd amüsiert, werden Künftige lachen über das, was wir unter «freier Liebe» verstehn: ein Geschlechtsleben, das sich öffentlich nicht zeigen darf, von Wänden umstellt, in die ach so freie «Intimsphäre» verbannt, meist auf das Dunkel der Nacht verwiesen ist wie alle finsteren Geschäfte, ein Höhepunkt der Freude, Lust, der Liebe doch, von Zensurbehörden eingeschränkt, von Gesetzen gemaßregelt, von Strafen bedroht, eine einzige, lebenslange Geheimniskrämerei, eine Quelle teils depressiver Verstimmungen, teils gefährlich aggressiver Akte, eine der Hauptursachen von Hysterie, Frigidität, Angst, von Schwermut und Heuchelei.

Man kann dem Christentum vieles und Ungeheuerliches vorwerfen, man muß es, und es gibt keine Entschuldigung dafür. Unter allen Vorwürfen der schwerste aber ist der: es hat die Menschen nicht glücklicher, es hat sie unglücklicher gemacht.

Doch kein Wort eines Christengegners beschließe diese knappe Übersicht, sondern das des Theologen Demosthenes Savramis: «Eifersucht, Mord, Selbstmord, Perversionen jeglicher Heuchelei, zahlreiche Frustrationen und Aggressionen, totale Verdinglichung der Frau… Entwertung der Lebensgemeinschaft von zwei Personen zu lebenslänglichem Gefängnis und Vernachlässigung der *Hauptaufgaben* der Ehe und der Familie bzw. der verantwortungsvollen Sorge für die Kinder sind einige der zahllosen Früchte der sexualfeindlichen Moral der Kirchen, die ihr destruktives Werk im sexuellen Bereich des Menschen *noch heute* im Namen Christi und mit allen Mitteln gegen alle Menschen verteidigen…»

Écrasez l'infâme
oder
Über die Notwendigkeit, aus der Kirche auszutreten

«... nennen sich Christen, und unter ihrem Schafspelz sind sie reißende Wölfe.»
GOETHE

Warum beachten wir noch eine Leiche? Den Riesenkadaver eines welthistorischen Untiers? Die Reste eines Monstrums, das ungezählte Menschen (Brüder, Nächste, Ebenbilder Gottes!) verfolgt, zerfetzt und gefressen hat, mit dem besten Gewissen und dem gesündesten Appetit, eineinhalb Jahrtausende lang, wie es ihm vor den Rachen kam, wie es ihm nützlich schien, alles zur höheren Ehre seines Molochs und zur immer größeren Mästung seiner selbst: Väter und Mütter, Kinder und Greise, Kranke und Krüppel, die Armen im Geiste und die Genies, Millionen Heiden, Millionen Juden, Millionen Hexen, Millionen Indianer (wenigstens fünfzehn Millionen in einer Generation!), Millionen Afrikaner, Millionen Christen, alles verteufelt, getötet und verdaut – bis hin zu jenen siebenhunderttausend serbischen Orthodoxen, die man, noch in unseren Tagen, lebendig begraben, lebendig verbrannt, lebendig gekreuzigt, zu Tode geprügelt, ertränkt, erschossen, erstochen, erdrosselt, erhängt, geköpft, gekehlt hat, denen man die Augen ausgestochen, die Ohren abgeschnitten, die Nasen, und alles, nach altem Brauch, mit Hilfe einer hochaktiven, selber schießenden, selber stechenden, selber köpfenden Geistlichkeit – voran die Franziskaner! –, und nicht ohne Segen und Billigung Eugenio Pacellis, Papst Pius' XII., dieses stets so seraphisch erscheinenden, so weithin verehrten, fast vergötterten Asketen, derart genügsam sonst, selbstlos, derart lebenslang dem Armutsideal des Evangeliums ergeben, daß er (ja, ich muß es unaufhörlich wiederholen) auf Erden schließlich nur einen Notgroschen hinterließ, einen Peters- oder sozusagen Eugeniopfennig, einen Pacellipfennig von 80 (achtzig) Millionen DM in Gold und Valuten – alles ganz privat, durch Fleiß und Sparsamkeit, sauer selbst verdient (denn eines nur ist not, nicht wahr), weshalb er nun auch für solch apostolischen Wandel, solch schöne Nachfolge Christi seiner Kanonisation entgegengeht. Ah, welche Satire der Weltliteratur ist besser, so gut, halb so gut nur wie diese Vita des berühmtesten Papstes unserer Zeit!? Und indes Onkel Eugenio, heilig bis in die zarten, schmalen, langen Finger (ach, wie unvergeßlich verstand er doch immer mit ihnen zu segnen!), sich 80 Millionen in den Säckel steckte, stopften seine drei Neffen, alle bestbestallt zugleich beim Heiligen Stuhl und beim Big Business, sich 120 (einhundertzwanzig) Millionen DM in die Taschen – und wie viele Millionen Katholiken sind unterdessen im Elend verkommen, verhungert, verreckt?

Nun, wird unsere Eingangsfrage nicht schon verständlicher, unsere scheinbar so anachronistische Autopsie: warum stehen wir noch immer bei diesem Scheusal mit den Engelszungen, das doch schon zweihundert Jahre tot ist, einwandfrei erlegt von einigen der besten Köpfe der Welt, im Grunde aber krepiert nur an sich selber: an seinem fürchterlichen Blutdurst (während es die Frohe Botschaft lehrte, die Nächsten- und die Feindesliebe) und an seiner Falschheit ohnegleichen (während es sich als Hort alleinseligmachender Wahrheit pries)? Wir stehen noch bei ihm, weil es mit seinem wunderbaren Magen – dem einzig Wunderbaren an ihm! – noch immer überall herumliegt und öffentlich verwest, gehätschelt und gepäppelt mehr als die heiligen Kühe der Inder (die doch wenigstens lebendig und arglos sind), weil sein Geruch noch immer rings die Luft erfüllt, die Welt, weil er noch immer uns entgegenschlägt aus Kutten und Soutanen, Kathedralen und Kasernen, aus den Parlamenten, den Paragraphen, den Schulbüchern, den Schundblättern, den Sendern, überall noch Mittelalter, überall noch frommes Geplärr, Hallelujagejauchz und Auferstehungsgeschrei, und dann: Helm ab zum Gebet und hinein ins atomare Massengrab – denn selbst Atomkrieg ist nach den Catchas-catch-can-Christen nicht unerlaubt, auch Atombomben, so verkünden sie, können in den Dienst der Nächstenliebe treten, können den Geist des heiligen Franziskus und der Theologie des Kreuzes kolportieren, und sei es bis zum globalen Untergang. «Denn», so Pater Gundlach S.J., Professor und Rektor der Päpstlichen Universität unter Pius XII., dessen atomare Visionen (après nous le déluge) er beredt propagierte, «wir haben erstens sichere Gewißheit, daß die Welt nicht ewig dauert, und zweitens haben wir nicht die Verantwortung für das Ende der Welt. Wir können dann sagen, daß Gott der Herr...»

Wirklich, noch nach dem Untergang der Welt? Wem sagen sie es da wohl? Aber egal, bei ihnen ist kein Unsinn unmöglich und kein Verbrechen. Hauptsache: mit Gott dem Herrn. Von Generation zu Generation in seinem Namen gelogen, gefoltert und massakriert, mit seiner Hilfe die Bäche und Flüsse rot gefärbt von Blut und Berge von Leichen aufgetürmt durch die Geschichte, mit Gott gegen die Heiden, mit Gott gegen die Juden, mit Gott gegen die Langobarden, die Sachsen, die Sarazenen, die Ungarn, die Briten, die Polen; mit Gott gegen die Albigenser, mit Gott gegen die Waldenser, mit Gott gegen die Stedinger, die Hussiten, die Geusen, die Hugenotten, die Bauern; mit Gott gegen die Protestanten, mit Gott gegen die Katholiken, mit Gott vor allem auch gegeneinander, mit Gott in den Ersten Weltkrieg, mit Gott in den Zweiten, mit Gott gewiß auch noch in den dritten; ökumenische Schlachtfeste sondergleichen: denn überall noch im ausgehenden 20. Jahrhundert bei einem Maximum an Vernichtungsmitteln ein Minimum an Menschlichkeit, noch an der Schwelle des Atomzeitalters das reinste Kannibalenethos, noch überall – während man schon den Fuß auf den Mond setzt (freilich nur, um dort oder von dort aus einmal weiter zu morden) – die mittelalterliche Schindangergesinnung, noch überall der von Weihrauch, Palestrina und Pater-Leppich-Zungen durchsetzte christliche Ludergeruch, noch vierhundert Jahre nach Giordano Bruno, dreihundert Jahre nach Pierre Bayle, zweihundert nach Voltaire, hundert nach Nietzsche, fünfzig nach Freud nur so beschämend, so verhängnisvoll wenige, welche endlich eine Kirche verlassen, die ihre

Vorfahren, Generation um Generation, nicht nur ständig den Staaten ans Messer geliefert oder gleich selber getötet, sondern die sie auch eineinhalb Jahrtausende lang aufs ungeheuerlichste ausgepowert hat, eine Kirche, die schon Karl Kautsky «die riesenhafteste Ausbeutungsmaschine» nannte, «die die Welt gesehen».

Nicht ohne Grund haben ausgerechnet die Päpste, die Stellvertreter Christi, sich derart freilich das größte, das kompromittierendste Armutszeugnis der Weltgeschichte gebend, das Lesen der Bibel in der Volkssprache von Jahrhundert zu Jahrhundert streng verboten, ja bis 1897 abhängig gemacht von der Genehmigung der Römischen Inquisition! Denn wie all die Massaker, die Genocidkampagnen, die Heidenschlächtereien, Jugendpogrome, Ketzerjagden, die Scheiterhaufen, Marterpfähle, Hexentürme, Folterkammern, Kreuzzüge, all die angeblich so gottgefälligen Gemetzel, all die ungezählten kleinen und großen Kriege, an denen die Kirche direkt oder indirekt beteiligt war (und an wie vielen Kriegen in Europa war sie es nicht!) – wie all dies Morden *absolut nichts mit dem zu tun hat, der doch den Frieden und die Feindesliebe wollte*, so widerspricht auch die seit der Antike unvorstellbares Elend verbreitende klerikale Ausbeutungspolitik kraß jenem Jesus, der in der Bibel in völliger Armut lebt, scharf den «ungerechten Mammon» und den «Betrug des Reichtums» geißelt, von seinen Jüngern den Verkauf des ganzen Besitzes fordert und eine Verkündigung des Evangeliums ohne Geld im Gürtel.

Doch schon im 3. Jahrhundert gestehen sich die Bischöfe das Recht zu, ihren gesamten Bedarf aus der Kirchenkasse zu dekken. Im 4. Jahrhundert werden sie Bundesgenossen eines Staates, der seine Untertanen aussaugt bis aufs Blut. Und im 5. Jahrhundert bereits ist der Bischof von Rom der größte Grundbesitzer im Römischen Reich. Längst dämpft man allüberall das politische Aufbegehren, unterdrückt die christlichen Sozialunruhen in Afrika, Spanien und Gallien und verheißt beredt den Armen das Glück im Jenseits, nicht zuletzt um sie selber im Diesseits desto besser schröpfen zu können.

Schon im 6. Jahrhundert erhebt man – Anlaß unendlichen Jammers – den dann durch Karl den Sachsenschlächter legalisierten kirchlichen Zehnt und zieht diesen bis ins 19. Jahrhundert ein. Im 8. Jahrhundert ergaunert man sich den Kirchenstaat, läßt ihn durch fränkische und sächsische Herrscher immer wieder bestätigen und vergrößern und kämpft schließlich, selber bis an die Zähne gerüstet, mit eigenem Heer und eigener Marine fort. Man raubt alles, was zu rauben ist, Burgen, Schlösser, Städte, ganze Grafschaften und Herzogtümer. Man stiehlt alles, was zu stehlen ist: schon im 4. Jahrhundert das Vermögen der heidnischen Tempel, im 6. Jahrhundert das Vermögen aller Heiden überhaupt, dann den Besitz von Millionen vertriebener oder erschlagener Juden, das Hab und Gut der verheizten Ketzer und oft auch das der gleichfalls verheizten Hexer und Hexen. Und wie man alle Andersdenkenden ausnimmt, so auch die eigenen Gläubigen durch immer neue und höhere Steuern, durch Pacht, Zins, Erpressungen, Ablaß, Wunderschwindel, Reliquienbetrug, wobei das Geld häufig durch Exkommunikation, Interdikt und das Schwert eingetrieben, das italienische Volk begreiflicherweise am meisten ausgeplündert und Rom selbst zur aufrührerischsten und armseligsten aller abendländischen Städte wird: seine Einwohnerzahl sinkt von zwei Millionen in heidnischer Zeit auf knapp 20000 im 14. Jahrhundert.

Im Mittelalter besitzt die Kirche – nicht allein durch Raub und Krieg, gewiß, sondern auch durch die Dotationen jener, mit denen sie dabei verbündet war – ein Drittel des gesamten europäischen Bodens und läßt ihn durch hörige Bauern bearbeiten, die ihren Herren oft weniger gelten als das Vieh. Nicht zufällig kostet ein solcher Bauer in der Blütezeit des Christentums nicht einmal halb so viel wie ein Pferd! Nicht zufällig besitzt die Kirche, die schon im 4. Jahrhundert, billiger Arbeitskräfte für ihre immer größer werdenden Güter bedürfend, die Sklaverei verschärft und gefestigt hatte, zuletzt wohl am meisten Sklaven. Nicht zufällig macht sie, was es sonst nirgends gibt, auch deren Freilassung – als «Kirchengut» – unmöglich, ja sie verhängt von Jahrhundert zu Jahrhundert neue Versklavungen. Nicht zufällig nimmt das «Gottesgeschenk», wie es Kirchenlehrer Ambrosius, das «Christliche Institut», wie es nach Thomas von Aquin Aegidius von Rom nennt, im ausgehenden Mittelalter in Südeuropa noch einen Aufschwung. Nicht zufällig hält unter allen Großstädten Europas das päpstliche Rom am längsten daran fest. Und nicht zufällig wird noch die moderne amerikanische Negersklaverei, eine unmittelbare Fortsetzung der Sklaverei des Mittelalters, mit denselben theologischen Argumenten gestützt: der religiösen Gleichstellung und der Gottgewolltheit. Mit anderen Worten: gehorchte der Sklave früher nur aus Ohnmacht, aus bloßer Furcht, machte ihm die christliche Kirche den Kadavergehorsam zu einer sittlichen Pflicht! (Und wie ihm, so im Grunde allen, allen Soldaten, allen Zivilisten, allen Christen überhaupt.)

Denn stets stand die Kirche auf seiten der Sklavenhalter, der Ausbeuter, die christliche Kirche jeder Konfession: die katholische, die schon in der Antike durch Augustin das Ideal der «arbeitsreichen Armut» pries, die Sklaven mit der Gottgewolltheit ihres Loses tröstete, ihren Herren aber den Nutzen vorstellte, der ihnen aus solcher Beeinflussung der Sklaven erwächst; die Kirche Luthers, der selber sogleich in der pfäffischsten Weise die fürchterlich geschundenen Bauern an die Fürsten verriet, deren Macht dadurch bis ins 20. Jahrhundert stärkend; die Englische Hochkirche, die das entsetzliche Elend der englischen Land- und Fabrikarbeiter – in vielem schlimmer als die antike Sklaverei – noch während des ganzen 19. Jahrhunderts völlig kalt gelassen und die eher noch, wie Marx schreibt, «den Angriff auf 38 von ihren 39 Glaubensartikeln als auf 1/39 ihres Geldeinkommens» verziehen hat; und die Orthodoxe Kirche Rußlands, die dort ein Drittel allen Bodens sogar bis 1917 besaß und das Volk nicht weniger auspreßte als der Zar, dessen oberster Macht sich unterzuordnen, wie es gleich im ersten Artikel des Russischen Reichskodex hieß, «Gott selbst befiehlt». Immer, wie gesagt, in Gottes Namen. Die Kriege in Gottes Namen. Und die Armut in Gottes Namen. Und wie gestern, so heute, wo sich die Methoden zwar, wohlgemerkt: zwangsläufig, geändert haben, die Ausbeutung aber geblieben ist.

Denn woher das ungeheure Kapital, das die Kirchen heute

horten? Allen voran die katholische, die noch immer über den größten Grundbesitz in der christlichen Welt verfügt, deren Aktien- und Kapitalbeteiligungen schon vor einem Jahrzehnt auf etwa 50 Milliarden Mark geschätzt worden sind, der allein in Rom fast ein Dutzend Banken unterstehen, der auch die größte Privatbank der Welt, die Bank of America, mit 51 Prozent faktisch gehört, die hohe Goldreserven in Fort Knox liegen und Kapitalien in allen möglichen Unternehmen investiert hat, in große spanische Firmen, in französische Erdölgesellschaften, argentinische Gas- und Kraftwerke, bolivianische Zinngruben, brasilianische Gummiwerke, in die nordamerikanische Stahlindustrie, die General Motors Corporation, die «Alitalia», die größte italienische Luftfahrtgesellschaft, und die Autofirma Fiat, in eine lange Reihe führender italienischer Versicherungs- und Baugesellschaften, in deutsche Lebens- und Sachversicherungen, die Badischen Anilin- und Soda-Fabriken, die Farbenfabriken in Leverkusen, die Deutsche Erdöl Aktiengesellschaft, die Hamburger Elektrizitätswerke, die Essener Steinkohlenbergwerke, die Rheinischen Stahlwerke, die Vereinigten Deutschen Metallwerke, die Süddeutsche Zuckeraktiengesellschaft, die Gesellschaft für Lindes Eismaschinen, in die Siemens & Halske AG, die Mannesmann AG, bei BMW usw., usw., von den kircheneigenen Banken nicht zu reden...

Kirche, Krieg und Kapital sind von Konstantin bis heute so miteinander verschmolzen, so offenkundig zu einer einzigen Geschichte des Grauens verquickt, daß ihre Verteidiger jetzt freilich selber bekennen, daß an ihnen nicht *alles ideal* und *göttlich* sei, daß gerade ihre irdische Geschichte manchmal recht menschlich, vielleicht allzumenschlich verlaufe. Nun heißt es aber doch den Begriff des Menschlichen und selbst Allzumenschlichen etwas arg strapazieren, wenn man ausgerechnet als dezidierte Religion der Nächsten- und der Feindesliebe nicht einmal, nicht zehnmal, nicht hundertmal, sondern eineinhalb Jahrtausende lang seine Nächsten und Feinde schlimmer abschlachtet und abschlachten läßt als das Vieh; wenn man, direkt und indirekt, mehr Menschen umgebracht hat als jede andere

Religion der Welt, ja vermutlich mehr als alle anderen zusammengenommen! Und es heißt doch wohl den Begriff des Menschlichen und selbst Allzumenschlichen etwas arg strapazieren, wenn man ausgerechnet in der «Nachfolge» dessen, der den schroffen Antikapitalismus der jüdischen Propheten und der in Gütergemeinschaft lebenden Essener mit aller Rigorosität fortsetzte, der lehrte: «Sammelt nicht Schätze auf Erden...», «Verkauft euren Besitz und gebt ihn den Armen», «Keiner von euch kann mein Jünger sein, der nicht auf alles verzichtet, was er besitzt» und dergleichen – wenn man ausgerechnet in dieser «Nachfolge», um es noch einmal mit Kautsky zu sagen, zur «riesenhaftesten Ausbeutungsmaschine der Welt» wird, ja, wenn man, nach großen Verlusten in aufgeklärten Zeiten, in unserem Jahrhundert im Verein mit Gott und allen Supergangstern des Faschismus – von Mussolini über Hitler bis zu Franco und Pavelić – wieder die kolossalsten Reichtümer erringt, sie durch Bettel, Spenden, Steuern und eine immense Beteiligung an der europäisch-amerikanischen Großindustrie, einschließlich der Kriegsindustrie, fortwährend steigert, steigern muß, wie man gern zugibt, weil – außer der Militärseelsorge und der menschlichen Dummheit – allein noch das Geld der Fels Petri ist, das Fundament, auf dem das Christentum (nicht nur) Roms heute ruht, worauf es verwest, bedeutend nur noch für die Schädel von Primitiven und Profiteuren.

Man räumt ja ein, daß die Ideale des Evangeliums sehr hochgesteckt sind, daß man Christentum und Kirchen nicht schon deshalb verdammen darf, weil sie diese Ideale nicht ganz, nicht halb oder, wenn Sie wollen, noch weniger realisieren. Aber es faßt, um es zu wiederholen, den Begriff des Menschlichen und Allzumenschlichen doch etwas weit, wenn man von Jahrhundert zu Jahrhundert, von Jahrtausend zu Jahrtausend genau das Gegenteil realisiert, kurz, wenn man durch seine ganze Geschichte als Inbegriff und leibhaftige Verkörperung und absoluter Gipfel welthistorischen Verbrechertums ausgewiesen ist! Eines Verbrechertums, neben dem selbst ein hypertropher Bluthund wie Hitler noch fast wie ein

Ehrenmann erscheint, weil er doch von Anfang an die Gewalt gepredigt und nicht, wie die Kirche, den Frieden!

Der grelle Kontrast zwischen Ideal und Wirklichkeit zeitigte übrigens bald ein untrügliches Hauptkennzeichen jedweden Kirchenchristentums: den seit der Antike in ihm herrschenden, die Existenz von sechzig christlichen Generationen vergiftenden Faktor fortgesetzter Heuchelei; förderte eine buchstäblich unglaubliche Exegetenkunst im Drehen und Wenden aller ethisch wesentlichen Jesusworte; man log dazu und log hinweg, man log hinein und log heraus, stets wie man es gerade brauchte, weit mehr Zynismus und Charakterschwäche im Kopf als Redlichkeit und Humanität.

Sind die christlichen Kirchen doch überhaupt nicht nur pazifistisch und sozial gesehen tödlich diskreditiert, sondern auch unter einem dritten, noch zu betrachtenden Aspekt, ich meine unter dem der Wahrheit. *Denn es stimmt doch alles schon mit ihren Glaubensfundamenten nicht!* Unterstellt deshalb sogar, diese Kirchen könnten sich plötzlich, nach so vielen Jahrhunderten des Raubens und Mordens, zu ethisch intakten Gemeinschaften regenerieren, ja zum Inbegriff der Menschlichkeit (was faktisch, weil sie vom Blut, das sie den Staaten liefern, leben, ausgeschlossen ist): dann wären sie doch immer noch dogmatisch unglaubwürdig, da sie mit Jesus so gut wie nichts verbindet, dagegen fast alles von ihm trennt – was wir erfreulicherweise weniger von bösen Freigeistern wissen als von ganzen Generationen christlicher Theologen, deren eminente Arbeit und Akribie bei der kritischen Bibelforschung der Laie sich kaum vorstellen kann.

Wir wissen nicht sicher, ob die Gestalt des Jesus von Nazareth – über die alle außerchristlichen Geschichtsquellen seines Jahrhunderts (trotz der Blinden, die sahen, der Lahmen, die gingen, und der Toten, die wieder auferstanden) schweigen – historisch ist. Doch wir wissen sicher, daß der biblische Jesus – dessen radikalem Ethos, wie unrealisierbar durch die Massen auch immer, höchste Achtung gebührt – sich in seiner felsenfesten Überzeugung vom nahen Weltende und baldigen Kommen des Gerichtes getäuscht hat: wie alle anderen apokalyptischen Alarmschläger, die endzeitlichen jüdischen und iranischen Propheten vor ihm und die *ganze* Urchristenheit noch danach.

Wir wissen sicher, daß die Evangelien – von führenden Theologen unseres Jahrhunderts als an der Geschichte nicht interessierte, nur mit äußerster Vorsicht zu benutzende Anekdotensammlung charakterisiert – weder von einem Urapostel noch überhaupt von einem Augenzeugen stammen; daß sie erst Jahrzehnte nach Jesu mutmaßlichem Tod aus umlaufenden Erzählungen sowie eigenen Erfindungen der Evangelisten zusammengestellt worden sind und auch der Christenheit bis weit ins 2. Jahrhundert hinein nicht als heilig und inspiriert gegolten haben; daß kein Evangelium, wie überhaupt keine biblische Schrift, im Original, im ursprünglichen Wortlaut vorliegt, sondern nur in Abschriften von Abschriften von Abschriften; daß die Kopisten länger als zwei Jahrhunderte unabsichtliche und absichtliche Änderungen gemacht, Harmonisierungen, Ergänzungen, Verbesserungen, weshalb der originale Bibeltext oft nicht mit Sicherheit oder auch nur Wahrscheinlichkeit festzustellen, dafür aber die Zahl der verschiedenen Lesarten auf schätzungsweise 250000 gewachsen ist.

Wir wissen sicher, daß im Christentum, wie in der gesamten Antike, frommer Betrug von Anfang an erlaubt gewesen, daß er gewissermaßen zu den literarischen Gepflogenheiten der Zeit gehörte; weshalb nicht nur Paulus, unter dessen Namen selber einige biblische Briefe ganz, andere zum Teil gefälscht sind, bekennt, es komme nur darauf an, Christus zu verkünden, «mit oder ohne Hintergedanken», sondern Kirchenlehrer Johannes Chrysostomos, der Patron der Prediger, ganz offen und sogar unter Berufung auf Beispiele des Alten und Neuen Testaments für die Notwendigkeit der Lüge zum Zweck des Seelenheils eintritt; wie selbst Origenes, einer der größten und edelsten Christen, mit aller Entschiedenheit Betrug und Lüge als «Heilmittel» erlaubt. Nietzsches Definition des Christentums als Kunst heiligen Lügens wird denn auch durch die gesamte protestantische Bibelkritik bestätigt. «Die Fälschungen», schreibt heute der Theologe Carl Schneider in seiner großen «Geistesgeschichte des antiken Christentums», «beginnen in neutestamentlicher Zeit und haben nie aufgehört.»

Wir wissen sicher, daß Jesus vom ältesten Markustext über die jüngeren Evangelien des Matthäus und Lukas bis zum jüngsten Johannesevangelium mehr und mehr vergottet, aber noch bis ins 3. Jahrhundert hinein meist nicht mit Gott identifiziert, sondern diesem deutlich untergeordnet worden ist, was allgemeine Kirchenlehre war! Wir wissen sicher, daß die jüngeren Evangelien die älteren systematisch verbessert, daß sie nicht nur die Gestalt Jesu, sondern auch die seiner Jünger von Mal zu Mal mehr idealisiert und die Wunder fortwährend vermehrt und gesteigert haben.

Wir wissen sicher, daß auch die Urapostel Jesus nicht für Gott hielten, daß das sogenannte Apostolische Glaubensbekenntnis weder von den Aposteln stammt noch ihre Glaubensüberzeugung wiedergibt, daß es erst im späteren 2. Jahrhundert in *Rom* entstanden, sein Wortlaut aber noch im 3. Jahrhundert überall in Fluß gewesen und endgültig erst im Mittelalter festgelegt worden ist.

Wir wissen sicher, daß Paulus, der eigentliche Gründer des Christentums, Jesu Person weitgehend ignoriert und seine Lehre fundamental verändert hat, daß er nicht nur die Askese, die folgenschwere Verachtung der Frau und die Diffamierung der Ehe im Christentum eingeleitet, sondern auch eine Reihe ganz neuer, der jesuanischen Botschaft strikt widersprechender Dogmen aufgestellt, wie die Prädestinationslehre, die Erlösungslehre, die gesamte Christologie; daß es zwischen ihm und den Jerusalemer Aposteln zu lebenslangen theologischen Kämpfen kam, wie es überhaupt im Christentum, selbst in der Urgemeinde, niemals einheitliche Glaubensvorstellungen gegeben, wohl aber im 3. Jahrhundert schon viele Dutzende, im 4. Jahrhundert schon Hunderte rivalisierender «Konfessionen», unter denen schließlich der Katholizismus siegte, weil er alles, was ihm paßte, von den anderen großen «Häresien» übernahm, dabei aber geschickt gewisse Extreme vermied, weil er am besten organisiert und im Konkurrenzkampf am brutalsten war. Ist doch die ganze Dogmengeschichte eine einzige Kette von Intrigen und Gewaltsamkeiten, von Denunzierungen, Bestechungen, Dokumentenfälschungen, Exkommunikationen, Verbannungen und Mord.

Bei alldem aber – und auch dies wissen wir sicher, und es ist tragikomisch genug – gibt es im Christentum *absolut nichts*, was nur den geringsten Anspruch hätte auf geistes- oder religionsgeschichtliche Originalität. Denn von seinen zentralsten Gedanken bis zum periphersten Brauch wurde alles von «Heiden» oder Juden rezipiert: die Predigt vom nahen Reich, die Gotteskindschaft, die Nächsten- und die Feindesliebe, die Messias- und Heilandsidee, die Prophezeiungen des Erlösers, seine Herabkunft, wunderbare Geburt durch eine Jungfrau, Anbetung durch die Hirten, seine Verfolgung schon in der Wiege, seine Versuchung durch Satan, sein Lehren, Leiden, Sterben (auch am Kreuz), sein Wiederauferstehen (auch am dritten Tag oder nach drei Tagen, also am vierten Tag, denn selbst dieses Schwanken der Evangelien hat seine Ursache offenbar darin, daß man die Auferstehung des Gottes Osiris am dritten, die des Gottes Attis am vierten Tag nach seinem Tod beging), sein leibhaftiges Erscheinen vor Zeugen, seine Höllen- und Himmelfahrt, die Erbsündenlehre, die Prädestinationslehre, Trinität, Taufe, Beichte, Kommunion, die Siebenzahl der Sakramente, die Zwölfzahl der Apostel, das Apostelamt, das Amt des Bischofs, des Priesters, des Diakons, Sukzessionen, Traditionsketten, Gottesmutter, Madonnenkult, Wallfahrtsorte, Votivtafeln, Reliquienverehrung, Weissagung, Wunder, wie Wandel auf dem Wasser, Sturmbeschwörungen, Speisenvermehrungen, Totenerweckungen – wozu die Aufzählung: nichts ist neu! Und all dies kehrt im Christentum nicht etwa nur äußerlich wieder, nur als formale Analogie, als bloße Parallelität der Riten, sondern mit denselben Bedeutungsgehalten, es lebt nur unter anderem Namen fort, und oft nicht einmal dies.

Mit der mißlichen Glaubensgrundlage der Kirche hat sich die gegenwärtig so viel verhandelte Frage nach ihrer Reform eigentlich von selbst erledigt. Denn wollte man wirklich – und dies wäre doch die unerläßliche Bedingung jeder Reform! – auf Jesus zurückgehen, und das heißt heute selbstverständlich auf jenen Jesus, den eine fast zweihundertjährige Evangelienforschung kritischer Theologen aus dem Legendenschutt herausgelöst hat, müßte man doch alles auf- und preisgeben, was man ist, woraus man besteht, Sakramente, Dogmen, Bischöfe und Papst! Jede christliche Reform könnte überhaupt nicht bloß Reform bleiben, sondern müßte zur Revolution werden, zu einem Umsturz aller menschlichen Verhältnisse. Das ergäbe sich – und ganz unabhängig noch von den Resultaten der kritischen Theologie – allein aus dem Gebot der Feindesliebe! Ja, es ergäbe sich bereits aus dem der Nächstenliebe, das einer der lautersten Christen der Antike, Kirchenvater Basilius (der sein ganzes Vermögen und seinen riesigen Besitz, so groß, daß ihn drei Fürsten besteuert hatten, sogleich und restlos den Armen schenkte), mit dem Satz kommentierte: «Wer den Nächsten liebt wie sich selbst, hat nicht mehr als der Nächste.» (Es ist leider lächerlich, diesen Gedanken auch nur einen Augenblick länger zu verfolgen; und lächerlich, zugegeben, angesichts der Christen- wie Kommunistenheit.)

Doch um abschließend noch etwas weniger utopische Reformvorstellungen zu streifen: Reformierte man denn nicht seit je? Reformierte nicht schon die zweite Christengeneration gegenüber der ersten, die nachkonstantinische Kirche gegenüber der vorkonstantinischen: Bonifatius reformierte und Hugo von Cluny; man reformierte in Gorze, Brogne, Hiersau, Siegburg, Einsiedeln; reformierte in Konstanz, Basel, in Trient. Man reformierte nicht zuletzt in Rom.

Innozenz III., der nicht nur Hitlers Judenstern vorweg-, nicht nur eine Fülle scharfer antisemitischer Sanktionen ins Kirchenrecht aufnahm und die Christenheit gegen Albigenser und Waldenser hetzte – «... erhebe dich und umgürte dich mit dem Schwert», die vertraute christliche Sprache, worauf man allein in Béziers 20000 Einwohner erschlug und einen zwanzigjährigen (natürlich «heiligen») Bürgerkrieg begann –, sondern der überhaupt so sehr in kriegerische und finanzielle Geschäfte verstrickt war, daß Bischof Jakob von Vitry klagte, ein

Gespräch über geistliche Dinge sei kaum noch erlaubt gewesen, gilt als einer der größten päpstlichen Reformer. Und Luther reformierte in der allein entscheidenden Sicht bekanntlich noch päpstlicher als der Papst, ließ eher noch mehr Hexen verbrennen, wurde ein noch viel wütenderer Antisemit (auf den Streicher in Nürnberg sich mit Recht berief!), forderte im Hinblick auf die Juden: «Daß man ihre Synagogen oder Schulen mit Feuer anstecke... Daß man auch ihre Häuser desgleichen zerbreche und zerstöre... Daß man ihnen nehme alle ihre Betbüchlein und Talmudisten... Daß man ihnen verbiete, bei uns öffentlich Gott zu loben, zu danken, zu beten, zu lehren, bei Verlust Leibes und Lebens», und rief auch den Adel auf, die ausgebeuteten Bauern «zu würgen, zu stechen, heimlich und öffentlich, wer da kann, wie man einen tollen Hund totschlagen muß»; ein Reformator so großen Stils, daß er selbst gestand: «Prediger sind die größten Totschläger... Ich, M. Luther, hab im Aufruhr alle Bauern erschlagen, denn ich hab sie heißen totschlagen; alle ihr Blut ist auf meinem Hals. Aber ich weise es auf unsern Herrn und Gott, der hat mir das zu reden befohlen.»

Natürlich, wie immer: Mit Gott! Die ärgsten Gangstereien der Geschichte stets in seinem Namen. Und so, mit Gott, erneuerten und vervollkommneten sie weiter, eine unaufhörliche reformatio in capite et membris bis heute: ethisch gesehen ständig größere Massaker – bis zu den als «Kreuzzüge» gefeierten und mit dem stärksten Beistand der Kirchen (bei gleichzeitigen papalen Friedensappellen!) geführten zwei Weltkriegen. Und dogmatisch immer größere Märchen – bis zur Dogmatisierung der (von Rom selber jahrhundertelang bestrittenen) leiblichen Himmelfahrt Mariens durch den berüchtigten Pacelli, der freilich, wiewohl sonst Proletariern sehr abgeneigt, zur Gattin des galiläischen Schreinermeisters (wie zu den führenden faschistischen Mordbrennern und zum Großkapital) derart wunderbare Beziehungen hatte, daß sie ihm 1950, im Jahre der Definition des Dogmas, gleich an drei aufeinanderfolgenden Tagen (um 16 Uhr) am Himmel erschien!

Gott, wirklich, ich muß ihn anrufen, und da kommen immer noch Reformer? Ökumenische Beweger und Begegner? Una-sancta-Sirenen? Die Dialog-mit-der-Welt-Führer? Die das Evangelium-den-Atheisten-Bringer? Die Sich-Öffnenden-nach-links-und-rechts? Ja, als was kommen, als was fungieren sie denn? Doch als die Verlängerer des Unglücks, die Helfershelfer der Hierarchie, die gerade ihretwegen – wie noch nach jeder Reform – im Grunde ganz und gar genauso fortexistieren wird: mit der alleinseligmachenden Pfründe und der alleinseligmachenden Macht, mit Militärbischöfen und Feldgeistlichen, mit einem Heer assistierender «Moral»-Theologen und einem, wenn alles fällt, ganz ergreifend «Frieden! Frieden!» flehenden (und auf den Fahneneid pochenden!) Papst. Reformer? Kadaverkosmetiker bloß. Bestallte Konservierer einer Leiche, die schon riecht und nicht mehr der Reform bedarf, sondern nur noch des Abdeckers.

Die «Konstantinische Schenkung»

Will die Welt betrogen werden? Will sie's zumal in ihren größten Hoffnungen, durch die Religion? Und am meisten durch jene, die den «frommen Betrug» erfand? Er war, so einer unsrer Klassiker, der Theologe Herder, «bald keine Sünde mehr, sondern zur Ehre Gottes und zum Heil der Seelen ein Verdienst».

Die Fälschungen beginnen im Neuen Testament, nehmen bald immer mehr überhand, und die Behauptung, es habe im Mittelalter fast ebensoviel unechte Urkunden, Annalen, Chroniken gegeben wie echte, ist kaum übertrieben; wobei in Europa die Betrüger bis ins Hochmittelalter fast durchweg Priester sind. (Oder, wie Historiker Bosl dies umschreibt: «Es ist richtig, daß die Fälscher fast nie Laien waren».) Ungezählte Kleriker und Mönche verschafften damals durch Fabrikation falscher Diplome oder Interpolation originaler ihrer Kirche politische, wirtschaftliche, rechtliche Vorteile, kurz, Geld, Macht, Ruhm.

Die Fälschung aber, der, nach dem Theologen Kantzenbach, «freilich nichts Kriminelles anhaftet», wohl weil sie die größte, erfolgreichste ist, die sogenannte Konstantinische Schenkung, entstand Mitte des 8. Jahrhunderts. Was war ihr historischer Hintergrund, ihr Anlaß, Zweck?

Die Päpste, durch ihre Oberherren, die oströmischen Kaiser, stets mächtiger geworden, hatten allmählich die Trennung vom Ostreich betrieben – mit dem Beistand der Langobarden. Als diese aber ganz Italien wollten, wurden sie den Päpsten zu gefährlich. Und wie Rom zuerst mit Ostrom gegen dessen Feinde, dann mit den Langobarden gegen Ostrom ging, so nun mit den Franken gegen die Langobarden. Mehrfach mühte sich Papst Gregor III., Karl Martell wider den Langobardenkönig Liutprand zu jagen, obwohl beide befreundet waren.

Zum Krieg hetzte man mit Hilfe des hl. Petrus, kirchenpolitisch bereits große Mode. Schon in den ersten Schreiben an Karl Martell heißt es: «Wir bauen darauf, du seist dem hl. Apostelfürsten Petrus und uns ein liebreicher Sohn und werdest in Ehrfurcht vor jenem unsern Weisungen gehorchen.» «Verschließe deine Ohren nicht vor meiner Forderung, so wird der Apostelfürst dir auch das Himmelreich nicht verschließen.» «Ich beschwöre dich bei dem lebendigen, wahrhaften Gott und bei den allerheiligsten Schlüsseln vom Grab des hl. Petrus, die wir dir als Geschenk übersenden, ziehe nicht die Freundschaft der Langobardenkönige der Liebe zum Apostelfürsten vor.» «Wir ermahnen dich vor Gott und seinem furchtbaren Gericht.» «Wir fürchten, es wird dir als Sünde angerechnet» – eine fortgesetzte Zuckerbrot-und-Peitsche-Taktik.

Doch weder Schmeicheleien noch Drohungen noch suspekteste Reliquienpräsente, Teile der Ketten des Apostelfürsten, verfingen.

Im Spätherbst 741 starben Karl Martell und Gregor III., der sich als letzter römischer Bischof vom Kaiser in Konstantinopel hatte bestätigen lassen. Und als Gregors Nachfolger, Papst Zacharias (741–752), die Langobarden famos hereingelegt, ihren alten König Liutprand, scheinbar ganz legal, um Kastelle und ausgedehnte Domänen, ihren neuen König Ratchis nebst Gattin und Tochter, durch Überredung oder Gewalt, ins Kloster gebracht hatte und Ratchis' Bruder, Langobardenkönig Aistulph, sich zu revanchieren begann, da eilte der neue Papst, Stephan II., zu den Franken.

Mitten im Winter überschritt er in Trauerkleidung die Alpen. Anfang Januar 754 warf er sich samt Gefolge in Pippins Pfalz zu Ponthion, bei Châlons an der Marne, in Sack und Asche zu Boden und flehte unter Tränen, ihn und die Römer, bei den Verdiensten der hl. Apostel Petrus und Paulus, aus den

Händen der Langobarden zu befreien. «Nicht eher wollte er sich erheben», berichtet der fränkische Chronist, «als bis ihm der König, seine Söhne und die Vornehmen der Franken die Hände gaben und ihn als Zeichen der künftigen Hilfe und Befreiung vom Boden aufrichteten.»

Pippin war 751, nachdem man den rechtmäßigen König, Childerich III., den letzten Merowinger, geschoren ins Kloster gesteckt, mit Zustimmung von Papst Zacharias inthronisiert worden. Jetzt schwor der eidbrüchige Usurpator, der sich als erster treffend «von Gottes Gnaden» nannte, den «Nutzen des heiligen Petrus im Römischen Reich» wahrzunehmen; während der Papst bald darauf die Rechte des Kaisers sich anmaßte und Pippin nebst Söhnen zu Patriziern der Römer ernannte. Der Titel «patricius Romanorum» aber, den bis 751 der Exarch in Ravenna, der Statthalter des Kaisers, geführt, bedeutete einen offenen Rechtsbruch und die tatsächliche Trennung von Byzanz.

Immer wieder sprach seinerzeit der Papst vom «Staat des seligen Petrus und der heiligen Kirche Gottes». Auf dem Reichstag zu Quierzy (Carisiacum) im April 754 kommt es zur «Pippinischen Schenkung», zur Begründung des Kirchenstaates. Pippin macht Stephan II. ungeheuere territoriale Zusagen, verspricht dem hl. Petrus, was ihm, Pippin, gar nicht gehörte, sondern dem Kaiser: nicht weniger als den größeren Teil Italiens, zumal angeblich Kaiser Konstantin bereits viel mehr versprochen hatte.

Täuscht nicht alles, entstand die sogenannte Konstantinische Schenkung, gewaltigster Auftakt ungezählter geistlicher Gaunereien des Mittelalters, zu Beginn der fünfziger Jahre des 8. Jahrhunderts in der Umgebung Stephans II., wahrscheinlich noch vor dessen Aufbruch ins Frankenreich. Nach Walter Ullmann und anderen Forschern spricht «alles dafür..., daß die päpstliche Kanzlei der Geburtsort der Fälschung war». Schreiben doch selbst die katholischen Papsthistoriker Seppelt und Schwaiger: «Die Urkunde ist wohl in römischen Kreisen ausgefertigt worden, vielleicht anläßlich der Reise Stephans II. ins Frankenreich, vielleicht erst im Frankenreich, um König Pippin zu den erhofften Landschenkungen in Italien geneigt zu machen.»

Man brauchte einen Rechtstitel für das mit allen Finessen erstrebte Territorium. Offenbar auf dem Reichstag in Quierzy beseitigte dann Stephan die Bedenken Pippins durch eine Urkunde, die den hl. Petrus als rechtmäßigen Herrn und Besitzer Italiens, den Papst als Inhaber imperatorischen Ranges, geradezu als Kaiser des Abendlandes auswies.

Vorlage für das berüchtigte Constitutum Constantini war die im ausgehenden 5. Jahrhundert wohl in Rom entstandene Legenda sancti Silvestri, einer der meistgelesenen, in Italien, England, dem Frankenreich bekannten Heiligenromane des Christentums. Der Klerus hat mittels dieser Literaturgattung oft Geschichte gemacht. Schon Anfang des 6. Jahrhunderts, während Papst Symmachus und Gegenpapst Laurentius einander bekriegten, fand die Legende bei den Symmachianischen Fälschungen Verwendung, die in allen möglichen Varianten erweisen sollten, daß den Papst niemand richten könne.

Nach der in diversen Fassungen herumschwirrenden, in Hunderten von Handschriften tradierten Postille war Kaiser Konstantin Christenverfolger gewesen, zur Strafe vom Aussatz befallen, durch Papst Silvester jedoch geheilt und getauft worden. Tatsächlich aber hatte Konstantin die Christen nicht verfolgt, sondern epochemachend begünstigt, hatte ihn nie Aussatz gequält, nie Silvester getauft; taufte ihn doch Bischof Euseb von Nikomedien, ein arianischer «Ketzer», und zwar 337 erst auf dem Sterbebett, als Papst Silvester schon zwei Jahre tot war. (Die Kirche feiert Silvesters Festtag am 31. Dezember, als wollte sie sich an jedem Jahresende erinnern, was sie ihm verdankt.)

Von der Fabel ausgehend, fabrizierte man die Urkunde, mit der das Papsttum den Kirchenstaat erschwindelt, seine Weltherrschaft rechtlich begründet, die bisherige Situation geradezu umgekehrt hat. War der römische Kaiser, dem vordem das Papsttum unterstand, doch nun verfassungsrechtlich dem Papsttum unterstellt!

Das Dokument gibt sich als Erlaß Kaiser Konstantins I.

(306–337) an Papst Silvester I. (314–335) aus, mit Datum, eigenhändiger Unterschrift sowie dem Vermerk Konstantins, er selber habe es am Grab des hl. Petrus niedergelegt. Aus Dankbarkeit für seine wunderbare Heilung vom Aussatz schenkt der Imperator Rom nebst dem ganzen Abendland Silvester und seinen Nachfolgern. Feierlich bestätigt ihm Konstantin den Primat über die Patriarchate von Antiochien, Alexandrien, Jerusalem, Konstantinopel und den Erdkreis. Er gestattet dem römischen Bischof sämtliche Abzeichen kaiserlicher Würde, räumt ihm kaiserlichen Rang ein. Er soll Oberhaupt aller Kirchen, Oberpriester der Welt sein. Der Monarch schenkt ihm und seinen Nachfolgern den Kaiserpalast auf dem Lateran, die Stadt Rom, die Städte und Provinzen Italiens samt dem ganzen Westen. Der Herrscher selber, schließt das Falsifikat, wolle sein Imperium in die «östlichen Regionen» verlegen. Denn «dort, wo ein herrliches Reich errichtet und die Hauptstadt der Christenheit gegründet worden ist, schickt es sich nicht, daß der irdische Kaiser seine Macht ausübe». Jeden, heißt es, werde er bannen, der vermessen genug sei, diese Verfügung zu ändern.

Was bewegte Pippin, diese «Donation», Ausdruck hypertrophen Größenwahns und singulärer Herrschsucht, hinzunehmen?

In nicht weniger als fünfzig Briefen der Päpste an die Karolinger, von Karl Martell bis zu Karl dem sogenannten Großen, deutet kein einziges Wort einen realpolitischen Nutzen, einen tatsächlichen Vorteil für die Franken an – es gab auch keinen! Statt dessen wird plumpschlau und permanent mit der Gunst des hl. Petrus, des Pförtners am Himmelstor, dem Lohn im Jenseits oder schon im Diesseits gelockt, natürlich auch mit ewigen Strafen geschreckt; wobei hinter dem Papst stets der hl. Petrus persönlich, der eigentliche Vertragspartner, stand, dessen Kult die «Stellvertreter» systematisch aufgebaut hatten, besonders bei Angelsachsen und Franken – um die Wende zum 8. Jahrhundert bereits deren bedeutendster Heiliger. Dutzende erhaltener Urkunden der Merowinger sind an Petersklöster gerichtet, etwa dreißig seit Dagobert I. Die Germanen verehrten Petrus bald als Garanten irdischer wie himmlischer Glorie, als großen Schutzherrn und Krieger, als Torwart des Himmels. Noch aus fernsten Ländern pilgerten selbst ihre Könige zu seiner vermeintlichen Gruft und manche legten dort Kronen nieder, Reichtum und krochen in Kutten. Wie kaum etwas hat der Trick mit St. Peter – von dem man weder weiß, wo noch wann er gestorben ist: alles darüber Berichtete «Sagen und Fabeln» (Kalwerau) – die Macht der frühmittelalterlichen Kurie gestärkt, nach Gregorovius, «ganz eigentlich... die weltliche Gewalt der Päpste begründet».

Kurz, nicht politische, sondern rein religiöse Gründe machten Pippin zum Hörigen. Denn mochte er als Krieger noch so abgebrüht sein, in puncto «Metaphysik» war er buchstäblich ein blutiger Laie, der dem «römischen Orakel» (Zwölfer) einfach gehorsam, dem die «Liebe zu St. Peter» Richtschnur war, ein naiver, massiv sinnlich denkender Mensch, wie Haller sagt, dem Stephan II., der ihn aus täglichem Umgang kannte, versprechen und drohen konnte: «Laß mich nicht im Stich, so wirst du auch nicht vom Himmelreich zurückgewiesen und nicht gewaltsam von deiner süßesten Gattin getrennt werden!»

Am 28. Juli 754 salbte der Papst in der Kirche von Saint-Denis im Namen der Dreieinigkeit noch einmal würdevoll den Majordomus Pippin, den er seitdem immer «Gevatter» nannte. Ebenfalls salbte er dessen Söhne Karl und Karlmann zu Königen «von Gottes Gnaden» (Dei gratia), um derart des Thronräubers Legitimität zu festigen. Unter Androhung von Kirchenstrafen verbot Stephan den Franken, jemals Könige anderer Abkunft zu wählen. Pippin seinerseits schwor nach solch «göttlicher Bestätigung» seines Regiments, die Gesetze zu achten, Raub und Unrecht zu verhindern, das Kirchengut zu schützen, zu mehren, was freilich gerade auf Raub und Unrecht hinauslief, zumal Pippin die Zehntzahlung an den Klerus als Staatsgesetz durchführte, für kirchliches Leihgut gar zusätzlich den Doppelzehnten (nona et decima) verlangte.

Natürlich bedeuteten diese ganzen Absprachen, Schwüre, Versprechungen, eingebettet in kuriale «Metaphysik», nichts anderes als Krieg, den der Papst wohl vor allem durch die «Konstantinische Schenkung» erreichte.

Seit über hundert Jahren zwar, seit dem Merowinger Childebert II., hatte kein Frankenkönig mehr die Langobarden bekriegt. Keinerlei feindselige Handlung konnte man ihnen vorwerfen. Die Franken sahen in ihnen Stammesverwandte, waren ihre Freunde und Waffengefährten schon seit dem Kampf gegen die Araber. Darum widerstrebten die fränkischen Großen den römischen Forderungen fast bis zur Rebellion. Ein Teil der Vornehmen drohte, den König zu verlassen. Sein eigener Bruder, der abgedankte Hausmeier Karlmann, eilte aus Monte Cassino zur Verhinderung des Krieges herbei oder, mit dem Papstbiographen, um «die Sache der h. Kirche zu untergraben». Karlmann beeindruckte die Franken tief, wurde jedoch von Stephan disziplinarisch gemaßregelt und in Vienne in ein Kloster gesperrt, wo er bald starb. Auch seine Söhne kamen, zu Mönchen geschoren, in Klosterhaft. Wie drei Jahre früher Papst Zacharias Pippin die Hand zur Beseitigung der rechtmäßigen Merowinger geboten, so nun Papst Stephan die seine zur Ausschaltung von Pippins eigner Verwandtschaft.

Pippin aber, einst am Hof von Pavia durch den Langobarden Liutprand adoptiert, was einen Germanen zu unbedingter Treue fürs ganze Leben verpflichtete, rückte im Sommer 754 mit seinen Truppen und dem Papst über den Mont Cenis. Es geschah, wie er ausdrücklich beteuerte, nur um der Liebe zum hl. Petrus, um Gotteslohn willen. Man nahm das langobardische Heer von vorn und im Rücken in die Zange und schlug es schwer. König Aistulph, mit knapper Not entronnen, schloß unter harten Bedingungen Frieden. Der Papst freilich, der bekam, wozu Pippin sich in Ponthion verpflichtet, doch nicht bekam, was er in Quierzy ihm versprochen hatte, trieb weiter zum Krieg, den die Franken nun restlos satt hatten. Kaum aber waren sie zu Hause, brach Aistulph die ihm aufgenötigte Waffenruhe. Und während er das Land verheerte, massenhaft Reliquien raubte, Rom völlig einschloß, drei Monate lang die Stadt berannte, die der fränkische Abt Warnehar verteidigte, rief der Pontifex zu Bittgängen auf und trug selbst in einer Prozession das Erlöserkreuz der Lateranbasilika samt dem daran gehefteten, vom Langobardenkönig gebrochenen Vertrag.

Unermüdlich dröhnten jetzt die päpstlichen Hilferufe erneut in Pippins Ohr, flehte, beschwor der Römer, zog er alle Register seiner geistlichen und rhetorischen Kunst. Schreckte er doch Pippin und seine Söhne für den Fall des Ungehorsams mit dem Bann, ja, mit einer Art Vorwegnahme gleichsam des Jüngsten Gerichts.

In mehreren Briefen an ihn, an die weltlichen wie geistlichen Fürsten Frankens, das Heer und ganze Volk, seine «Adoptivsöhne», malte der Papst wortreich die Misere des hl. Petrus aus, die verwüsteten Weinberge, geschlachteten Kinder, geschändeten Nonnen. Er behauptete, die der Kirche angetane Schmach vermöge keines Menschen Zunge zu erzählen, selbst die Steine könnten darüber weinen. In einem schauderhaften Latein, gespickt mit Bibelphrasen und Prädikaten im übelsten byzantinischen Kanzleijargon (vom «honigsüßen Blick und Antlitz» bis zu «Euer honigflüssigen Gnaden» und «von Gott triefend» deifluo), jammerte, lockte, warnte er, bei Gott dem Herrn, der Jungfrau Maria, dem hl. Petrus, bei allen himmlischen Heerscharen, Märtyrern, Bekennern, einerseits das gute Werk zu vollenden, dem hl. Petrus sein «Recht» zu verschaffen, andererseits an ihr «Seelenheil» zu denken. «Von allem wirst du mit allen deinen Beamten Rechenschaft geben müssen vor dem Richterstuhl Gottes.» «Ihr werdet Gott und St. Peter Rechenschaft geben am Tage des fürchterlichen Gerichts.» «Wisset, daß der Apostelfürst...» etc. etc.

Da schließlich auch Fürst Petrus selber (!) an die Franken schrieb, natürlich genauso miserabel, ängstigend mit «dem furchtbaren Schöpfer aller Dinge» und ködernd wieder «mit ewigem Lohn und endlosen Wonnen des Paradieses» – nur eilen, eilen sollte man! –, unternahmen die Franken 756 einen zweiten Krieg. Pippin rückte noch einmal über die Alpen, und wieder bloß um Vergebung seiner Sünden willen, aus Liebe zum hl. Petrus, den die fränkischen Haudegen jetzt bereits vor ihren Schlachten anriefen. Abermals schlug man die Langobarden, diktierte ihnen verschärfte Friedensauflagen. Und schon im folgenden Jahr meldete Stephan dem Frankenkönig den Tod des «Tyrannen», «des Nachfolgers des Teufels, des

Fressers von Christenblut, des Zerstörers der Kirchen», er sei, «von Gottes Dolchstoß durchbohrt, in den Schlund der Hölle hinabgefahren».

Der Papst konnte freilich jubeln. Er hatte die Herrschaft über Rom erlangt, über das Exarchat, die Pentapolis. 22 Städte und Burgen heimste er nördlich und östlich des Apennins ein, die zusammen mit dem römischen Dukat das «Patrimonium des heiligen Petrus» bildeten, den mittelalterlichen Kirchenstaat. Byzanz hätte erwarten können und hat erwartet, daß ihm Pippin dies Territorium ausliefern werde. Statt dessen aber zog sein Bevollmächtigter, der Abt Fulrad von Saint-Denis, von Ort zu Ort, sammelte die Spitzen der Gesellschaft als Geiseln und legte die Schlüssel der Stadttore Sankt Peter zu Füßen. Ihm und seinem Stellvertreter hatte Pippin diese Gebiete urkundlich zu ewigem Besitz vermacht und die Gegenansprüche des griechischen Kaisers durch die Erklärung abgewiesen, nicht um eines Menschen willen sei dies geschehen, sondern aus Liebe zum hl. Petrus und für die Rettung seiner Seele.

Noch im 8. Jahrhundert nennt der dankbare Klerus Pippin «David», «Salomon», «Novus Moyses». Und die Franken preist Papst Paul I. (757–767) als «heiliges Volk». Hatte die Kurie doch nun ihren Staat, den Kirchenstaat. Wie aber der römische Bischof, so wollte allmählich auch jeder andere Bischof, jeder Abt seinen «Priesterstaat». Und wie die Päpste den ihren durch Krieg und Betrug bekamen und ein Jahrtausend lang weiter durch Krieg, durch Betrug zu behalten, zu mehren suchten, so führten auch die übrigen Prälaten ungezählte Fehden und schufen, nach dem Beispiel Roms, ungezählte Schenkungsnachweise, die nicht minder Lug waren als die «Schenkung Konstantins».

Zunächst zwar hat man diese nur sehr zurückhaltend benutzt, hat man bloß die Erinnerung an den ersten christlichen Kaiser und sein musterhaftes Wohlverhalten gepflegt, nicht aber das Constitutum Constantini als rechtliche Beglaubigung, nie die Urkunde selbst gebraucht. Vermutlich erkannten sie auch die Päpste durchaus als Trug. Als erster beruft sich Hadrian I. im

Briefwechsel mit Karl «dem Großen» darauf. Doch erst um die Mitte des 9. Jahrhunderts, als das Falsifikat schon eine gewisse Geltung genoß, wurde es rechtlich bindendes Dokument und ging in eine weitere große kirchliche Fälschung ein, die Pseudoisidorischen Dekretalen, sowie schließlich in zahlreiche andere kanonische Rechtsbücher. Die ungeheure Territorialpolitik des Papsttums, das sich allmählich Fürstentümer und ganze Königreiche unterwarf, hatte ihre juristische Grundlage in dieser Erschleichung; noch der heute existierende «Kirchenstaat» geht auf sie zurück.

Von Ausnahmen abgesehen, ruhte die Urkunde jedoch dreihundert Jahre im wesentlichen unbenutzt in den Archiven des Klerus. Nachdem man sich freilich an die riesige «Schenkung» gewöhnt, die Fälschung eine gewaltige Autorität gewonnen hatte, begann sie eine immense Rolle zu spielen. Im Hinblick auf sie wurde jeder von der Kirche verdammt, der kurialen Besitz kassiert oder dies irgendwie begünstigt hat.

Besonders beruft sich das sogenannte Reformpapsttum auf sie. Seine Schreiben zitieren lange Passagen daraus. Leo IX. (1049–1054) stützt damit nachdrücklich auch den päpstlichen Primat; wobei der Papst aus der Schenkung eine Rückgabe macht, aus dem donare ein reddere: der Kaiser hatte sozusagen Gott nur rückerstattet, was er von ihm empfangen! Derart vermied Leo den Anschein einer Abhängigkeit der Kirche von kaiserlicher Gnade.

Zu seiner vollen Bedeutung kam das «Constititum Constantini» durch Papst Gregor VII. Es wurde jetzt ein anerkannter Bestandteil des kanonischen Rechts. Und im Krieg gegen Heinrich IV., der die aus purem Betrug abgeleiteten papalen Ambitionen nie berücksichtigt hat, forderte Gregor bei der Wahl sowohl des ersten Gegenkönigs Rudolf von Schwaben 1077 wie bei der des zweiten Gegenkönigs Hermann von Salm 1081 einen Eid, der die Anerkennung des klerikalen Schwindels einschloß.

Mit Bezug darauf betonte im 13. Jahrhundert Gregor IX. sogar, laut Konstantin gebiete der Papst nicht nur den Seelen des ganzen Erdkreises, sondern auch allen Menschen und Sachen; wonach es überhaupt kein unabhängiges Kaisertum geben durfte, vielmehr der Papst der wahre Kaiser war. Galt doch auch beim letzten großen Kampf des mittelalterlichen Rom gegen das Kaisertum, gegen Ludwig den Bayern im 14. Jahrhundert, für weite Kreise als eigentliche Rechtsgrundlage der Kirche die «Konstantinische Schenkung». Noch 1433 mußte Sigismund als künftiger Kaiser ihre Bewahrung beschwören. So lang nämlich hielt man diese gigantische, in ihrer Wirkung gar nicht zu überschätzende Fälschung, ohne die das Papsttum vielleicht nie seine spätere Macht und Bedeutung erreicht hätte, für echt.

Einige kluge Köpfe ließen sich allerdings nicht täuschen.

Zum erstenmal bezeichnete Kaiser Otto III. (983–1002) in einem ganz ungewöhnlichen Akt gegenüber Papst Silvester II. (999–1003) diese «Schenkung», die später selbst Dante noch echt erschien, als null und nichtig. Im 12. Jahrhundert erkannten die Anhänger Arnolds von Brescia den Betrug. Einer seiner Schüler, ein Römer namens Wezel, erklärte brieflich Friedrich Barbarossa, bald nach dessen Wahl zum deutschen König 1152, die ganze «Konstantinische Schenkung» für Fabel und Lüge, was in Rom so stadtbekannt sei, daß darüber selbst Taglöhner und Weiber den gelehrtesten Geistern Rede stehen könnten. Im 13. Jahrhundert bezweifelte auch ein so außerordentlicher Monarch wie Friedrich II. ihre Echtheit. 1440 deckte der Humanist Laurentius Valla, päpstlicher Sekretär und Domherr am Lateran, den Schwindel endgültig auf. Und als um die Wende zur Neuzeit Papst Alexander VI. (1492–1503) kraft der «Konstantinischen Schenkung» von Venedig die Übergabe der Adriatischen Inseln an den Apostolischen Stuhl verlangte, höhnte der venezianische Gesandte, Seine Heiligkeit möge die Urkunde für das «Constitutum Constantini» herbeischaffen und finde dann auf der Rückseite den Vermerk, daß den Venezianern das Adriatische Meer gehöre.

Die römisch-katholische Geschichtsschreibung aber gab die Fälschung erst im 19. Jahrhundert zu. Und die Kurie selbst hat die derart erschlichenen Privilegien immer wieder energisch beansprucht, ja, sie beruht noch heute darauf. Goethe, der «die ganze Kirchengeschichte Mischmasch von Irrtum und von Gewalt» nennt, sagt somit zu wenig. Denn nicht nur Irrtum ist sie, sondern Betrug – gewiß nicht bloß in dieser, in vieltausendfacher Hinsicht.

Die Politik der Päpste im 20. Jahrhundert

Der Menschensohn besaß nichts, wohin er sein Haupt legen konnte. Er lebt völlig arm in der Bibel. Er fordert Verzicht auf allen Besitz. Er verlangt Mission ohne Geld im Gürtel. Und wirklich gibt es eine Art Kommunismus in der Urgemeinde. Auch die Ebioniten, die aus ihr hervorgehn, dringen auf Gütergemeinschaft, machen Armut zur unbedingten Pflicht. Zwar werden sie verketzert. Doch predigen noch im 4. Jahrhundert selbst Kirchenlehrer: «Ahmen wir die erste Versammlung der Christen nach, bei denen alles gemeinsam war» (Basilius). «Die Gütergemeinschaft ist mehr die adäquate Form unseres Lebens als der Privatbesitz, und sie ist naturgemäß» (Johannes Chrysostomos).

Schon im 5. Jahrhundert aber wird der Bischof von Rom reicher als alle im Römischen Reich. Im 8. Jahrhundert gewinnt er durch Betrug und Krieg den Kirchenstaat. Und bald rauben die Päpste selber Burgen, Schlösser, Städte, ganze Herzogtümer. Sie eröffnen die Schwertmission. Sie führen Verteidigungs- und Angriffskriege, Bürgerkriege, «Heilige Kriege». Sie beginnen die «bewaffneten Wallfahrten», die Kreuzzüge. Noch im 19. Jahrhundert schickt Gregor XVI. bei Ausbruch der Revolution seine Soldateska gegen die Italiener, holt er auch österreichische Heere zu Hilfe. Und noch im Ersten Weltkrieg, im Zweiten, hetzen die Feldpfaffen an allen Fronten, auf allen Seiten, Millionen und Abermillionen in den Tod – indes die Päpste «Frieden» rufen, «Frieden».

Dabei schwindelt man auch sonst sich durch die Zeiten: mit

hl. Windeln und Röcken, mit ungezählten Zähnen und Vorhäuten des HERRN, mit der Milch der Muttergottes, den Federn, den Eiern des Heiligen Geistes. Man fabriziert die Donatio Constantini, die größte Fälschung der Geschichte, fabriziert die Pseudoisidorischen Dekretalen, fabriziert jahrhundertelang fast so viele unechte Diplome, Annalen, Chroniken wie echte. Und während man sich selbst alle möglichen Privilegien zuschanzt, Immunitätsrechte, Grafenrechte, Marktrechte, Zollrechte, Steuervorteile, alle möglichen Ausnahmestellungen, während Päpste, Bischöfe, Äbte oft in ungeheurem Luxus schwelgen, Mätressen haben, Hurenhäuser, Banken, während sie bestechen, erpressen, mit Würden und Pfründen schachern, Reliquien und Bullen, während sie die Kirchengüter verprassen, an Verwandte verschleudern, Günstlinge, während sie Pacht fordern, Zins, Ablaß, Taxen, Steuern, Zehnten und Doppelzehnten, schröpfen, schwindeln, intrigieren sie nicht nur, sondern töten eben auch, bekämpfen sie sich gegenseitig, mit Dolch und Gift, durch jede Menge Fehden, Waffengänge, massakrieren sie, den eignen Anhang, den andern, Heiden, Juden, «Ketzer», Hexen, Indios, Schwarze – ein Schlachten war's, nicht eine Schlacht zu nennen! Mit einem Wort: sie missionieren. Sie evangelisieren.

Man hat oft bemerkt – von Goethe über Dostojewski, Nietzsche bis zu Henry Miller, der es mir selber schrieb –: käme Jesus wieder, würde er abermals gekreuzigt. Aber nur ein Kardinal der Kurie war kompetent genug hinzuzufügen: «doch diesmal nicht in Jerusalem, sondern in Rom». Ja, in Jerusalem opferte sich, heißt es, jemand für andere, in Rom opfert man andere für sich.

Inzwischen aber ist ja alles viel besser geworden, nicht wahr? Nun, sehen wir einmal zu – denn man hat auf dieser Welt nicht nur die Wahl, mit den Wölfen zu heulen oder mit den Schafen zu blöken.

Leo XIII. (1878–1903)

Um die Jahrhundertwende orientierte sich die kuriale Politik unter Leo XIII. und seinem Staatssekretär Rampolla besonders an Frankreich und dem zaristischen Rußland. Man glaubte, die Zukunft gehöre den slawischen Völkern, unterstützte sie deshalb und erwartete als Belohnung die Russisch-Orthodoxe Kirche.

Gerade Leo XIII., gierig nach päpstlicher Souveränität und geistiger Weltherrschaft, wähnte sich diesem Ziel nah. Öffentlich zwar, wie alle Päpste seit dem Verlust des Kirchenstaates, das Wettrüsten verdammend, erwartete er selber in Kürze einen Weltkrieg und schilderte dem österreichischen Historiker Theodor von Sickel als «die unausbleiblichen Folgen»: «Die orientalische Frage werde sofort gelöst und zugleich der Islam überwunden werden; Rußland, von der Kirche beraten und unterstützt, werde auch den Frieden in Europa diktieren...» Bei diesen Worten erhob sich Leo XIII. und prophezeite dem vor ihm knienden Protestanten Sickel: «Und wenn das geschieht, werdet ihr Protestanten einfach dem Beispiel der Russen folgen».

Als das Leben des bejahrten Papstes 1903 erlosch, förderten die beiden großen Machtgruppen Frankreich / Rußland und Deutschland / Österreich-Ungarn mit allen diplomatischen Mitteln einen ihrer Parteigänger. Wie so oft aber siegte, im siebten Wahlgang, ein Außenseiter, der Patriarch von Venedig, Giuseppe Sarto, nunmehr Pius X. – Päpste und Hochstapler wechseln die Namen.

Pius X. (1903–1914)

Sartos Ernennung, scheinbar ein Kompromiß, erwies sich bald als Erfolg der Mittelmächte. Im österreichischen Venetien, an der Grenze zu den Südslawen als deren Gegner aufgewachsen, blieb Pius X. zeitlebens antislawisch gesinnt. So schätzte er den alten, der Kurie ergebenen Kaiser Franz Joseph und legte, sagte er selbst, «stets allergrößtes Gewicht auf die Erhaltung der besten Beziehungen zu Österreich». Denn mit Österreich, scharf auf die Ukraine, wollte man den Osten gewinnen, den Balkan katholisieren und die Russisch-Orthodoxe Kirche unterjochen – ein jahrhundertealter Traum Roms, den man im Lauf der Geschichte durch kriegerische und diplomatische Vorstöße zu verwirklichen suchte, durch Kreuzzüge, deutsche Ordensritter, schwedische Heere, durch Drohungen, Lockungen, ungeheuren Betrug, indem man etwa 1605, in einer Schmierenkomödie sondergleichen, einen falschen Zaren, wahrscheinlich einen entlaufenen Mönch, den Pseudo-Demetrius, auf den Thron in Moskau setzte, worauf ihn Papst Paul V. im Breve vom 10. April 1606 gebot: «... weil Du bei Deinem Volke alles vermagst, was Du willst, so befiehl ihm die Anerkennung des Statthalters Christi!»

Vor dem Ersten Weltkrieg näherte sich die Kurie auch dem kaiserlichen Deutschland, das ebenfalls Expansionsgelüste im Osten hatte. Und nachdem Österreich schon die türkischen Provinzen Bosnien und Herzegowina unterworfen, forderte man seinen Einmarsch auch in Albanien – auf dem Eucharistischen Kongreß 1912 in Wien. (Auch die Eucharistischen Kongresse unmittelbar vor dem Zweiten Weltkrieg sowie auf einem Höhepunkt des Kalten Krieges dienten scharfen antiöstlichen Kampagnen.) Und im Juli 1914, nach Ermordung des Thronfolgers, erläuterte Österreichs Außenminister Graf Berchtold dem deutschen Botschafter: er halte für ausgeschlossen, daß selbst eine Regierung wie die serbische die österreichischen Forderungen schlucke. Falls aber doch, bleibe Österreich nichts übrig, als Serbien so lange zu reizen, bis Österreich die Möglichkeit erhalte, in Serbien einzumarschieren.

Eben das war es, was Pius X. wünschte, ein «typisch ‹religiöser Papst›», «rein wie eine Parzivalnatur»! Hatte er doch nicht nur wiederholt und aufs Jahr genau den (Ersten) Weltkrieg vorausgesagt, den Weltenbrand, den «Guerrone» – «La guerra che viene»: eine fast stereotype Wendung von ihm –, sondern er wollte auch die Slawen «für alle ihre Vergehen» bestraft sehn, zumal er fürchtete, sie gingen sonst samt und sonders zu Rußland über, dem «größten Feind der Kirche». «Sono tutti quanti barbari», rief er 1913. Und, kein Zweifel, vor allem Österreich-Ungarn sollte sie besiegen. Bekannte doch kein anderer als der österreichische Weihbischof und nachmalige Fürsterzbischof Waitz von Salzburg mitten im Krieg, «eine der wichtigsten Vorbereitungen» darauf sei «der Eucharistische Kongreß in Wien» gewesen. Und der Wiener Kardinal Nagel, vom Vatikan besonders geschätzt, wollte seinerzeit «im Slaventum, der unstreitig aufsteigenden Rasse... auf breiter Basis festen Fuß» fassen und geradezu «ein katholisches Slavenreich».

Unmittelbar vor Ausbruch der Katastrophe verlangte auch der spätere Vizebürgermeister Wiens, E. K. Winter, in dem katholischen Wochenblatt «Großösterreich» leidenschaftlich den Kampf:

«Seit 6 Jahren warten wir schon auf die endliche Auslösung all der drückenden Spannungen, die wir in unserer ganzen Politik so überaus qualvoll empfinden. Weil wir wissen, daß erst aus einem Krieg das neue und große Österreich, das glückliche, seine Völker befriedigende Großösterreich geboren werden kann, *darum wollen wir den Krieg*. Wir wollen den Krieg, weil es unsere innerste Überzeugung ist, daß nur durch einen Krieg in radikaler, plötzlicher Weise unser Ideal erreicht werden kann: ein starkes *Großösterreich*, in dem die österreichische Staatsidee, der österreichische *Missionsgedanke, den Balkanvölkern die Freiheit und Kultur zu bringen*, im Sonnenglanze einer großen, frohen Zukunft blüht.

Zweimal gab uns das Schicksal schon den Degen in die Faust, zweimal stießen wir ihn in die Scheide zurück. Das dritte und letzte Mal *winkt uns die Erlösung*. Noch einmal haben wir Gelegenheit, uns unserer historischen Aufgabe, *die Vormacht des Balkans zu sein*, zu erinnern, noch einmal weist uns der *Finger Gottes den Weg*, den wir gehen müssen, soll uns nicht die Sturzflut kommender Ereignisse vom Schauplatz des Lebens wegspülen, als hätte Österreich nie bestanden.

Es handelt sich um Sein oder Nichtsein! Wollen wir weiterleben als großer, kulturbringender, kraftvoller Staat in der Zukunft *unseres historischen Berufes am Balkan und in Westrußland im Namen des Katholizismus* und der europäischen Kultur gerecht werden, dann *müssen* wir zum Schwert greifen... Wir aber beten zu Gott, daß es ihnen [nämlich den versöhnungswilligen, kriegsscheuen Kreisen] diesmal nicht mehr gelänge [sich durchzusetzen], und Gott, *dessen Werkzeug wir auf Erden sind*, er wird uns hören». Soweit das von Kreisen der Hocharistokratie und Bischöfen gestützte katholische Wochenblatt. Kamen doch auch im Deutschen Reich «die lautesten Fanfarenstöße... aus der klerikalen Ecke»; forderte auch hier gerade die ultramontane Presse «die ultima ratio, die Kanonen» (Jörg).

So telegraphiert denn am 26. Juli 1914 Baron Ritter, bayrischer Geschäftsträger beim «Heiligen Stuhl», seiner Regierung: «Der Papst billigt ein scharfes Vorgehen Österreichs gegen Serbien. Der Kardinalstaatssekretär hofft, daß dieses Mal Österreich standhalten wird. Er fragt sich, wann es denn sollte Krieg führen können, wenn es nicht einmal entschlossen wäre, mit den Waffen eine ausländische Regierung zurückzuweisen, die die Ermordung des Erzherzogs herbeigeführt hat». Auch der österreichische Gesandte, Graf Moritz Pálffy, bestätigt seinem Außenminister: «Seine Heiligkeit» habe «mehrmals ihr Bedauern» bekundet, «daß Österreich-Ungarn es versäumt hat, seinen gefährlichen Donau-Nachbarn zu bestrafen»; und daß der Kardinalstaatssekretär Merry del Val am 27. Juli 1914 hoffte, die Monarchie werde «bis zum Äußersten gehen».

Am nächsten Tag erklärte Österreich, ursprünglich keinesfalls dazu entschlossen, Serbien den Krieg, gedrängt vor allem auch von Berlin. Später verbreiteten Merry del Val und andere Kurienkreise, dem (am 20. August 1914 verstorbenen) Pius X. sei durch den Kriegsbeginn das Herz gebrochen, vielleicht, wer weiß, aus Freude. Und 1954 sprach ihn Pius XII., der große Faschistenkomplize, heilig. Aber: Wenn man ihre Heiligenlegenden liest, schreibt Helvétius, findet man die Namen von tausend heiliggesprochenen Verbrechern.

Selbst der lang in Rom tätige katholische Bischof Alois Hudal – Träger des Goldenen Parteiabzeichens der NSDAP – urteilt nach Auswertung des Aktenmaterials der österreichischen Vatikanbotschaft: «In vatikanischen Kreisen wurde, wie die Botschaftsberichte zeigen, *der Krieg gegen Serbien vom Religiösen als eine Abrechnung mit dem Schisma betrachtet*, das von der russischen Kirche kulturell und wirtschaftlich gefördert unter allen Balkanvölkern eine feste Stellung einnahm, *gegen die der Katholizismus* trotz beträchtlichen Kräfteaufwandes *nicht mehr aufkommen konnte*. Die Rückkehr der Orthodoxen slawischer und rumänischer Nationalität zur römischen Kirche war in allen Balkanstaaten zahlenmäßig äußerst gering und kaum der Rede wert».

Benedikt XV. (1914–1922)

Dem Nachfolger des hl. Pius, Giacomo della Chiesa, Benedikt XV., auffallend klein, etwas verwachsen, aus altem genuesischem Adel, ging nicht der beste Ruf voraus. Er rührte von einer Episode noch unter Leo XIII. her. Dieser Papst hatte um die Jahrhundertwende einen gewissen Tarnassi, Parteigänger der Mittelmächte, als Unterstaatssekretär vorgesehen. Um den Schein der Neutralität zu wahren, brauchte man ein Gegengewicht zu dem ganz auf den russisch-französischen Kurs festgelegten mächtigen Staatssekretär Rampolla. Gerade aber als Tarnassi, tatsächlich einer der gefährlichsten Widersacher Rampollas, 1901 als Kardinal nach Rom gehen sollte, erlag er einem rätselhaften, raschen Tod. «Der vatikanische Klatsch sprach von Giftmord, denn Tarnassi starb zu sehr erwünscht, als daß es dabei nach kurialer Auffassung mit rechten Dingen zugegangen sein konnte. Als Mörder wurde von diesem Klatsch Monsignore della Chiesa genannt» (Eduard Winter).

Jedenfalls avancierte nun der Marchese, Rampollas vertrautester Schüler, statt des so jäh verblichenen Tarnassi zum Unterstaatssekretär und wurde nach Pius' X. Tod, wenn auch erst im sechzehnten Wahlgang, sein Nachfolger.

Obwohl Benedikt XV. aber ein Verfechter leonischer Politik und Parteigänger Frankreichs war, operierte er zunächst zugunsten der Mittelmächte, der uralten Strategie des Vatikans folgend: wenn irgend möglich an der Seite des Stärksten, des mutmaßlichen Siegers, zu stehn. Deutschland hatte immerhin ganz Belgien besetzt, Russisch-Polen, Litauen, hatte einen Teil Frankreichs erobert, des Baltikums, Weißrußlands; auch Serbien und Rumänien waren niedergerungen. Daß der Kurie das Schicksal Österreich-Ungarns am Herzen lag, versteht sich von selbst. Sogar der katholische Papsthistoriker Schmidlin konzediert: «Ganz natürlicherweise stand schon während des Weltkriegs bei aller Neutralität [!] im Prinzip die persönliche wie amtliche Sympathie des Papstes auf seiten des habsburgischen Doppelreiches in Anbetracht seines katholischen Charakters gegenüber dem schismatischen Rußland, protestantischen England und ungläubigen Frankreich.» Schließlich war die Doppelmonarchie die einzige dem Vatikan engverbundene Großmacht, die einen wirksamen Schutz gegen Slawismus und Orthodoxie versprach. Im Interesse seiner Ostpolitik lenkte der «Heilige Stuhl» auch Bulgarien auf der Seite der Mittelmächte in den Krieg. Und gerade im Hinblick auf das katholische Österreich-Ungarn bekräftigte Benedikt noch im Frühjahr 1915 die «absolute Identität unserer Interessen».

Auch als Italien in den «Guerrone», «nostra guerra» genannt, eintrat, den der italienische Klerus, katholische Presse und Organisationen, begeistert propagiert hatten, den man als Fortsetzung der Kämpfe gegen Österreich führte, als «Vierten Unabhängigkeitskrieg» für die «unerlösten Brüder» im Trentino und in Triest, einen Krieg, in dem man die ausrückenden Truppen, die Fahnen segnete, in dem über zwanzigtausend italienische Geistliche mit der Waffe kämpften, auch da noch stand der Papst weiter zu den Mittelmächten. Ihm und der Kurie ging es dabei sowohl um das Überleben der katholischen Donaumonarchie wie um die eigne Existenz. War doch seit Wegnahme des Kirchenstaats 1870 das Verhältnis des Römischen Stuhls zu Italien äußerst gespannt. Auch rechneten die Kurienhäupter weiter mit einem Sieg der Mittelmächte. Benedikt XV. verriet deshalb deren Generalstab am 6. Mai 1915 Italiens Kriegseintritt. Der Papst bestätigte dadurch authentisch andere ähnliche Meldungen, Österreich konnte sich auf den Angriff vorbereiten, die italienische Attacke kam sofort zum Stehen.

Erst als das «Kriegsglück» wechselte, wechselte auch der Vatikan ins Lager der Entente. Doch am 24. Mai 1919 behauptete der «Osservatore Romano»: «Der Heilige Stuhl handelte während des Krieges ständig (costantemente) zugunsten der Ententemächte (a favore delle potenze dell'Intesa), besonders zugunsten Belgiens, Italiens und Frankreichs». Und Benedikt erklärte jetzt: «Diesen Krieg hat Luther verloren».

Im Inferno selbst freilich spielte er den großen Unparteiischen, den «Friedenspapst». Während er aber den sich zerfleischenden christlichen Nationen seine schönen biblischen Sprüche zurief, Frieden, Versöhnung, Liebe, zeichnete er selber für eine Militärseelsorge verantwortlich, die den katholischen Soldaten das gegenseitige Abmurksen als höchste Pflichterfüllung befahl – die mörderischste Heuchelei der Weltgeschichte.

Wir können weder dies noch seine Schaukelpolitik verfolgen. Die Mittelmächte nannten ihn zeitweise den «französischen Papst», die Alliierten «le pape boche», er selbst beanspruchte für sich das Wort Benedikts XIV. vom «Martyrium der Neutralität». Zwar intervenierte er 1917 noch einmal zugunsten der Mittelmächte, doch nur aus Angst vor der Russischen Revolution. Sie mußte jeden Kirchenmann das Fürchten lehren, besonders einen so stockkonservativen, italienischem Hochadel entstammenden Papst, der in seiner Neujahrsbotschaft 1917 «urbi et orbi» verkünden konnte: «Vor Gott gibt es keinen Vorrang der Person, aber es steht außer Zweifel, sagt der heilige Bernhard, daß Gott die Tugend der Vornehmen angenehmer ist, weil sie heller leuchtet. Auch Jesus Christus war Adliger, adlig waren Maria und Josef», ja, der «Stellvertreter» behauptete, «Christus» habe «in hervorragender Weise mit dem irdischen Adel in Beziehung» gestanden.

Die Kurie profitierte gewaltig durch den «Guerrone». Kardinal Gasquet bekannte auf dem Katholikenkongreß in Liverpool geradezu: «Man ist zur Überzeugung gelangt, daß der am besten aus dem Krieg herausgekommene Mann der Papst war!» Nichts jedoch fürchtete er nun mehr als den Umsturz im Osten, zumal man mit Ausdehnung der Revolution auf Polen und ganz Europa zu rechnen begann. So betrachtete Benedikt die unierten Gemeinschaften als Vorposten der römischen Kirche, die von Weißrußland und der Ukraine aus vorgehen und die orthodoxe slawische Welt für das Papsttum gewinnen sollten, womit er eine antibolschewistische Politik begann, die seine Nachfolger um vieles verschärft fortsetzten.

Der «Friedenspapst» Benedikt XV. verblich 1922; zwei neue Friedenspäpste folgten.

Pius XI. (1922–1939)

Zunächst kam, nach dem vierzehnten Wahlgang, Achille Ratti als Pius XI. Und mit seiner Hilfe – Regierungsprogramm: «Friede Christi im Reich Christi» (im Evangelium heißt es: «Friede auf Erden»!) – kamen Mussolini, Franco, Hitler.

Zwar hatte Mussolini, Autor von «Es gibt keinen Gott» und «Die Mätresse des Kardinals», noch 1920 religiöse Menschen krank genannt, auf die Dogmen gespuckt und sich mit Pfaffenbeschimpfungen geschmückt «wie mit einem duftenden Blumenkranz». Doch schon 1921 rühmte er Vatikan und Katholizismus derart, daß Kardinal Ratti, ein Jahr vor seiner Papstwahl, ausrief: «Mussolini macht schnelle Fortschritte und wird mit elementarer Kraft alles niederringen, was ihm in den Weg kommt. Mussolini ist ein wundervoller Mann. Hören Sie mich? Ein wundervoller Mann!»

Papst und Duce kamen aus Mailand. Beide haßten Kommunisten, Sozialisten, Liberale. Beide verhandelten, von beiden bezeugt, noch vor der Farce des «Marsches auf Rom», vom neuen Caesar im Schlafwagen Mailand–Rom zurückgelegt. «Fünf Minuten Feuer», so damals der Chef des Generalstabs, Pietro Badoglio, «und man wird nichts mehr vom Faschismus hören». Da aber Mussolini – im Gegensatz zum früheren liberalen Regime – Presse- und Versammlungsfreiheit aufhob, die Kruzifixe in die Schulen bringen, den Religionsunterricht einführen, die Prozessionen beschützen, beschlagnahmte Kirchen und Klöster freigeben ließ, wäre man einig geworden, hätte der Atheist auch nicht vor versammelten Faschisten zur Madonna gebetet. – Anbeten fördert immer irgendeine Teufelei.

Zunächst, sein erster Dienst, rettete der Exsozialist den «Banco di Roma», dem die Kurie und mehrere ihrer Hierarchen hohe Summen anvertraut hatten, vor dem Bankrott, indem er, auf Kosten des Staates, mit rund 1,5 Milliarden Lire einsprang, worauf Kardinal Vannutelli, Dekan des «Heiligen Kollegiums», erklärte, Mussolini sei «auserwählt zur Rettung der Nation und zur Wiederherstellung ihres Glückes».

Pius XI. schränkte nun dankbar den Einfluß der antifaschistischen katholischen Volkspartei immer mehr ein, befahl ihrem Führer, dem sizilianischen Kleriker Sturzo, den Rücktritt und schließlich sogar das Ausscheiden aller Priester aus der Partei, was deren Auflösung gleichkam. Der Papst protestierte nicht einmal, als mehrere ihrer Mitglieder, darunter Geistliche, von Faschisten getötet wurden. Er protestierte erst recht nicht gegen die Ermordung einiger tausend Kommunisten und Sozialisten. Und selbst als Mussolinis erbittertster Gegner, der junge Strafrechtslehrer und Sozialistenführer Giacomo Matteotti, der sein ganzes beträchtliches Vermögen armen Bauern geschenkt, von Faschisten verschleppt, grauenvoll umgebracht wurde, die Entrüstung außerordentlich war und man vom König Mussolinis Absetzung forderte, stellte sich der «Heilige Vater» wieder auf die Seite des faschistischen Verbrechers und verkündete am 20. Dezember 1926: «Mussolini wurde uns von der Vorsehung gesandt.»

Drei Jahre später schloß man die Lateranverträge, die das Ansehen der Faschisten enorm steigerten, wie bald darauf das Konkordat mit Hitlerdeutschland das Prestige der Nazis, vor allem aber der Kurie gewaltige Vorteile brachten. Zwar verzichtete sie definitiv auf den Kirchenstaat, der im 8. Jahrhundert durch Betrug und Krieg entstanden, von den Päpsten länger als ein Jahrtausend durch Betrug und Krieg erweitert, mehrmals verloren, wiedergewonnen, 1870 jedoch endgültig beseitigt worden war. Dafür bekam der Papst aber uneingeschränkte territoriale und personelle Souveränität auf dem Gebiet der Città del Vaticano und als Abfindung das «Kapital einer Weltbank», die nach damaliger Währung ungeheure Summe von einer Milliarde Lire in Staatspapieren und 750 Millionen Lire in bar; bei fünfprozentiger Verzinsung eine Jahresrente von fast 90 Millionen. Kirchen sind Handelsvereine: ewiger Gewinn für die Gläubigen, zeitlicher für die Priester. Der Katholizismus wurde Staatsreligion, seine Kritik unter Strafe gestellt, die kirchliche Ehe der bürgerlichen ebenbürtig, die Scheidung unmöglich, der Religionsunterricht obligatorisch. Antikirchliche Bücher, Zeitungen, Filme wurden verboten. Ja, der Staat verpflichtete sich, seine ganze Gesetzgebung mit dem kanonischen Recht abzustimmen.

Die geistige Unabhängigkeit des Landes war damit abgeschafft. Was der Protest von vier Päpsten beim liberalen Italien nicht erreicht hatte, erreichte Pius XI. durch die Faschisten: die Kapitulation der Regierung. Es «waren Dinge» geschehen, «wie man sie seit über einem Jahrhundert in der Kirchenpolitik in Italien nicht mehr erlebt hatte». So gestand Rechtsanwalt Francesco Pacelli, der jahrelang, meist geheim, mit Mussolini selbst die Verträge ausgehandelt hatte, nach ihrer Ratifizierung den Titel eines Markgrafen bekam, nach Krönung seines Bruders zum Papst in den erblichen Fürstenstand erhoben wurde.

Die Kurie triumphierte. Wieder einmal rühmte Pius XI. Mussolini als den Mann, «den uns die Vorsehung gesandt», und befahl für ihn dem Klerus ein tägliches Gebet. Man feierte die Ereignisse im Beisein prominenter Prälaten, Parteiführer, Militärs unter faschistischen und kirchlichen Fahnen. Mit Italien jubelte die ganze katholische Welt, nicht zuletzt das gläubige Deutschland. In München pries Hitler die klerofaschistische Verbrüderung kaum minder als sein künftiger begeisterter Gefolgsmann Kardinal Faulhaber. Und Kölns Oberbürgermeister Konrad Adenauer, der im Winter 1932/33 auch erklärte, daß «eine so große Partei wie die NSDAP unbedingt führend in der Regierung vertreten sein müsse», prophezeite Mussolini in einem Glückwunschtelegramm, sein Name werde in goldenen Buchstaben in die Geschichte der katholischen Kirche eingetragen.

Pius XI. aber, der durch die Preisgabe der katholischen Partei und Mussolinis Erhebung in wenigen Jahren so sensationelle Erfolge erzielt hatte, versuchte nun einen ähnlichen Umsturz in Deutschland durch Preisgabe des Zentrums. Beide Male betrieb der Papst die Auflösung der katholischen Partei, um dort Mussolini, hier Hitler die Diktatur zu ermöglichen.

Der weltgeschichtliche Coup gelang über den Staatssekretär Eugenio Pacelli, später selber Papst. Bis 1929 Nuntius in München und Berlin, steuerte er die Zentrumspartei (ihr überkonfessioneller Ableger ist heute die CDU/CSU), das politische Instrument der Kurie in Deutschland, immer mehr nach rechts. Einer seiner Paladine, der nachmalige Päpstliche Kammerherr und Stellvertreter Hitlers, Franz von Papen, beseitigte im Sommer 1932 als Reichskanzler die sozialdemokratische Regierung Braun-Severing, hob das Verbot der SA und SS auf und tat alles, um Hitler an die Macht zu bringen. Zweiter im Bund: Pacelli-Freund Kaas, Professor für Kirchenrecht, der als Zentrumsführer keine wichtige Entscheidung ohne Pacellis Zustimmung fällte. Kaum hatte Kaas das Votum seiner Fraktion für Hitlers «Ermächtigungsgesetz», eilte er nach Rom. Von dort sandte er Hitler, mit dem er unmittelbar zuvor, ohne Wissen selbst seiner nächsten Parteifreunde, unter vier Augen konferiert hatte, «aufrichtige Segenswünsche», forderte die Auflösung des Zentrums, die auch prompt erfolgte, und beschwichtigte, nach Rücksprache mit dem Papst und Pacelli, viele protestierende Katholiken: «Hitler weiß das Staatsschiff wohl zu lenken. Noch ehe er Kanzler wurde, traf ich ihn wiederholt und war sehr beeindruckt von seiner Art, den Tatsachen ins Auge zu sehen und dabei doch seinen edlen Idealen treu zu bleiben...»

Nachdem nun der Führer bekommen, was des Führers war, mußte auch der Papst das Seine erhalten. Am 10. April erschienen bei ihm Papen und Hermann Göring, der bereits mit der «Nacht der langen Messer» gedroht und geäußert hatte: «Ich habe keine Gerechtigkeit auszuüben, sondern nur zu vernichten und auszurotten». Pius XI. empfing beide mit großen Ehren und war, nachdem er Hitler für sein Verbot der kommunistischen Partei schon wiederholt gelobt, abermals beglückt darüber, so sagte er, an der Spitze der deutschen Regierung eine Persönlichkeit zu sehen, die kompromißlos gegen den Kommunismus kämpfe. Und die deutschen Bischöfe, die bisher den Beitritt zur Nazipartei unter Androhung von Kirchenstrafen geschlossen verboten hatten, unterstützten sie jetzt. Doch wer den Standpunkt wechselt, muß nicht seine Überzeugung wechseln, wenn das Wechseln des Standpunkts zu seiner Überzeugung gehört.

So schloß man bereits am 20. Juli 1933 das Konkordat, das Hitler als seine «rückhaltlose Anerkennung» und einen «unbeschreiblichen Erfolg» bezeichnete, verlieh es ihm doch plötzlich vor aller Welt Legalität. Denn «in Wirklichkeit», predigte Kardinal Faulhaber 1936, *«ist Papst Pius XI. der beste Freund, am Anfang sogar der einzige Freund des neuen Reiches gewesen.* Millionen im Ausland standen zuerst abwartend und mißtrauisch dem neuen Reich gegenüber und haben erst durch den Abschluß des Konkordats Vertrauen zur neuen deutschen Regierung gefaßt...» Dabei war der «Heilige Vater» auch mit der eventuellen Mißachtung völkerrechtlicher Verträge durch Hitler einverstanden, denn er traf mit ihm schon damals, in einem geheimen Zusatzprotokoll, eine Abmachung für den Fall der allgemeinen Wehrpflicht. *Die Kurie wollte die Wiederbewaffnung Deutschlands unter Hitler – wie die der Bundesrepublik unter Adenauer!*

In Italien, wo Mussolini 1931 wünschte, «überall in diesem Land die Religion zu sehen. Man soll die Kinder den Katechismus lehren..., wie jung sie auch sein mögen», in Italien bestanden seinerzeit die Bücher der Grundschulen zu einem Drittel aus Katechismusstücken und Gebeten, zu zwei Dritteln aus Verherrlichungen des Faschismus und Krieges, den man in Abessinien auch bald vom Zaun brach.

Seit 1933 hatte Mussolini den Überfall heimlich vorbereitet; angeblich aus Raumnot. Doch gab es in Italien noch sehr viel unbebautes Land, das freilich den Großagrariern und – noch heute größter Grundbesitzer der christlichen Welt – der Kirche gehörte. Mit beiden durften es die Faschisten nicht verderben, also führten sie Krieg. «Wir pfeifen», schrie Mussolini am 6. Juli 1935 in Eboli seinen Soldaten zu, «auf alle Neger der Gegenwart, Vergangenheit und Zukunft und deren eventuelle Verteidiger», und versprach allen zusammen «Kartätschenladungen feurigen Bleis». Er war längst zum Konflikt entschlossen, er brauchte ihn. «Nein», brüllte er ein andres Mal, «auch wenn mir Abessinien auf einer silbernen Platte gereicht würde, ich will es durch einen Krieg». Während 52 Völkerbundstaaten die am 3. Oktober 1935 begonnene Aggression als einen widerrechtlichen Angriffskrieg verdammten, kannte der Enthusiasmus der italienischen Prälaten kaum noch Grenzen. Von den Kanzeln herab unterstützten sie die Parteiredner, riefen zu Spenden auf für den Sieg, opferten selber ihre goldenen Bischofskreuze, Halsketten, Ringe, Uhren (in Abessinien raubte man dann das Gold des Negus, kaiserliche Throne, Kronen, Kutschen, Säbel, Tafelgeschirre, vieles aus schwerem Gold und übersät mit Edelsteinen). Noch von Klöstern und Wallfahrtsorten forderte der hohe Klerus die Herausgabe der kostbarsten Votivgeschenke, verbot Diskussionen über die Berechtigung des Krieges, kurz, wie sogar ein Katholik schrieb: «Die gesamte Welt verdammte Mussolini, ausgenommen der Papst».

Der katholische Moraltheologe Johannes Ude, ein Österreicher, erklärte seinerzeit: «Die christlichen Kirchen und die Staaten aber sehen dieser scheußlichen Menschenschlächterei und diesem schamlosen offenkundigen Raubzug zu und schweigen. Auch Rom schweigt. Die verantwortlichen Männer haben nicht den Mut, im Namen Christi diesem satanischen Treiben in Abessinien ein ‹non licet› entgegenzurufen. So rächt sich die zwiespältige Haltung zwischen Lehre und Tun. Die Kirche aber wird so zum Gespött und zu einem schweren Ärgernis in den Augen vieler».

Rom schwieg jedoch nicht, welche Schönfärberei! Der vatikanische «Osservatore Romano» nannte 1935 den klerofaschistischen Raubüberfall ein «Werk großartiger menschlicher Solidarität». Und die vatikanische Jesuitenzeitschrift «Civiltà Cattolica» prahlte im nächsten Jahr: «Alle [!] haben dieselbe Meinung vertreten: der Krieg ist gerecht und daher auch die gewaltsame Annexion...» Mussolini sprach darum auch «mit dem Gefühl tiefster Dankbarkeit» von der «wirksamen Mitarbeit des Klerus im abessinischen Krieg... wobei ich vor allem an die Beispiele von Patriotismus denke, die viele italienische Bischöfe zeigten, als sie ihr Gold den örtlichen Stellen der faschistischen Partei überbrachten, und an die Priester, die den Widerstandswillen und die Kampfbereitschaft des italienischen Volkes stärkten».

Doch geschah das alles gegen den Willen des «Heiligen Vaters»? Im Gegenteil. Eingeflochten in viele Mahnungen zur Besonnenheit, in Aufrufe zum Frieden – Roms obligatorische Doppelzüngigkeit – verkündete Pius XI., ein Verteidigungskrieg (!) zum Zweck der Expansion (!) einer wachsenden Bevölkerung könne gerecht und richtig sein. Wiederholt nannte dies die katholische Wiener «Reichspost», in einem Kommentar von «kompetenter Seite», «eindeutig». «Indem Papst Pius XI. eindeutig [!] einen *Verteidigungskrieg* und darüber hinaus einen Kolonialkrieg, sofern er in mäßigen Grenzen bleibt und dann einer wachsenden Bevölkerung zugute kommen soll, für nicht ungerecht erklärt, will er ganz bewußt Italien in diesen umschriebenen Grenzen ein Naturrecht zugestehen – und im Rahmen dieses unvollkommenen menschlichen Rechtes ein Anrecht auch auf die Durchführung einer abessinischen Expansion.»

Einer italienischen! Und so ließ «Christi Stellvertreter» denn durch seine Bischöfe die faschistischen Greuel in Übersee als Sache «der Wahrheit und Gerechtigkeit», als «heilige Sache», «heiligen Krieg», «Kreuzzug» propagieren und preisen, als – so Kardinal Schuster, ein ganz besonderer Faschistenfreund, dessen Seligsprechung man unter dem Faschistenkomplizen Pius XII. betrieb – als «Evangelisationsfeldzug», als «Werk der christlichen Zivilisation zum Wohle der äthiopischen Barbaren»! Und während die Prälaten Waffen, Bombenflugzeuge segneten, während sie für die Abessinier zu beten befahlen und behaupteten, an ihnen eine große zivilisatorische Mission zu erfüllen, schickte man Madonnenbilder, Kanonen, Giftgas nach Afrika, und die Halbnackten dort, ohne Gasmasken, Schutzräume, lagen schließlich da, wo das aus der Luft verspritzte, hautverbrennende, lungenzerreißende Gas sie erreicht hatte, und wurden alle, tot oder halbtot, auf dem hygienischsten Weg durch Flammenwerfer beseitigt. – Zu den wichtigsten Kriegslieferanten gehörte eine vatikanische Munitionsfabrik!

Als Abessinien unterworfen war, Scharen von Mönchen, Nonnen den katholischen Heeren folgten, feierten Kardinäle und Bischöfe «das neue römische Reich, das Christi Kreuz in alle Welt tragen wird unter Führung dieses wunderbaren Mannes, des Duce». Auch Pius XI. selbst hatte teil an der «triumphierenden Freude des ganzen großen und guten Volkes über den Frieden, der», sagte er am 12. Mai 1936, «wie man hoffen und annehmen darf, ein wirksamer Beitrag, ein Vorspiel für den wahren Frieden Europas und der Welt sein wird».

Das nächste Vorspiel für den wahren Frieden erfolgte noch im selben Sommer durch den Beginn des Bürgerkriegs in Spanien, in einem von der Kirche seit Jahrhunderten bis aufs äußerste ausgebeutetem Land. Allein die Jesuiten, um nur dies zu erwähnen, kontrollierten im frühen 20. Jahrhundert ein Drittel des gesamten spanischen Kapitals. (Im späten 20. Jahrhundert besitzen sie die größte Privatbank der Welt, die Bank von Amerika, mit 51 Prozent.) Die spanische Kirche aber, eng verfilzt mit Adel und Großindustrie – «El dinero es muy catolico» (Das Geld ist sehr katholisch), ein geflügeltes Wort –, ließ seinerzeit noch Tausende in den Gefängnissen nach mittelalterlichen Methoden foltern und Hunderte erschießen. Bereits um 1910 waren über zwei Drittel aller Spanier keine praktizierenden Katholiken mehr, um 1930 die meisten Arbeiter ungetauft, schon weil ihre Eltern nie die Taufgebühr aufgebracht hätten, und 80 Prozent der Bauern noch Analphabeten. Denn, wie Bravo Murillo, ein Unterrichtsminister der Rechten, gestand, als er eine Schule für 600 Arbeiter genehmigen sollte: «Wir brauchen keine Menschen, die denken, sondern Ochsen, die arbeiten können.»

Fast ohne einen Tropfen Blut ersetzte Spanien 1931 das bestehende System durch die Republik. Doch schon 1933 – das Jahr ist kaum Zufall – forderten die dortigen Bischöfe in einem Hirtenbrief und der Papst in einer Enzyklika vom 3. Juni einen «heiligen Kreuzzug für die vollständige Wiederherstellung der kirchlichen Rechte». Francos Putsch gegen die legale Regierung begann auch mit dem Segen der Prälaten – «das Ding möchte ich einmal sehen», meint Tucholsky, «das die Kirche nicht segnete, wenn sich das für sie lohnt» –, wobei zahlreiche Kirchen als Operationsbasis gegen das Volk benutzt und über 20000 während des Krieges zerstört worden sind.

Der ganzen Welt aber täuschten die Klerofaschisten ihren Aufstand – Losung von Francos Legionären und islamischen Mauren: «Es lebe der Tod! Nieder mit der Intelligenz» – als Religionskrieg gegen den gottlosen Kommunismus vor, als einen, wie der spanische Episkopat schrieb, «Kreuzzug gegen die rote Weltrevolution» – eine vom Vatikan ebenso wie von Hitlers Propagandaminister kolportierte Geschichtsfälschung: unter den 473 Abgeordneten des Parlaments gab es 15 Kommunisten, und die kommunistische Partei Spaniens hatte nur 10000 Mitglieder!

Doch die Lüge vom Religionskrieg und antikommunistischen Kreuzzug wirkte sich auf den Entschluß fast aller europäischen Länder und der USA aus, die spanische Regierung nicht zu unterstützen. Dafür schickten die Partner des Papstes, Hitler und Mussolini, sofort Jagd-, Kampf-, Aufklärungsmaschinen – die italienischen Fliegertruppen hatten «die hl. Mutter Gottes von Loreto» zur Schutzpatronin, deren Fest die Faschisten mit besonderen Gottesdiensten und anschließenden Paraden feierten –, sie schickten Panzer, Flak, Granatwerfer und sonstiges Kriegsmaterial, ständige Lieferungen, die es der Rebellenarmee beispielsweise erlaubten, während der Schlacht am Ebro fünf Wochen lang täglich durchschnittlich zehntausend Bomben zu werfen. Als Gegenleistung aber hatte sich die Kurie verpflichtet, «in der ganzen katholischen Welt eine breit angelegte Kampagne gegen den Bolschewismus zu entfachen» (Avro Manhattan).

Als erste ausländische Flagge wehte über Francos Hauptquartier die päpstliche, und über dem Vatikan wurde bald das Banner Francos gehißt. Auch rief Pius XI. zur selben Zeit wie Hitler in Nürnberg die Welt zum Kampf gegen den Bolschewismus auf, nannte die Bombenhilfe seiner faschistischen Verbündeten «Schutz- und Heilmittel», und schlug im Sommer 1938 die Bitte der französischen und englischen Regierung, sich einem Protest gegen die Bombardierung der republikanische Zivilbevölkerung anzuschließen, rundheraus ab. Dagegen dankte er, mitten im Krieg, dem Rebellengeneral Franco für ein Huldigungstelegramm, hocherfreut darüber, «daß Wir in der Botschaft Ew. Exzellenz den angestammten Geist des katholischen Spanien pulsieren fühlen».

Nur wenige Monate zuvor hatte Deutschland Österreich annektiert und dessen Episkopat noch schneller auf Hitlers Seite sich geschlagen als 1933 der deutsche. «Nach eingehenden Beratungen haben wir Bischöfe von Österreich angesichts der großen geschichtlichen Stunden, die Österreichs Volk erlebt, und im Bewußtsein, daß in unseren Tagen die tausendjährige Sehnsucht unseres Volkes nach Einigung in einem großen Reich der Deutschen ihre Erfüllung findet, uns entschlossen, nachfolgenden Aufruf an alle unsere Gläubigen zu richten. Wir können das um so unbesorgter tun, als uns der Beauftragte des Führers für die Volksabstimmung in Österreich, Gauleiter Bürckel, die aufrichtige Linie seiner Politik bekanntgab, die unter dem Motto stehen soll: ‹Gebet Gott, was Gottes ist, und dem Kaiser, was des Kaisers ist.› Wien, am 21. März 1938. Für die Wiener Kirchenprovinz: Th. Kard. Innitzer, EB. für die Salzburger Kirchenprovinz: S. Waitz, Fürst-Erzbischof». (Waitz war es ja auch, der «eine der wichtigsten Vorbereitungen» auf den – «seit Jahren emsig und ernst» vorbereiteten – Ersten Weltkrieg den Eucharistischen Kongreß in Wien genannt hatte!)

Dem «Vorwort» der beiden Kirchenfürsten folgte die «Feierliche Erklärung»: «Aus innerster Überzeugung und mit freiem Willen erklären wir unterzeichneten Bischöfe der österreichischen Kirchenprovinz anläßlich der großen geschichtlichen Geschehnisse in Deutsch-Österreich: Wir erkennen freudig an, daß die nationalsozialistische Bewegung auf dem Gebiet des völkischen und wirtschaftlichen Aufbaues sowie der Sozialpolitik für das Deutsche Reich und Volk und namentlich für die ärmsten Schichten des Volkes Hervorragendes geleistet hat und leistet. Wir sind auch der Überzeugung, daß durch das Wirken der nationalsozialistischen Bewegung die Gefahr des alles zerstörenden gottlosen Bolschewismus abgewehrt wurde. Die Bischöfe begleiten dieses Wirken für die Zukunft mit ihren besten Segenswünschen und werden auch die Gläubigen in diesem Sinne ermahnen. Am Tage der Volksabstimmung ist es für uns Bischöfe selbstverständliche nationale Pflicht, uns als Deutsche zum Deutschen Reich zu bekennen, und wir erwarten auch von allen gläubigen Christen, daß sie wissen, was sie ihrem Volke schuldig sind. Wien, am 18. März 1938. Th. Kard. Innitzer – Hefter EB. – S. Waitz, F. E. B. – Pawlikowski EB. – Johannes Maria Gföllner – Michael Memelauer.»

Der Wiener Kardinal hatte diese Huldigung am 18. März dem Beauftragten des Führers für die Volksabstimmung in Österreich, Gauleiter Bürckel, mit den Zeilen übersandt: «Sie ersehen daraus, daß wir Bischöfe freiwillig und ohne Zwang unsere nationale Pflicht erfüllt haben. Ich weiß, daß dieser Erklärung eine gute Zusammenarbeit folgen wird. Mit dem Ausdruck ausgezeichneter Hochachtung und Heil Hitler Th. Kard. Innitzer, EB.»

Im «Altreich» beteiligten sich am 10. April 1938 die Kardinäle Bertram von Breslau, Faulhaber von München und Schulte von Köln an der Volksabstimmung. Wie die andern deutschen Bischöfe ordnete dazu auch Faulhaber, inzwischen «Widerstandskämpfer», das Läuten der Kirchenglocken an und befahl überdies seinem ganzen Klerus die Teilnahme. Begeistert forderten die Oberhirten: «Am kommenden Sonntag, dem 10. 4.: Für ein einiges, starkes Deutschland» (der Bischof von Osnabrück); «Am Sonntag ein einstimmiges Ja» (der Bischof von Bamberg); «Deutscher Mann, deutsche Frau, erfülle Deine Dankespflicht gegenüber dem Führer!» (der Bischof von Meißen); «Jede Stimme dem Führer des größeren

Deutschlands» (der Bischof von Rottenburg) et cetera, et cetera.

Derart unerschüttert durch den Kirchenkampf standen sie seit 1933 geschlossen zu Hitler. Alle lobten, priesen, bewunderten ihn (sicher viele nur nach außen: doch nur das sah, hörte, las das Volk!) für Züge, die Deutschland, mit dem «Regensburger Bistumsblatt» vom 16. April 1939, «unaustilgbar in die Weltgeschichte eingemeißelt haben. War 1935 das Jahr der Wehrhoheit, 1936 das Jahr des Einmarsches in das Rheinland, so steht 1938 vor unserem politischen Denken und volksdeutschen Fühlen als das Jahr vor uns, in dem Großdeutschland verwirklicht wurde, in dem der Traum von Jahrhunderten durch die weltgeschichtlichen Großtaten des Führers erfüllt worden ist... Nicht minder hervorstechend ist die Innenentwicklung, die Deutschland seit Jahresfrist erfuhr: der militärische Aufbau der Wehrmacht, die Sicherung der Reichsgrenzen, der wirtschaftliche Ausbau nach den Zielen des Vierjahresplanes, der mächtige Aufschwung des Verkehrswesens, die Weiterführung der Reichsautobahnstraßen, die Bestandsmehrung an Kraftfahrzeugen, die gewaltige Erhöhung des Schiffsraumes und der Flugzeugindustrie sowie vieles andere – welche Unsumme von Fleiß und Erfolg, verbunden mit dem Namen Adolf Hitler, ist darin beschlossen!»

Auch «Widerstandskämpfer» von Galen unterschrieb alle gemeinsamen pronazistischen Hirtenbriefe, auch jenes Schreiben, worin die deutschen Bischöfe noch Ende 1941 zusammen versicherten, Hitlers Politik «immer wieder» und «eindringlichst» unterstützt zu haben! Sein grauenhafter Krieg, den sie ausnahmslos förderten und zu fördern hießen, entsprach nach ihnen, im selben Jahr in corpore bekannt, «dem heiligen Willen Gottes». Und im August 1942 verkündete auch der katholische Feldbischof der Wehrmacht, Rarkowski: «was der Führer und Oberste Befehlshaber der Wehrmacht euch Soldaten befiehlt und die Heimat erwartet: Hinter all dem steht Gott selbst mit seinem Willen und seinem Gebot!»

Denn noch in den letzten Jahren des Infernos hielten sie zu Hitler. Noch 1944 und 1945 predigt der Bamberger Erzbischof

Kolb, nach dem die Stadt dankbar eine Straße nennt: «Wenn Armeen von Soldaten kämpfen, dann muß eine Armee von Betern hinter der Front stehen» ... «Christus erwartet, daß wir gehorsam wie Er das Leiden willig übernehmen und das Kreuz tapfer tragen». Noch am 22. Januar 1945 eifert der Bischof von Würzburg: «Stellt euch aber auch auf Seiten der staatlichen Ordnung! ... Im Geiste des heiligen Bruno darf ich euch zurufen: Erfüllet gerade in Notzeiten eure Pflichten gegen das Vaterland! ... *Nehmet ... alle Heimsuchungen auf euch, Gott zulieb! Diese Opfer werden dann Sprossen in eurer Himmelsleiter. Im Opfer wirket ihr euer Heil.*» Noch 1945 feuert auch Prälat Werthmann, der Stellvertretende Armeebischof, Hitlers Truppen an: «Vorwärts, christliche Soldaten, auf dem Weg zum Sieg!»

Zurück zu den Päpsten, ohne deren Placet die Bischöfe Hitler nie derart beigestanden hätten.

Nach Niederringung der spanischen Republik mit Hilfe von Berlin und Rom – die Hilfe Moskaus für die spanische Regierung hatte erst Monate später eingesetzt – beglückwünschte der kurz zuvor gekrönte Pius XII., Eugenio Pacelli, am 1. April 1939, Franco: «Indem wir Unser Herz zu Gott erheben, freuen Wir uns mit Ew. Exzellenz über den von der katholischen Kirche so ersehnten Sieg. Wir hegen die Hoffnung, daß Ihr Land nach der Wiedererlangung des Friedens mit neuer Energie die alten christlichen Traditionen wiederaufnimmt!»

Der Klerus erhielt nun erneut den größten Einfluß in Spanien. Rede-, Presse-, Versammlungsfreiheit wurden aufgehoben; Literatur, Film, Funk unter strenge Zensur gestellt; alle Parteien, außer der faschistischen, doch einschließlich der katholischen, verboten, da Franco die Interessen Roms jetzt viel erfolgversprechender vertrat. (Schutzpatronin der weiblichen Abteilung der Falange wurde die hl. Theresia von Avila, die größte katholische Mystikerin!) Auch unter Mussolini und Hitler hatte der Vatikan die katholischen Parteien aufgelöst. Es war dasselbe blutige Spiel. Und obwohl bereits im Bürgerkrieg ungefähr 600000 Spanier umgekommen waren, ging danach das Morden Francos weiter, dessen «sehr edle christliche Gefühle» Kardinalstaatssektretär Pacelli schon während des

Putsches gerühmt. Graf Ciano, der italienische Außenminister, schätzte, daß seinerzeit täglich in Sevilla 80, in Barcelona 150, in Madrid 200 bis 250 Hinrichtungen stattfanden. Nach offiziellen Statistiken der spanischen Regierung ließ Franco vom Ende des Bürgerkrieges 1939 bis zum Frühjahr 1942, also in Spanien im Frieden, in der Zeit, da er auf Wunsch Pius des Zwölften begann, «die alten christlichen Traditionen» wiederaufzunehmen, mehr als 200 000 Menschen erschießen.

Pius XII. (1939–1958)

Der neue Papst hatte als Nuntius dreizehn Jahre in Deutschland gelebt, bewunderte die «großen Eigenschaften dieses Volkes» und umgab sich mit Deutschen. Er wurde von Kaas, dem früheren Zentrumsvorsitzenden, beraten, ebenso von dem deutschen Jesuiten Hentrich, dem deutschen Jesuiten Gundlach, dem deutschen Jesuiten Hürth. Er hatte einen deutschen Privatsekretär, den Jesuiten Leiber, und einen deutschen Beichtvater, den Jesuiten Bea. Der deutsche Pater Wüstenberg amtierte an maßgebender Stelle im Staatssekretariat. Und sogar die dem «Heiligen Vater» besonders nahestehende Nonne Pasqualina Lehnert, von frivolen Zungen «La papessa», «die Päpstin», auch «virgo potens» genannt, die ihm bereits im unkanonischen Alter von dreiundzwanzig Jahren diente – in den deutschen Nuntiaturen mit Dispens Benedikts XV., in den vatikanischen Palästen mit Dispens Pius des Elften, und endlich im eigenen päpstlichen Appartement, wohin sie, «da das Appartement sehr groß war», noch andre Schwestern holte, mit der Dispens von Papst Pacelli selbst –, sogar die ihm nächststehende Nonne stammte aus Bayern. Ja, nicht bloß die beiden prächtigen Perserkatzen des Papstes hießen «Peter» und «Mieze», auch die Kanarienvögel (Lieblingsvogel «Gretchen», ganz in Weiß) und «die anderen Vöglein, von denen es viele in den päpstlichen Gemächern gab», hatten meist deutsche Namen. Vatikanbesucher fanden, der Pontifex maximus lebe «auf einer deutschen Insel», sprachen vom

«Papst der Deutschen», oft geradezu der «deutsche Papst» genannt.

Im Kirchenkampf mit Hitler, dessen Machtergreifung, vom Berliner Nuntius offen bejubelt, Pacelli selber über Papen und Kaas entscheidend gefördert, wie er ja auch die massiv profaschistische Politik seines Vorgängers, zumal vor und während des abessinischen, des spanischen Krieges, maßgeblich beeinflußt hatte –, im Kirchenkampf war der «deutsche Papst» immer auf Vermittlung bedacht. Denn wenn Pius XII. selbstverständlich auch keine Sympathie für Hitlers Antiklerikalismus zeigte, diesen vielmehr stets verdammte, so schätzte er doch seine Vernichtung der Liberalen, Sozialisten, Kommunisten und erwartete von ihm, ohne Zweifel, die Vernichtung des Bolschewismus überhaupt. Er hoffte, was das Papsttum im Ersten Weltkrieg mit Habsburg und dem deutschen Kaiser verfehlte, nun im Zweiten Weltkrieg – 25 000 Tote täglich, Tagesumsatz zwei Milliarden Mark – mit Hitler zu erreichen: die Katholisierung des Balkans und die Unterwerfung der Russisch-Orthodoxen Kirche.

Deshalb förderte das traditionell in Jahrhunderten denkende Rom, trotz des Kirchenkampfes, die Innen- und mehr noch die Außenpolitik der antiklerikalen Nazis. Deshalb wurde das Tagesorgan der Kurie alsbald angewiesen, polemische Artikel, besonders politischer Art, zu unterlassen. Deshalb gab Pius XII. seine Wahl, wie er selbst betonte, als erstem Staatsoberhaupt dem «Führer» bekannt und flehte brieflich, nach dessen bereits siebenjähriger Terrorherrschaft, «mit den besten Wünschen den Schutz des Himmels und den Segen des allmächtigen Gottes» auf einen der größten Verbrecher aller Zeiten herab. Deshalb ließ er ihm nach dem Attentat im Herbst 1939 durch seinen Nuntius persönliche Glückwünsche zu der Rettung aus großer Gefahr übermitteln, und auch Kardinal Faulhaber beglückwünschte Hitler im Namen der bayerischen Bischöfe. («Wir alle danken dem Herrgott für sein gnädiges Walten», schrieb das Regensburger Bistumsblatt nach dem «verbrecherische[n] Anschlag ... auf das Leben des Führers und Reichskanzlers». «Wir alle beten aus Herzensgrund: Herr, nimm Du den Führer und unser ganzes deutsches Volk allerzeit in Deinen gewaltigen Schutz!») Deshalb erklärte Pius XII. kurz nach dem deutschen Angriff auf die Tschechoslowakei, daß er gewillt sei, «für Deutschland viel zu tun». Deshalb verurteilte er auch Hitlers Vorstoß auf das katholische Polen mit keinem Wort, während der deutsche Feldbischof Rarkowsky «bei diesem Einsatz» wie mit Goebbels' Zungen «das leuchtende Vorbild eines wahrhaften Kämpfers, unseres Führers und Obersten Befehlshabers» allen katholischen Soldaten eindringlich zur Nachahmung empfahl.

Deshalb fehlte es dem Papst eine Woche nach dem Überfall auf Rußland «nicht an Lichtblicken», wie er in einer Rundfunkbotschaft frohlockte, «die das Herz zu großen, heiligen Erwartungen erheben; großmütige Tapferkeit zur Verteidigung [!] der Grundlagen der christlichen Kultur und zuversichtliche Hoffnungen auf ihren Triumph» – womit der «Stellvertreter Christi» ja kaum die roten Armeen gemeint haben konnte; zumal schon ein Jahr vor Hitlers Rußlandattacke jesuitische Absolventen des römischen Collegium Russicum in Verkleidung und unter falschem Namen die sowjetische Grenze überschritten hatten, um im vatikanischen Auftrag Spionagetätigkeit zu treiben. Deshalb kam Hitlers Unterstaatssekretär Luther in einem längeren Memorandum zu dem Schluß: «Seit Anfang des Krieges hat der gegenwärtige Papst seine politischen Pläne auf den Sieg der Achsenmächte gegründet.» Deshalb resümierte der Leiter des Geheimdienstes, SS-Obergruppenführer Schellenberg, in einem fünfseitigen Bericht über ein Gespräch mit dem Papst: «Der Papst wird sein möglichstes tun, um einen deutschen Sieg zu sichern. Sein Ziel ist die Zerstörung Rußlands.» Deshalb brachte Pius XII. – während er unermüdlich «Friede, Friede» rief – mitten im Krieg «nicht nur wärmste Sympathie für Deutschland, sondern auch Bewunderung großer Eigenschaften des Führers» zum Ausdruck und ließ diesem, gleich durch zwei Nuntien, übermitteln, er wünsche «dem Führer nichts sehnlicher als einen Sieg»! Hatte er doch schon 1939 betont, daß der «Führer» das legale Oberhaupt der Deutschen sei und jeder sündige, der ihm den Gehorsam verweigere. Deshalb versuchte dieser Papst auch noch nach dem Krieg – in Europa wieder vor allem auf einen deutschen Kanzler, Adenauer, gestützt –, mit unversöhnlichem Starrsinn seine Katastrophenpolitik fortzusetzen, wobei er wiederholt sogar den Atomkrieg erlaubte, offensichtlich bemüht, rückgängig zu machen, was er selber mitverschuldet, mitverloren hatte, auch wenn es zehnmal soviel Opfer kosten würde.

Johannes XXIII. (1958–1963)

Pius XII. starb, tiefbetrauert von der Welt, Anfang Oktober 1958. Und als habe es dem Heiligen Geist angesichts der vordem erwählten «Stellvertreter» selbst gegraut, erkor er nun einen ihnen höchst konträren Typ, Giuseppe Roncalli, den Patriarchen von Venedig. Als Johannes XXIII. nach seiner Wahl erstmals auf der Loggia über dem Petersplatz stand, rief eine Dame «Un grasso» (ein Dicker!) und fiel in Ohnmacht. Gab und gibt es doch genug Katholiken, die Päpste auch nach der guten Figur beurteilen, die sie haben (nicht etwa machen). Und obwohl Shakespears Julius Caesar ruft: «Laßt dicke Männer um mich sein...», mußte Johannes XXIII. für ästhetische Gemüter, gar neben dem asketischen Pacelli, dem «Angelo bianco», dem weißen Engel, wie man in Rom, dem Menschen «wie ein Lichtstrahl», wie Reinhold Schneider schwärmte, mußte der dicke Johannes vernichtend wirken, so wenig vernichtend sein Wirken, im Unterschied zu dem seines Vorgängers, war.

Ist dieser Papst doch, persönlich, ein im besten Wortsinn menschlicher Mensch gewesen, eine wirklich gütige Natur, nicht ohne Charme, einfach, unkonventionell. Entgegen dem Brauch verließ er gern seinen goldnen Käfig, setzte sich in die Eisenbahn, machte kleine Wallfahrten – Johnny Walker nannten ihn die Amerikaner, und die Römer: Giovanni fuori le mura. Jede Religion lebt auch davon, daß ein Teil ihrer Diener mehr taugt als sie. Und manchmal, selten genug, taugt sogar ein Papst mehr als das Papsttum.

Johannes war beliebt bei den Schäfchen, belastete sie nicht durch ihr Leben erschwerende Dekrete, bemühte sich um Aussöhnung auch mit dem Judentum, um Überwindung des Rassenhasses überhaupt. Anstelle der angeblichen Neutralitätspolitik Pacellis erstrebte er vielleicht eine wirkliche, bekanntestes Dokument dafür: seine Enzyklika «Pacem in terris» (1963). Und anstelle des über Millionen Leichen gehenden Antikommunismus seiner Vorgänger initiierte er eine vorsichtige, vielberufene «Öffnung nach links»; im Gegensatz übrigens zu seiner Haltung als Kardinal, wobei diese neue elastischere Tendenz eben auch den neuen weltpolitischen Realitäten Rechnung trug.

Daß Johannes XXIII. andrerseits das Geschöpf seiner katholisch-theologischen Erziehung und der Gefangene des kurialen Machtapparats war, zeigt erschreckend deutlich seine Enzyklika «Mater et Magistra» (1961). Restlos steckt sie in der von früheren «Sozialenzykliken» vorgestanzten Sackgasse; in elenden und buchstäblich elend machenden Gedankengängen, mit denen die «Heiligen Väter» stets kaum glaublich allgemein um die eigentlichen Probleme herumreden und das schreiende Mißverhältnis zwischen Habenden und Habenichtsen kriminell verharmlosen.

Bezeichnend auch, daß Roncalli das soziale Experiment der französischen Arbeiterpriester, das er selbst als Nuntius in Paris gefördert, als Papst sofort aufgelöst hat, weil er das Gift marxistischer Infizierung seiner Kleriker fürchtete. Bezeichnend weiter, daß er das Thema «Ehe oder Ehelosigkeit der Priester» auf dem von ihm einberufenen Konzil nicht zuließ; daß er die Emanzipation der Frau ablehnte und von ihrer Ordination in der Kirche nichts wissen wollte; daß er, wie ökumenisch, brüderlich auch immer sein Umgang mit Orthodoxen, Protestanten war, nie den geringsten Zweifel daran ließ, Vereinigung sei nur denkbar durch «Rückkehr» aller Schafe in den römischen Stall.

Obwohl aber dieser persönlich warmherzige und, sieht man von seinem Amt einmal ab, wovon man freilich nicht absehen kann, sympathische Mann dogmatisch kein Abweichler oder gar Kryptokommunist, sondern ganz linientreu gewesen ist, fiel er für viele Hierarchen derart aus der papalen Rolle, daß man, besonders in Rom, bald nur einen «Unglücksfall» in ihm sah, ja, Kurienkardinal Ottaviani nach dem schweren Tod des Papstes erklärte, er war dem «heiligen Wahnsinn» verfallen.

Paul VI. (1963–1978)

Noch auf dem von der düpierten Welt mit so viel blödsinnigen Hoffnungen begleiteten Konzil kehrte man darum unter Roncallis Nachfolger, dem Mailänder Erzbischof Montini, Paul VI., in jeder Hinsicht zur Tradition zurück. Die Konzilsdiskussion wurde noch mehr eingeschränkt, vieles überhaupt als indiskutabel ausgeklammert und der Bitte, Johannes XXIII. durch Akklamation heiligzusprechen, hat Paul VI. nicht entsprochen, sondern den Heiligsprechungsprozeß, vielsagend genug, davon abhängig gemacht, daß gleichzeitig Pius XII. kanonisiert werde, aus dessen Schule er, Montini, selber kam.

Bereits in seiner ersten Enzyklika «Ecclesiam Suam» (1964) dämpfte der einerseits entscheidungsscheue, ängstlich mißtrauische, andererseits autoritätsbewußte und neoabsolutistische Pontifix mächtig die Hoffnungen, die anscheinend die halbe Welt nach jedem Konklave in so absurder Weise heimsuchen, als könnte irgendein Papst, egal welcher, aus dieser Institution noch etwas Besseres machen. Seine Rundschreiben über das Zölibat und «Humanae vitae» waren erzreaktionär. Er befahl weiter eine mittelalterliche Sexualmoral und lehrte weiter, an den Teufel glauben. Zu den lateinamerikanischen Folter- und Mörderregierungen hat dieser Papst, der kaum eine Gelegenheit verstreichen ließ, ohne das Unheil der Welt salbungsvoll zu beklagen, gewöhnlich eisern geschwiegen – falls er nicht und gerade dort gegen die «Ungeduld» der Geschröpften, Todbedrohten, gegen die Revolution gepredigt, gegen Gewalt, sei sie doch «nicht evangelisch, nicht christlich, der Umsturz trügerisch». Auch empfing er den Schrecken Afrikas, den Bluthund Amin, in feierlicher Audienz. Und sein Kardinal Spellman, als Pacelli-Intimus schon bewährt im Zweiten Weltkrieg und, auf einem Höhepunkt des Kalten Krieges, mit Verteidigungsminister Strauß am Eisernen Vorhang hervorgetreten, schrie jetzt als amerikanischer Armeebischof im Vietnamkrieg, die Amerikaner verteidigten in Vietnam die Sache Gottes, der Gerechtigkeit, der Zivilisation. Doch während der Kardinal, der in der Wallstreet fast mehr zu Hause war als in seiner Kirche, den totalen Sieg forderte («Weniger als Sieg ist undenkbar»), während er Brandreden hielt, daß sich sogar, was etwas heißen will, Washington betroffen zeigte, wiederholt, während er also tat, was der Klerus auch im Ersten Weltkrieg, im Zweiten tat, während er hemmungslos zum Schlachten, zum Töten aufrief, rief Papst Paul, wie Benedikt XV. im Ersten, wie Pius XII. im Zweiten Weltkrieg, nun während des Vietnamkrieges: Friede, Friede, Friede. Jeder Papst ein Friedenspapst!

Und jeder ein Papst der Armen auch. Und selber arm. Arm wie eine Kirchenmaus. Oder wie Pius XII. Wie sein Nachfolger Paul. Von rund 500 registrierten vatikanischen Autos standen Seiner Heiligkeit selbst nur ganze drei zu; ein bescheidner Mercedes 600, Spezialausführung, darunter, für den Nachfolger des armen Menschensohnes eigens gebaut und durch Vermittlung des gleichfalls armen Heilig-Grab-Ritters, des Bankiers Abs, geschenkt. Ja, wenn die Armen nicht zusammenhalten! Auch hatte Paul der Darbende in der «Stadt der barraccati», der Slums, der Elendsquartiere, im «Heiligen Rom» eben, lediglich eine Notunterkunft, 13 Zimmer bloß für sich persönlich, und nur fünf Diener beziehungsweise Dienerinnen fürs Nötigste, tausend andre Miseren beiseite. Ach, der arme Papst! Wie begreiflich, daß er die Menschheit, zumal die katholische, von Zeit zu Zeit «an Unsere heilige Armut und den Mangel Unserer Geldquellen» erinnerte...

Wahrhaftig, wie heruntergekommen war man! Am 25. und 26. April 1973 erschien der Leiter der Abteilung für Organisiertes Verbrechen und Korruption nicht etwa in Moskau, sondern beim amerikanischen Justizministerium, Lynch, begleitet von Polizei- und FBI-Beamten, im päpstlichen Staatssekretariat und präsentierte «das Originalschreiben, in dem der Vatikan» bei der New Yorker Mafia «gefälschte Wertpapiere im fiktiven Gegenwert von nahezu einer Milliarde Dollar bestellte», «eine der größten Betrügereien aller Zeiten» (David A. Yallop).

Paul VI. überstand dies, bei zufriedenstellender Gesundheit, immerhin fünf Jahre noch. Er war abgehärtet durch vielerlei Not – zudem ein Zauderer, ein Intellektueller (der einzige päpstliche wohl in diesem Jahrhundert), den der nicht unwitzige Kardinal Felice, von Nachfolger Luciani nach Pauls Haltung zur Freimaurerei befragt, mit dem köstlichen Satz charakterisierte: «Der Heilige Vater war noch dabei, sich eine Meinung zu bilden, als er starb.»

Johannes Paul I.
(26. August – 28. September 1978)

Albino Luciani bildete sich oft gleich eine Meinung und nicht selten sogar die richtige, der er auch rasch Taten folgen ließ; was freilich wieder zur Folge hatte, daß er nicht, wie sein Vorgänger, eineinhalb Jahrzehnte pontifizierte, sondern nur einen Monat.

Der einstige Patriarch von Venedig, Sohn eines Arbeiters, eines christlichen Sozialisten, Klerusgegners, war absoluter Außenseiter, ein Frühaufsteher, der wenig aß, Mineralwasser trank, gelegentlich Antichristen wie Mark Twain oder George Bernard Shaw zitierte, eine gewisse Geradlinigkeit liebte, Rechtschaffenheit, Konsequenz, kurz, ein Kirchenfürst, der viele Voraussetzungen hatte, selbst einem so weithin beliebten Papst wie Johannes XXIII. den Rang abzulaufen – hätte man ihn eben laufen lassen.

Dazu aber war er vielen viel zu gefährlich. Denn das Bild, das sofort nach seinem Tod gerade jene Kurienkreise kolportierten, die an seinem Verschwinden das größte Interesse hatten, das Bild eines ewig lächelnden, lahmen, tolpatschigen Provinzapostels, war nichts als ein widerliches Zerrbild.

Lucianis Gefährlichkeit signalisierten schon scheinbare protokollarische Bagatellen, etwa daß er sich den Kniefall der Gardisten verbat, sobald sie ihn nahen sahen («Wer bin ich, daß sie vor mir in die Knie gehen müßten?») – während vor Paul VI., zumindest zeitweise, Kleriker und Nonnen knieten, selbst wenn sie nur mit ihm telefonierten.

Weit bedenklicher erschienen natürlich drohende theologische Neuerungen; beispielsweise daß der Papst in Gott mehr die Mutter herausstellen wollte; daß er, politisch hochbedeutsam, ein Befürworter der künstlichen Geburtenregelung war. Nach einer entsprechenden Unterredung mit seinem Staatssekretär Villot begleitete er diesen zur Tür und sagte: «Eminenz – wir haben jetzt eine Dreiviertelstunde lang über Empfängnisverhütung diskutiert. Wenn die Angaben, die man mir gegeben hat, die verschiedenen Statistiken, wenn diese Angaben stimmen, dann sind in der Zeit dieses unseres Gesprächs über 1000 Kinder im Alter von weniger als fünf Jahren an Unterernährung gestorben. In der nächsten Dreiviertelstunde, während Sie und ich uns auf unsere nächste Mahlzeit freuen, werden wiederum 1000 Kinder an Unterernährung sterben. Morgen um diese Zeit werden 3000 Kinder, die in diesem Moment noch am Leben sind, tot sein – an Unterernährung gestorben. Nicht immer sorgt der Herr dafür, daß uns nichts mangelt.»

Dies verrät mehr über Albino Luciani als lange Abhandlungen.

Am gefährlichsten aber wurde Johannes Paul I. durch seine intendierte Personalpolitik – stets der heikelste Bereich der Politik, übrigens auch der wichtigste, woran jede Politik, gerade die beste, gewöhnlich scheitert. Der Papst, der im Vatikan «einen Marktplatz» sah, beabsichtigte dort und anderweitig eine rasche, energische Säuberung, wobei führende Männer auf seiner Abschußliste standen, selbst der Kardinalstaatssekretär und Freimaurer Jean Villot (aufgenommen in eine Züricher Loge am 6. August 1966); oder der eng mit den – inzwischen höchstwahrscheinlich ermordeten – Mafia-Bankiers Calvi und Sindona verfilzte Präsident der Vatikanbank Bischof Paul Marcinkus; oder dessen Freund Erzbischof Cody von

Chicago, und dieser ganz gewiß nicht nur, weil er enorme Kirchengelder an eine Freundin verschleuderte, die er sogar nach Rom zu seiner Kardinalsernennung mitbrachte.

All die Genannten und andere mehr hatten durch Papst Johannes Paul I. um ihre Macht, ihre Stellung, ihr Ansehen zu bangen (Marcinkus wäre schon am Tag nach Lucianis Tod gefeuert worden), und angesichts dieser Situation sowie dem ganzen Netz an Seltsamkeiten, Dementis, Widersprüchen, Lügen, womit die Kurie diesen Tod umgab, erscheint sozusagen nichts natürlicher als ein unnatürlicher Tod Lucianis. Läßt sich die Ermordung auch nicht zweifelsfrei erweisen, spricht doch sehr viel mehr dafür als dagegen, ist David A. Yallops Indizienkette bestürzend dicht, und der Ausspruch des Abtes Ducaud-Bourget, eines erzkonservativen Kirchenmannes, nur zu begreiflich: «Angesichts all der Geschöpfe des Teufels, die im Vatikan hausen, ist es schwer, daran zu glauben, daß es ein natürlicher Tod war.» (Immerhin übernahm kein kurialer Arzt durch Erstellung eines Totenscheins die Verantwortung für die Beglaubigung der Todesursache.)

Um das blitzschnell die Welt durcheilende Gerücht von der Ermordung des Papstes zumindest vorübergehend zu dämpfen und durch ein neues Spektakel abzulenken, wählte man so schnell wie möglich, am 16. Oktober bereits, einen Nachfolger.

Johannes Paul II. (1978–)

Der Kardinal von Krakau, Karol Wojtyla, soll den Römischen Stuhl durch ein Geflecht politischer Querverbindungen erklommen haben, das von westdeutschen und amerikanischen Kardinälen über den CIA, in dessen Analyse er am besten abschnitt, über das berüchtigte Opus Dei, dessen Leiter er schon wenige Tage nach seiner Wahl empfing, bis in die Kurie reicht. Erzreaktionär propagiert er, nicht ohne etwas bauernschlauen slawischen Charme, betont offensiv Optimismus; sicher eine Haltung, die in bewußtem Gegensatz zum eher defensiven skeptischen Konservativismus seines Vorgängers Paul VI.

steht. Und als «Reisepapst» macht er seit fast einem Jahrzehnt mehr Schlagzeilen als irgendein anderes Regierungshaupt der Welt.

Im übrigen aber blieb alles beim alten: Kardinal Cody blieb in Chicago, Kardinal Villot blieb Staatssekretär, Erzbischof Marcinkus, tiefverstrickt in Mafia- und andere finstere Geschäfte, blieb Präsident der Vatikanbank, ja, Johannes Paul II. beförderte ihn 1981 zum Pro-Präsidenten der Kommission für den Vatikanstaat, den er dann längere Zeit nicht mehr verlassen konnte, weil die italienische Polizei hinter ihm her war!

Auch sonst gab es keine Veränderungen. Vielmehr setzte Karol Wojtyla den Antikommunismus und Antisowjetismus der letzten Pius-Päpste fort, wenn auch, den politischen Umständen entsprechend, vorsichtiger. Doch ist klar, daß er nicht zuletzt einer entschiedenen antimarxistischen Haltung mit Ost-Erfahrung sein Papsttum verdankt, wobei er sich resolut auf die Seite der USA stellt, aus der die Kurie auch ihre Haupteinnahmen bezieht.

Zwei Schauplätze vor allem enthüllen die päpstliche Strategie, eine Doppelzüngigkeit von höchster Eindeutigkeit: Lateinamerika und Polen.

Besonders in Lateinamerika läßt Johannes Paul II. nichts unversucht, um einerseits die Gunst der Machthaber, andrerseits den Einfluß auf die unterdrückten katholischen Massen zu behalten, und er unterzieht sich diesem halsbrecherischen Balanceakt nicht ohne ein gewisses Geschick, freilich nur infolge der Gutgläubigkeit großer Volksteile vorerst und mit Hilfe handgreiflicher Lügen. So behauptet der «Stellvertreter Christi», wie er sich selber nennt, seine Reisen hätten «ausgesprochen pastorale Ziele», die Mühen der Kirche als «Expertin der Menschlichkeit» (Paul VI.), als «Verteidiger der Menschenrechte», besäßen «immer einen religiösen Charakter», «nicht einen sozialen oder politischen», ja, die Kirche habe gar «nicht den Wunsch, sich in die Politik einzumischen».

In Wirklichkeit treibt sie, religiös verbrämt, nur Politik, hat alles, was durch sie geschieht, politische Folgen; sucht der Papst in Südamerika um jeden Preis die vorrevolutionäre Situation zu entschärfen, um Macht und Geld der Herrschenden auch weiter zu sichern; agiert er hier, wie überall, in engstem Einvernehmen mit den USA über grauenhafte Not und ungezählte Leichen hinweg.

Zwar bemerkt selbst er in «gewissen Gebieten des ‹Kontinents der Hoffnung›» in «wahrhaft entmutigend hohem Maß ungesunde Verhältnisse, Armut und sogar Elend, Unwissenheit und Analphabetismus, unmenschliche Lebensbedingungen, chronische Unterernährung und viele andere nicht weniger traurige Übel». Doch fordert er stets nur ganz allgemein, ganz schwächlich Gerechtigkeit, gerechte Verteilung der Güter, Wahrung der Menschenrechte. Er lehnt es entschieden ab, «die Geburtenrate zu senken», die unerläßliche Voraussetzung jeder Minderung der Massennot. Er verwahrt sich dagegen, «daß die notwendigen Veränderungen zur Erreichung einer größeren [!] Gerechtigkeit gewaltsam, revolutionär und unter Blutvergießen durchgesetzt werden» – während die Päpste doch das Blutvergießen im Krieg durch ihre Militärseelsorge befehlen, forcieren, und mit welchen Tönen!

Aber Päpste stehen immer auf der Seite der Mächtigen, der Reichen, zu denen sie selber zählen. Wollen jene Krieg, dann auch sie. Wollen jene keinen, dann oft auch sie nicht. «Hegt keine Gefühle des Hasses oder der Gewalt», rief Wojtyla schön christlich den ausgebeuteten Indios und Campesinos zu. «Selig, die arm sind vor Gott; denn ihnen gehört das Himmelreich», tröstete er die Arbeiter im Morumbi-Stadion in São Paulo. Und mit derselben Bibelphrase wartete er schamlos auch im Elendsviertel Vidigal in Rio de Janeiro auf. Nichts als leere Worte! «Ihr Familien, die ihr unter Armut leidet, laßt euch nicht entmutigen, betrachtet weder den Kampf als euer Ideal noch den Reichtum für den Inbegriff des Glücks, sondern bemüht euch, mit Hilfe aller anderen die schwierige Durststrecke zu überwinden, bis bessere Tage kommen...» – im Jenseits! –, «bemüht euch, den Schmerz durch die Hoffnung zu überwinden» – bis zum Sankt-Nimmerleins-Tag!

Den Hungernden sagt dieser Papst: «Die ‹Armen vor Gott› sind auch die ‹Reichen›». Er lehrt sie, daß Christus den Reichen nicht verdamme, «weil er reich ist», daß er nur den egoistischen Gebrauch materieller Güter verwerfe, nicht deren Besitz! Das Volk sei «eine Familie». «Wir sind die Familie der Kinder Gottes», predigte er vor den Landarbeitern in Recife und forderte die armen Teufel auf, alles zu bewahren, «was im bürgerlichen Zusammenleben legitim ist, die Liebe zur Harmonie und zum Frieden, das Vertrauen auf Gott und die Öffnung für das Übernatürliche, die Verehrung Unserer Lieben Frau usw.»

Usw.!

Daß «Jesus politisch engagiert», «sogar in einen Klassenkampf verwickelt gewesen sei», dies «Verständnis von Christus als Politiker, Revolutionär und Umstürzler» verurteilte der Papst und sprach statt dessen von einer «ganzheitlichen Erlösung durch eine Liebe, die verwandelt, Frieden stiftet, verzeiht und versöhnt». Und im Sinne solch verzeihender, versöhnender Liebe verweigerte Johannes Paul II. dem Priester und nicaraguanischen Minister Ernesto Cardenal die Hand, drückte aber kurz darauf um so herzlicher die des Diktators Rios Montt in Guatemala oder die des Romero-Mörders D'Abuisson in El Salvador!

«Euer Hunger nach dem Absoluten», wandte er sich an die Jugend, «kann nicht gestillt werden durch Surrogate von Ideologien, die zu Haß, Gewalt, Verzweiflung führen. Nur Christus, aufrichtig gesucht und geliebt, ist die Quelle der Freude...» Er war ja selber «als Armer und Hilfsbedürftiger unter den Menschen», wurde selber «arm geboren..., um uns durch seine Armut reich zu machen». Und arm wie er war auch seine Mutter. «Wenn ihr Sorgen habt und an Grenzen stoßt, denkt daran, daß Gott eine arme Mutter auserwählte...» Die Freude, die von Jesus Christus komme, übersteige «jedes Leid und jede Mühsal». «Das ist die wahre Befreiung: Jesus zu verkünden». «Laßt euch nicht zu Werkzeugen machen!» Ja – besonders nicht durch Rom!

Entschieden wendet sich der Papst gegen den «atheistischen Humanismus». Immer wieder betont er, daß die Kirche «es nicht nötig hat, zu Systemen und Ideologien ihre Zuflucht zu nehmen», daß sie «zu keiner Art von Gewaltanwendung, noch zur Dialektik des Klassenkampfes» greife, «noch zur marxistischen Praxis oder Analyse». «Die Ablehnung des Klassenkampfes ist eine entschlossene Entscheidung zum edlen Kampf für soziale Gerechtigkeit». Der Klassenkampf schüfe nur «eine neue ungerechte Situation für die..., die bis jetzt die Vorteile auf ihrer Seite hatten». Und auf deren Seite sollen sie natürlich bleiben. Zumal auf der des hohen Klerus.

«In Lateinamerika leben die Bischöfe in Palästen, kontrollieren die Zeitungen, vertreten die Politiker, die das Volk ausbeuten, und benützen die Vermögenswerte, die sie von ihren Kirchen ziehen, dazu, ihre bevorzugten ‹Armen› auszustatten oder zu anderen, sehr dubiosen politischen und kirchlichen Zwekken. Während meiner Anwesenheit in Lateinamerika verbrachten die Geistlichen aller Ränge die Zeit damit, Geldsammlungen zu veranstalten; vom Ergebnis behielten sie, wenn sie z. B. zehntausend Dollar erhalten hatten, viertausend Dollar für sich, und für den Zweck, für den die Spende erhoben worden war, wurden am Ende noch zweitausend Dollar ausgegeben.» «Was sich in die religiösen Gemeinden in Lateinamerika an Mitteln ergießt, wird in großen Summen auf die Iberische Halbinsel und nach Italien und an den Vatikan überwiesen. Hätten die Leute vom Reichtum der Bischöfe oder der Religionsgemeinden auch nur die leiseste Ahnung, dann würde niemand mit Verstand in Zukunft irgendeine weitere Zuwendung, welcher Art auch immer, leisten.»

So urteilte der katholische Geistliche Giuliano Ferrari, der die römische Kirche schließlich das «größte und schmutzigste Geschäftsunternehmen der Welt» genannt hat, mit den Kardinälen Confalonieri, Tisserant, Bea befreundet, mit etwa fünfzig weiteren Kardinälen bekannt, mit Kardinal Samorè eng befeindet war und nach «mehreren Mordversuchen» (so Ferrari selbst, der zur «Mörderbande» auch einige Bischöfe zählte, die er namentlich anführt) am 3. Juli 1980 in einem leeren Abteil des Schnellzuges Genf–Paris tot aufgefunden worden ist. Wurde er ein Opfer des «Vatikanismus»? Wie, nach Ferrari, andere lateinamerikanische Priester, Camilo Torres oder Oscar Romero, von dem Ferrari, kurz vor seinem eignen Tod, noch schrieb: «Das jüngste Verbrechen des Vatikans war die Ermordung meines Freundes, des Erzbischofs Oscar Romero in San Salvador».

Wie entschlossen Johannes Paul II., der Papst aus Polen, den Antisowjetismus eines Pius XI. und Pius XII. fortführt, auch wenn er sich angesichts der gegenwärtigen Machtkonstellation nach außen zurückhalten muß, verdeutlichte schon seine erste Polenreise. Man sprach damals bereits von einem «Einbruch ins Sowjetreich», ja, der Wiener Kardinal König, ein entschiedener Anhänger Wojtylas, prophezeite ein «Erdbeben bis zum Ural» und erhoffte, wie das Papsttum seit so vielen Jahrhunderten, den großen «Aufbruch des Slawentums in die Kirche».

Ohne Krieg ist das heute und morgen undenkbar. Doch ließ der Papst in ungezählten Wendungen erkennen, wie er seinen stets als «Pastoralreise» deklarierten Besuch verstand. Ausgerechnet auf dem Siegesplatz in Warschau, am Grab des Unbekannten Soldaten, rief er: «An wie vielen Orten der Heimat ist dieser Soldat gefallen! An wie vielen Orten Europas und der Welt hat er durch seinen Tod bezeugt, daß es ohne ein unabhängiges Polen auf der Karte Europas kein gerechtes Europa geben kann!» Und vielsagend schloß er seine Predigt: «Und ich rufe, ich, ein Sohn polnischer Erde und zugleich Papst Johannes Paul II., ich rufe aus der ganzen Tiefe dieses Jahrhunderts, rufe am Vorabend des Pfingstfestes: Sende aus deinen Geist! Sende aus deinen Geist! Und erneuere das Angesicht der Erde! Dieser Erde! Amen.» Aus der ganzen Tiefe dieses Jahrhunderts rief er, des Jahrhunderts des Ersten Weltkriegs und des Zweiten, des Faschismus und des antisowjetischen Kampfes seither, denn das ist dieses Jahrhundert politisch in Europa gewesen, beziehungsweise ist es noch.

Einen Tag später beschwor er die Erinnerung an die Christianisierung des Ostens, nicht nur der Polen, auch der Kroaten, Slowenen, Bulgaren, Mähren, Slowaken, der Abdoriten, Wilzen, Sorben. «Will nicht Christus vielleicht, fügt es nicht der Heilige Geist», fragte er, «daß dieser polnische, dieser slawische Papst gerade jetzt die geistige Einheit des christlichen

Europas sichtbar macht?» Und er antwortete fast mit dem Kreuzzugsschrei: «Ja, Christus will es.»

Dieser «Heilige Vater», der nicht von ungefähr «Radio Vatikan» eine größere Konzentration auf Osteuropa befahl, verlangte «die Freiheit der Kirche in Polen und in der heutigen Welt». Er beschwor den Einfall der Tataren 1241, dem Heinrich II., der Fromme, Halt gebot. (In Wirklichkeit wurde er vernichtend geschlagen und fiel selber am 9.4. in der Schlacht bei Liegnitz.) Der Papst forderte: «Europa, das der furchtbare Weltkrieg gegen Ende der ersten Hälfte dieses Jahrhunderts tragisch gespalten hat [!], Europa, das unter seiner heutigen, anhaltenden, systembedingten, ideologischen und ökonomisch-politischen Zerrissenheit nicht aufhören kann, nach seiner grundlegenden Einheit zu trachten, muß sich dem Christentum zuwenden.» Oder: «Christ sein – das heißt: wachen. Wie ein Soldat auf Posten...»

Natürlich war es kein Zufall, daß Wojtyla als Papst gerade in Polen zu einer «Wiedervereinigung Europas unter dem Christentum» trieb; daß er erklärte: «Wir Polen haben seit tausend Jahren den westlichen Weg gewählt». Der westliche Weg aber heißt heute wieder – wie unter Pius XI. und Pius XII. – Konfrontation mit dem Osten, wahrscheinlich immer schärfere. Der westliche Weg ist der Weg an der Seite Amerikas, den USA, für die zwei Weltmächte entschieden zuviel zu sein scheinen, aber zwei Weltkriege noch kaum genug.

Michael Schmaus – einer statt vieler

«1933 und der deutsche Katholizismus! Wieder nähert sich der Bohrer des Zahnarztes – und wieder wird der Patient mit wildem Schrei zusammenzucken.» So der etwas kitschige Kapitelauftakt eines Buches, worin «Zahnarzt» Carl Amery die Kapitulation der katholischen Kirche 1933 weder dem Papst noch den Bischöfen zur Last legt, sondern ihren Gläubigen. Ging angeblich doch zuerst deren Gros zu Hitler über, dann der Episkopat, dann der Vatikan. In Wirklichkeit aber war die Reihenfolge umgekehrt; leitete die Kurie die Wendung ein, die deutschen Bischöfe nebst Anhang folgten. Denn: «Die Bischöfe können nicht kämpfen», wie die katholische «Allgemeine Rundschau» schrieb, «wenn Rom sich für den Frieden entschließt.» Und Karl Bachem, der Historiker der Zentrumspartei, erklärte Widerstand nach Anerkennung der Regierung durch die Kirche für moralisch unverantwortlich, ja unmöglich. «Es bleibt nichts übrig, als dem Beispiel der Bischöfe sich anzuschließen ...»

Nachdem Rom gesprochen, war die Sache für die deutschen Prälaten entschieden. Noch 1932 geschlossen Gegner des Nazismus, gingen sie nun geschlossen zu ihm über. Die bayerischen Bischöfe rühmten am 6. Mai 1933 Hitlers Regierungsprogramm «geistige, sittliche und wirtschaftliche Erneuerung» nach und mahnten: «Niemand darf jetzt aus Entmutigung und Verbitterung sich auf die Seite stellen und grollen; niemand, der zur Mitarbeit ehrlich bereit ist, darf aus Einseitigkeit und Engherzigkeit auf die Seite gestellt werden.» «Niemand soll sich der großen Aufbauarbeit entziehen...» Bereits im Juni attestierte der ganze deutsche Episkopat Hitler samt seinem Staat «einen Abglanz der göttlichen Herrschaft und eine Teilnahme an der ewigen Autorität Gottes...»

Nicht so verblüffend im Grunde. Hitlers Wendung gegen den Osten war willkommen. Seine Aufhebung der Presse-, Rede-, Versammlungsfreiheit entsprach jahrhundertealtem päpstlichem Brauch. Auch gegen das Verhaften und Töten ihrer kommunistischen, sozialistischen, liberalen Gegner hat die Kirche nie protestiert; spätere Klagen galten fast nur der Verletzung rein katholischer Interessen. Und daß man für die Juden nicht viel empfand, versteht sich nach beinah zweitausendjährigem christlichen Antisemitismus von selbst.

Den ersten bischöflichen Treue- und Kollaborationserklärungen aber – bis tief in den Zweiten Weltkrieg, durch beide Kirchen, fortgesetzt – folgten bald die der sogenannten wissenschaftlichen Theologie; zählt das Anpassen an den Zeitgeist doch seit je zu ihren großen Passionen.

Noch 1933 eröffnete der Verlag Aschendorff in Münster ein Buchprogramm «Reich und Kirche», auf all diesen Broschüren beteuernd: «Reich und Kirche ist eine Schriftenreihe, die dem Aufbau des Dritten Reiches aus den geeinten Kräften des nationalsozialistischen Staates und des katholischen Christentums dienen soll. Sie wird getragen von der Überzeugung, daß zwischen der natürlichen völkischen Wiedergeburt unserer Tage und dem übernatürlichen Leben der Kirche kein grundsätzlicher Widerspruch besteht. Vielmehr scheint die Wiederherstellung der politischen Ordnung geradezu nach der Vollendung aus den Quellgründen der Religion zu rufen. Das Verständnis dafür zu wecken und zu vertiefen, ist vielleicht die größte geistige Aufgabe des deutschen Katholizismus in der Gegenwart und sein bester Beitrag zum Gelingen des großen deutschen Erneuerungswerkes, zu dem der Führer alle Deutschen aufgerufen hat. Dieser Aufgabe soll die in zwangloser Folge erscheinende Schriftenreihe dienen. Ganz deutsch und ganz katholisch...»

Die namhaftesten Theologen rechtfertigten hier, fast über Nacht, die Einigung von Staat und Kirche.

Der Braunsberger Joseph Lortz, Parteigenosse seit 1. Mai 1933 und Autor einer 1932 erschienenen (1965 in 23. Auflage vorliegenden) «Geschichte der Kirche in ideengeschichtlicher Betrachtung», scheute keine Tirade, den katholischen Umschwung plausibel zu machen. Er beklagt auf kirchlicher Seite «eine wahrhaft tragisch zu nennende Unkenntnis der gewaltigen positiven Kräfte, Ideen und Pläne des Nationalsozialismus, wie sie authentisch in Hitlers Buch ‹Mein Kampf› bereits seit 1925 allgemein zugänglich niedergelegt waren». Theologe Lortz bescheinigt «dem Katholiken Adolf Hitler» und seinem Buch stupende Sicherheit, überragende innere Folgerichtigkeit, ja, gebraucht die Formulierung «wahrhaft groß». Ergriffen dankt er dem «Führer» für seine Rettung Deutschlands und Europas vor dem «Chaos des Bolschewismus», verkündet die Erkenntnis «grundlegender Verwandtschaften zwischen Nationalsozialismus und Katholizismus», ebenso die Einsicht, daß nur der Katholizismus den Nationalsozialismus in vielem Wesentlichen erfüllen könne, und spricht dazu «ein volles ‹Ja›», prophetisch schließend: «entweder reißt diese Bewegung hindurch zur Rettung, oder wir landen im Chaos.»

Auch der seinerzeit weltberühmte Tübinger Theologe Karl Adam biederte sich bei den neuen Machthabern gleich an. In der «Theologischen Quartalsschrift» fand er in dem Artikel «Deutsches Volkstum und katholisches Christentum» – den die Bibliographie seiner Werke in der 1952 edierten «Festschrift für Karl Adam» verschweigt! – keinen Widerspruch zwischen Nazitum und Kirche. Vielmehr gehörten sie zusammen wie Natur und Gnade. Hitler selber sei zunächst zwar unerkannt «aus dem Süden, aus dem katholischen Süden» gekommen. «Aber es kam die Stunde, da wir ihn sahen und erkannten», versichert Adam, den Starbanditen der Historie jetzt fast wie den Messias preisend: «Und nunmehr steht er vor uns als der, den die Stimmen unserer Dichter und Weisen gerufen, als der Befreier des deutschen Genius, der die Binden von unseren Augen nahm und uns durch alle politischen, wirtschaftlichen, gesellschaftlichen, konfessionellen Hüllen hindurch wieder das eine wesenhaft sehen und lieben ließ: unsere bluthafte Einheit, unser deutsches Selbst, den Homo Germanus.» Und rief auch noch im Zweiten Weltkrieg, als Hitlers Ruhm gipfelte: «Nun steht dieses neue dritte Reich vor uns, voll heißen Lebenswillens und Leidenschaft, voll unbändiger Kraft, voll schöpferischer Fruchtbarkeit. Wir Katholiken wissen uns als Glieder dieses Reiches und erblicken unsere höchste irdische Aufgabe in unserem Dienst am Reich... Das deutsche Blut ist und bleibt der substantielle Träger auch unserer christlichen Wirklichkeit... Um des Gewissens willen dienen wir dem neuen Reich mit allen unseren Kräften, mag kommen, was will...»

Nun, was kam schon! Das Jahr 1951 – und das Große Bundesverdienstkreuz der Bundesrepublik Deutschland für Karl Adam; verliehen vom Bundespräsidenten Heuss, der seinerseits bereits 1932, in seinem Buch «Hitlers Weg», trotz allerlei Kritik, des Führers «Spannkraft», «Unverdrossenheit», «Lauterkeit», «fabelhafte Leistung», eben die ganze «großartige Wendung» gerühmt, auch selbst schon «verwandte Strukturelemente» zwischen dem Naziprogramm und der katholischen Soziallehre erkannt hatte; wie Lortz dann, Adam und viele andere Gottesgelehrte; nicht zuletzt ungezählte protestantische, deren einige in ihrer Begeisterung bereits von den Gemeinden des heiligen Paulus im 1. Jahrhundert Parallelen zu den «Standarten der braunen Hitlerarmee» zogen und von einer «SA Jesu Christi» schwärmten (Th. Daechsler).

All diese Theologen reichten selbstverständlich nur die «wissenschaftliche» Begründung nach für das weithin schockierende Zusammengehen des hohen Klerus mit dem bisherigen Gegner. So ist auch jener, der jetzt allein in den Mittelpunkt rückt, austauschbar, einer bloß all derer, die sich plötzlich berufen sahen, der Welt zu offenbaren, Hitlers Ziele seien in vielem schon längst die der christlichen Kirchen.

Michael Schmaus, 1897 in Oberbayern geboren, war Dogmatikprofessor in Prag, Münster und, seit Kriegsende, München; in Münster und München als Vorgänger des jesuitischen

Dogmatikers Karl Rahner. Schmaus schrieb eine in zahlreichen Auflagen publizierte vierbändige «Katholische Dogmatik», ein ebenfalls mehrfach aufgelegtes Opus «Vom Wesen des Christentums», ferner «Meditationen über Christus», «Von den letzten Dingen» und weitere Schriften, darunter in «Reich und Kirche» jene Broschüre, worin er weniger über die letzten Dinge meditiert als über die damals ersten, nämlich, so der Titel seiner knapp fünfzigseitigen Betrachtung, über «Begegnungen zwischen katholischem Christentum und nationalsozialistischer Weltanschauung». Schon im November 1933 in zweiter Auflage erschienen, sollte sie vor allem Katholiken erreichen, die zeitaufgeschlossen seien getreu dem Wahlspruch «Vox temporis – vox Dei», die Stimme der Zeit, die Stimme Gottes.

Die Stimme der Zeit hatte den Verfasser selber zur Veröffentlichung seines Traktats gedrängt, war es ihm doch nicht nur klar, «sich rückhaltlos in den neuen Staat einzuordnen, sondern auch die geistigen Grundlagen der nationalsozialistischen Weltanschauung zu würdigen» sowie «Wesentliches und Wegweisendes sofort in dem Augenblick, in dem es die Not erheischt, zu sagen».

Und die Stimme Gottes ließ Schmaus durch den Mund der Fuldaer Bischofskonferenz vom 28. März 1933 erklingen, indem er deren Erlaubnis zum Eintritt in die Nazipartei wörtlich wiedergab. «Von vornherein ist es jedem Katholiken selbstverständlich, daß der Episkopat das ursprünglich bestehende Verbot nicht rückgängig gemacht hätte, wenn er die Überzeugung hätte, daß katholisches und nationalsozialistisches Denken einander widersprechen.» Zur Stimme Gottes und der Zeit kamen auch noch die «Stimmen der Zeit», die jesuitische Monatszeitschrift, die im gleichen Jahr, «im Jubiläum unserer Erlösung» (was übrigens nicht Hitler, sondern Jesus Christus betraf), «die Kraft der Symbole» feierten – «Die Person Hitlers selber ist zum Symbol des Glaubens der deutschen Nation an ihren Bestand und ihre Zukunft geworden» – und keinerlei Feindschaft mehr zwischen Hakenkreuz und Kirchenkreuz kannten. «Im Gegenteil: das Zeichen der Natur findet seine Erfüllung und Vollendung erst im Zeichen der Gnade.»

Schmaus riskierte also nichts, als er sich weit und kühn in die Geschichte schwang. Denn: «Wer das Geschehen, das sich um uns mit der Urkraft eines brausenden Gewitters vollzieht, verstehen will, muß die Quellgründe suchen, aus denen es heraufstieg.» Das gottselige Mittelalter, «der wohlgefügte Kosmos», blieb natürlich unerörtert. Die Katastrophe begann erst mit der Neuzeit, mit jener Ungebundenheit, Autonomie und all dem «Geist der Freiheit», der eben jetzt Europa zu drangsalieren begann. «Freiheit war die Großmacht, die über die Periode vom 16. bis zum beginnenden 20. Jahrhundert herrschte.»

Ein erstaunliches Geschichtsbild, bedenkt man, daß fast in dieser ganzen Zeit ein großer Teil der europäischen Bauern noch aus Hörigen bestand! Daß im 16. Jahrhundert deutsche Adelige noch um das Leben ihrer Knechte spielten oder diese gegen Hunde tauschten! Daß im frühen 19. Jahrhundert noch Bischöfe den Sklavenhandel sanktionierten! Daß die Sklaverei in christlichen Ländern beinah bis an die Schwelle des 20. Jahrhunderts reicht: im orthodoxen Rußland bis 1861; im protestantischen Nordamerika bis 1865; im katholischen Brasilien bis 1888.

Nun war Freiheit nicht das einzige Unglück, das in der Neuzeit grassierte. Die Idee der Gleichheit kam dazu. Schlimmer noch: seit 1789 wurden beide aktiv. «Nach den von der französischen Revolution verkündeten Menschheitsrechten werden alle Menschen frei und gleich geboren und bleiben frei und gleich.» Man merkt diesem Schmaus-Satz nicht das Entsetzen, den Ekel an, die ihn mit formulierten. Denn, wie es auch heißt: «Nichts ist unkatholischer als eine extrem demokratische Wertung des Seins.» Oder: «Da standen nicht mehr seinshaft verbundene Glieder nebeneinander, sondern lauter gleiche, gleichberechtigte, selbständige Individuen, die sich in freiem Entschlusse vertraglich zu einer Einheit zusammenfanden, etwa wie die Steine eines Steinhaufens, nicht wie die Glieder eines Körpers... Immer bleibt der Eindruck einer Masse von Steinen.»

Zwar schien der Gewinn des 19. Säkulums gewaltig; sei

Freiheit wahrhaftig ein hohes Gut. Doch selbstverständlich nur in «der Wirklichkeit Gottes». Und ähnlich stehe es mit anderen Fortschritten, der Lehr- und Denkfreiheit zum Beispiel, gewiß gleichfalls «eine große», aber zugleich «eine tragische Errungenschaft». Führt die «Loslösung von religiösen Bindungen» ja zur «Aufhebung der Gebundenheit des Denkens und Wollens überhaupt an gegebene Wirklichkeiten, Ordnungen und Werte»; brachte die so verheerend «durch Kant eingeleitete Zeit» nicht nur immer mehr die «Idee der Freiheit», sondern auch «jene der Gleichheit, der in jedem Menschen in gleicher Weise verwirklichten *humanitas*». Nicht genug: Von der Vernunft erwartete man gar, sie werde «das nicht mehr von übermenschlichen Normen regulierte Leben in das Bett eines ruhigen, von allen Exzessen freien Daseins leiten». Wie furchtbar! Und zu «Freiheit», «Gleichheit» kam noch die Wissenschaft, die «Fülle der Entdeckungen», die szientifischen «Meinungsverschiedenheiten» etc. All dies zwar «naturgemäß» – «Aber die Zerrissenheit wurde im Laufe des 19. Jahrhunderts eine vollständige».

So bahnte sich immer mehr die Katastrophe an: die Zeit *vor* dem Ersten Weltkrieg und die *danach*. «Die Menschen des 19. und beginnenden 20. Jahrhunderts, die wähnten, auf den höchsten menschlichen Gipfeln zu stehen, wurden von einem trostlosen und tödlichen Alleinsein befallen. Sie wurden herausgerissen aus den lebendigen Zusammenhängen mit der Wirklichkeit Gottes, mit der Gemeinschaft, herausgerissen aus dem Boden, auf dem sie standen. Lähmend legte sich» – kurioses Bild – «auf das Vorkriegsgeschlecht das, was wir Entwurzelung heißen.»

Hart geißelt der Theologe diese vernichtende «Vorkriegssituation» und die Zeit nach dem Gemetzel, «die *vor* dem Kriege herrschende und *nach* dem Krieg in ihrer Ohnmacht und Zersetzungstendenz bloßgestellte Geistigkeit», die es fertigbrachte, «Gehalt und Wert des Menschen mit einer chemischen Formel auszudrücken. Man las einmal in den Zeitungen, daß russische [!] Chemiker den Wert des Menschen auf wenige Mark berechnen.» Aber *im* Krieg freilich, in dem der spätere Parteigänger Hitlers, Feldbischof Faulhaber, nicht nur das Bekenntnis zu Kaiser Wilhelm II. «Nachfolge Jesu» nannte, sondern auch «die Kanonen des Krieges... Sprachrohre der rufenden Gnade», *im* Krieg war dann dieser Mensch, dessen Wert, nach Schmaus, russische Chemiker auf nur «wenige Mark» berechneten, plötzlich 100000 Reichsmark wert, wobei die Rüstungsindustrie einen Profit von 60000 RM pro «Heldentod» kassierte... Welcher Wertzuwachs! Doch über den Krieg, in dem 12 Millionen Soldaten fielen, 20 Millionen verwundet oder verkrüppelt worden, 7 Millionen verhungert sind, von dem auf rund 1680 Milliarden Mark bezifferten Sachschaden zu schweigen, fällt bei Schmaus kein Wort in einem Jahr, in dem sich der Vatikan in einem geheimen, vom Päpstlichen Kammerherrn und Stellvertreter des Führers, von Papen, bejubelten Zusatzprotokoll zum Reichskonkordat bereits mit einer eventuellen allgemeinen Wehrpflicht in Nazideutschland einverstanden erklärte.

Schrecklich erscheint nur die «Vorkriegssituation» und dann wieder die Zeit nach den «Pariser Vorortsdikate[n]». Denn da bemerkt Schmaus eine so «tragische Errungenschaft» wie «Lehr- und Lernfreiheit», sieht er den Verstand, mit Karl Adam, als «Alleinherrscher». Doch allein herrschen darf nur das Christentum oder allenfalls die ihm so verwandte braune Pest, der Kombattant gegen Rationalismus, Liberalismus, Individualismus. «Ich sehe nämlich in der nationalsozialistischen Bewegung den schärfsten und wuchtigsten Protest gegen die Geistigkeit des 19. und 20. Jahrhunderts. Sie setzt an die Stelle des mechanistischen Weltbildes die organische Weltanschauung, an die Stelle der liberalistischen und individualistischen Lebenshaltung die Bindung an das Gegebene, an die Erde, die Gemeinschaft. Die Begriffe Organismus, Ordnung, Gemeinschaft sind Grundpfeiler der nationalsozialistischen Weltanschauung... Dabei stellt sich der echte Nationalsozialismus dar als der radikale Gegensatz zu Liberalismus und Individualismus... Denn die beiden Weltanschauungen stehen sich gegenüber wie Natur und Unnatur» – während sich Hakenkreuz und Kirchenkreuz, nach den jesuitischen «Stimmen der Zeit», ja ergänzten wie «das Zeichen der Natur» und das «Zeichen der Gnade»!

Als Vorläufer aber von so viel «Natur», «Schwung», «Elan» der «nationalsozialistische[n] Revolution» feiert Schmaus – neben dem blassen bis schwachköpfigen katholischen Feuilletonisten Julius Langbehn –: Friedrich Hölderlin und Friedrich Nietzsche, den größten Antichristen überhaupt! Darauf dringt der Verfasser, in scharfer Abkehr von der vermeintlichen Liberalität früherer Zeiten, immer tiefer in Begriffe wie Natur, Boden, Geschlechterfolge, Erbstämme, Rasse, kurz in den ganzen Blut-und-Boden-Quark der Nazis und die «höhere» Art des deutschen Wesens ein. «Es ist kein leerer Wahn, wenn die Menschen gleicher Geschlechterfolge sich zusammengehörig fühlen. In unserem Blute kreisen, wie Peter Lippert es einmal prachtvoll schildert, in winzigen und doch unsagbar mächtigen Tropfen jene geheimnisvollen Boten, die alle Kräfte, Organe und Glieder unseres Körpers zu ihrer Tätigkeit aufrufen, also auch die Wogen des Gemütslebens in Schwingung versetzen. Die Menschen gleichen Blutes haben daher ähnliche Wallungen des Gemütes und des Empfindens... Weil, wie Lippert sich ausdrückt, auf dem Untergrunde des Empfindungslebens sich das Geistesleben aufbaut, ist auch dieses in die Farbe des Blutes getaucht, auch die Religion. Der Romane stellt sich Gott anders vor als der Germane... Darin sieht der Nationalsozialismus sein wichtigstes Erziehungsziel: jeden Deutschen zu einem Deutschen zu erziehen.»

Nach der Belehrung, daß es «keinen Menschen schlechthin» gebe, jeder vielmehr «Franzose oder Japaner oder Deutscher» oder sonstwas sei; nach der erhellenden Definition: «Ein Deutscher ist ein voller Mensch, indem er ein voller Deutscher ist», ergibt sich denn schließlich fast zwangsläufig die Sicht auf das «Gliedsein im Volksganzen», in der «Volksgemeinschaft», auf dies Volk überhaupt und dessen, natürlich, besondere historische Mission. «Da im Hintergrund aller Geschichte der göttliche Wille steht, können wir aus der Geschichte ohne Furcht uns zu täuschen ablesen, daß Gott dem deutschen Volke eine der größten Aufgaben zudachte... Soll die Weltgeschichte nicht sinnlos sein, soll sie sich nicht jenseits des göttlichen Willens vollziehen, dann wird man der deutschen Nation einen anderen Rang zuweisen müssen als der Negerrepublik Liberia.»

Weil der Dogmatiker Schmaus aber nicht nur den göttlichen Willen kannte, sondern auch den seines irdischen Abglanzes, dessen «Mein Kampf» er selbstverständlich gelesen hatte, versäumte er nicht, mit den «energischen Bemühungen verschiedenster Kreise, dem Reichsdeutschen die Augen aufzuschließen für das Auslandsdeutschtum». Sechs Jahre vor Hitlers Überfall auf die Tschechoslowakei erinnerte er daran, daß «durch die Pariser Vorortsdiktate große deutsche Volkstümer vom Reiche abgetrennt wurden»; «daß in der Tschechoslowakei eine deutsche Minderheit von über drei Millionen lebt»; «daß diese drei Millionen zwar tschechoslowakische Staatsbürger, aber deutsche Volksgenossen, ihres Deutschtums sogar sehr bewußte Volksgenossen sind»; und endlich, daß die «Volkwerdung der Deutschen... das wesentliche Ziel der nationalsozialistischen Bewegung» sei.

Auch tischte der Theologe die Volk-ohne-Raum-Lüge auf, indem er betonte, nationaler Sozialismus in seinem letzten Ziel setze voraus, «daß das deutsche Volk wieder zum freien Lebensraum für seine Entfaltung und sein Wachstum komme, so daß alle Glieder den ihnen notwendig zukommenden Anteil am Raume, am Boden, an der Daseins- und Entfaltungsmöglichkeit gewinnen können. Vorerst müssen wir uns im vorhandenen Raum einrichten, so gut es geht...»

Nachdem nun das ganze Nazigewitter, vom Protest wider die Geistigkeit des 19. und 20. Jahrhunderts bis in den Blut-und-Boden-Sumpf, hinuntergerauscht und seine kostbarste Ideenfrucht aufgezeigt war, fragte Schmaus: Welche Beziehung hat denn jetzt der Katholizismus dazu? Und da wimmelt es nun, nein, weit früher bereits, von ganz ähnlichen Zügen. Rief 1933 doch auch Weihbischof Burger: «Die Ziele der Reichsregierung sind schon längst die Ziele unserer katholischen Kirche.»

Professor Schmaus eröffnet seine Verwandtschaftsliste

durch Verweis auf den Syllabus Pius' IX., jenes «Heiligen Vaters», der im 19. Jahrhundert auch das Dogma der päpstlichen Unfehlbarkeit definierte; den aber damals, nachzulesen unter anderem in der neuen Pius-Biographie des katholischen Theologen August B. Hasler, zeitgenössische katholische Diplomaten, Kirchenhistoriker und Hierarchen allen Ernstes für geisteskrank erklärten, auch für «unwissend», «dumm» (so Bischof Maret, ähnlich Kardinal Lavigérie). Pius' IX. berüchtigten Syllabus also, den Inbegriff religiöser Barbarei – weil er alles verdammt, was seinerzeit wie heute als mehr oder minder selbstverständlich galt und gilt: Pantheismus, Naturalismus, Sozialismus, Liberalismus, Rationalismus, Individualismus, Indifferentismus, Bibelgesellschaften et cetera, et cetera –, diesen Syllabus präsentierte Schmaus 1933, der weitgehenden Affinität mit dem nazistischen Credo sicher, stolz insistierend auf seine für Katholiken autoritative Gültigkeit. «Damals», renommiert Schmaus im Blick auf das 19. Jahrhundert, sich anscheinend nicht im geringsten der Ironie seiner Zeilen bewußt, «erblickte man in dem Dokumente finstere Reaktion, Feindschaft gegen Fortschritt und Kultur. Für die geistige Haltung der Katholiken blieb er maßgebend. Davon kann sich jedermann überzeugen...» Das stimmt allerdings!

Konsequent verwirft Schmaus jedes liberale Denken. Zwar hatte man im «liberalistischen» Zeitalter «vor der *humanitas*, die alle menschlichen Individuen verbindet, einen großen Respekt». Doch das zählt um so weniger, als diese humanitas «die Gleichheit aller Menschen verankert». Und die «Freiheit»! Ja, solch ein Liberalismus, der «jedem einzelnen das Recht gab nach freier Willkür zu leben» (!), «führte zwangsläufig zum klassenkämpferischen Sozialismus bzw. zum Marxismus... Er wurde zum Kampf aller gegen alle».

Daß Schmaus jeglichen (nicht mit dem Nazismus gekoppelten) Sozialismus verwünscht, bedarf keines Wortes: einst so üblich unter Theologen wie heute, nach dem Siegeszug des «Sozialismus» in vielen Teilen der Welt, ihr Segeln mit dem sozialistischen Wind.

Zwischen 1933 und 1945 aber schwamm man im braunen

Sog. Verschaffte doch, jubelt Schmaus, gerade «der echte Nationalsozialismus», «der radikale Gegensatz zu Liberalismus und Individualismus» den «antiliberalen Ideen... eine ungeahnte Tiefe und Breite in das Ganze des Volkes hinein»; ja, ohne Zweifel eines der Ziele des päpstlichen Pakts nicht nur mit Hitler, sondern auch mit den übrigen Faschisten: mit Mussolini, dessen Raubüberfall auf Abessinien der Klerus begeistert propagierte; mit Franco, dessen Bürgerkrieg die Kirche fanatisch unterstützte; mit Pavelić, in dessen «Unabhängigem Kroatien», weithin noch immer unbekannt, kroatische Katholiken, Priester und Mönche eine dreiviertel Million serbischer Orthodoxer abgeschlachtet, ertränkt, geköpft, lebendig gekreuzigt, begraben, gevierteilt, verbrannt haben. Dies alles hängt eng zusammen. «Zwischen katholischem Glauben und liberalistischem Denken gibt es keinen ideenmäßigen Ausgleich. Sie können sich so wenig zu einer geistigen Ehe zusammenfinden wie Feuer und Wasser. Die Feindschaft zwischen beiden ist eine letzte und unbedingte.» Dagegen konnte man sich ganz legitim mit den Nazis verbinden. Denn: «In dem entschiedenen Nein zum Liberalismus, der den Menschen Schöpferkraft zuschrieb, die nur dem wirklichen Schöpfer zukommt, ist Katholizismus und Nationalsozialismus durchaus gleichgerichtet.»

Als verwandt werden beide auch in ihrer Stellung zum Rationalismus empfunden, als vorherrschend irrational. Denn kein erdachtes System sei die Hitlerei, keine ausgeklügelte Weltanschauung, sondern «eine aus den Gründen des Lebens heraufgestiegene Bewegung, etwas aus Urtrieben Kommendes. Scharf ist hier die Frontstellung gegen den Rationalismus sichtbar.»

Und während ein Katholik keinerlei Brücke finden könne von der «Nationalsozialistische[n] Geistigkeit» zum Vitalismus jetzt eines Nietzsche, dem des Franzosen Bergson und des Juden Theodor Lessing, finde er sehr wohl eine Brücke zu der «nationalsozialistischen Vitalität». Denn: «Er sieht, wie in ihr wieder der ganze Mensch zu seinem Rechte kommt, nicht nur eine Seite des Menschen, der Verstand. Ferner ist ja der

Glaube selber nichts anderes als Leben aus verborgenen Gründen..., ist gleichfalls von bloßem Rationalismus weit entfernt.»

Auch von der individualistischen Interpretation der Kirche rückt Schmaus ab. Oberflächlich sei es, sie als «Heilsanstalt» zu betrachten, in der jeder sein Heil allein suche. Nichts Privates sei sie, ein Leib vielmehr, dessen Glieder alle zusammengehörten. Fast erscheint sie als eine Art Verkörperung der hier gern zitierten Naziparole «Gemeinnutz geht vor Eigennutz», und diese wieder als eine Umschreibung der Nächstenliebe, der «Wesenstugend» der Christen. Da wie dort stehe die natürlich gewordene Gemeinschaft im Zentrum. «Der Nationalsozialismus stellt die Idee des aus Blut und Boden, Schicksal und Aufgabe gewachsenen Volkes in den Mittelpunkt seiner Weltanschauung.» «Katholisch bedeutet Bindung an das Gegebene, an das Objektive, Ehrfurcht vor dem Gewordenen, Gewachsenen.»

Der Katholik, von dem der Theologe fordert, er «muß Wesentliches und Unwesentliches unterscheiden lernen, zeitgebundene Form und ewigen Gehalt», hat deshalb den Nazismus aus einer doppelten Gewissensverpflichtung zu bejahen, als Katholik und als Deutscher. «Wie die Kirche selber eine Gemeinschaft ist, so anerkennt und bejaht sie die naturgewachsenen Gemeinschaften. Alles Natürliche ist ja Transparent des Übernatürlichen. Der Katholik ist von vorneherein hingerichtet auf die Bejahung der Gemeinschaft. Darum ist in seinem Ja zu Volksgemeinschaft gar nichts Zages oder Bedenkliches oder Abwartendes. Er spricht es nicht nur als Deutscher, als ein aus dem gleichen Blut und Boden Geformter, unter dem gleichen Schicksal und der gleichen Aufgabe wie Tausende und Millionen Stehender, sondern auch als ein durch seinen Glauben Verpflichteter. Er sieht in dem aus Blut und Boden, aus Schicksal und Aufgabe gewachsenen Volksganzen ein Werk der göttlichen Vorsehung. Gott spann und knüpfte die Fäden, deren Geflecht wir Volk heißen. Die Liebe, die der Gläubige zu seinem Volk hat, ist dadurch hinausgehoben über alles Schwanken individueller Neigungen und Gesinnungen. Sie ist verwurzelt im rauschenden Blut und tragenden Boden, die beide Gottes Werk sind, sie ist so letzten Endes verankert im unerschütterlichen göttlichen Urgestein. Eine Folge der Liebe zum Volk ist die gerechte Sorge für die Reinerhaltung des Blutes, dieser Grundlage für die geistige Struktur eines Volkes.»

Es versteht sich von selbst: nicht nur Schmaus steckte im Blubosumpf. Diese Tendenz grassierte derart, daß ein Gestapobericht höhnt, in der «Systemzeit», der Weimarer Republik, habe die Kirche die Werte «Freiheit, Gleichheit und Brüderlichkeit» herausgestellt – «jetzt redet man dafür von Volkstum, Führertum, Blut und Boden».

Leidenschaftlich bejaht Schmaus, wie jeder seiner Kollegen – bloß nicht so mancher der ältesten Zeit –, den Staat. Mit dem «doctor ecclesiae kat exochen» Thomas von Aquin, «in dessen Adern ja auch deutsches Blut floß», feiert er den Staat, «das kälteste aller kalten Ungeheuer», nach Nietzsche, als «die vollkommenste Gesellschaft im irdischen Bereich». Wobei es natürlich nicht nur um die abstrakte Idee geht. «Der Wille des Staates verkörpert sich im Führer.»

Dem «unbedingt geltenden Führerprinzip innerhalb der nationalsozialistischen Partei» aber entspricht «die ungeheure Autorität des Papstes». Ja, die starke Betonung der Autorität durch die Nazis ist «das in der natürlichen Ebene gegebene Gegenstück zur kirchlichen Autorität auf übernatürlichem Gebiete». Nicht genug: der nazistische Autoritätsbegriff öffnet geradezu «von neuem das Verständnis für die kirchliche Autorität». Denn, kein Zweifel: «Der Papst ist der unbedingte Führer...»

Wo man aber so entschieden eintritt für Irrationalismus, Blut-und-Boden-Kult, Autorität, Totalität, da liegt es nahe, an die Ausmünzung all dessen zu denken: an das Opfer! «Das Opfer gehört ganz wesentlich zum Sprach- und Ideenschatz des Nationalsozialismus». Doch erst recht kann Schmaus die Kirche im «tiefsten Sinn» als «Opfergemeinschaft», die «heroische Haltung» als der «katholischen Idee» gemäß rühmen und jedes ruhige, bequeme Leben als einen «Abfall vom Geiste Christi» verwerfen, der in jedem Augenblick bereit gewesen sei, «das Letzte einzusetzen», «der keinen Augenblick zögert, in den Tod zu gehen. Niemand schilderte diese Seite an ihm in glühenderen Farben als Karl Adam».

Wiederholt auch wird an den «Heliand» erinnert, jenes Heldenepos aus der «Frühzeit der Ehe von Christentum und Germanentum», worin Christus als Heerkönig erscheint, gefolgt von den «getreuen Mannen»; wird der mittelalterlichen Klöster gedacht, in denen man «voll Hochgefühls die ersten Chroniken mit den Großtaten des deutschen Volkes schrieb». Auch gibt es weitere Hinweise auf das Volks- und Staatsbewußtsein der Katholiken, das dann 1935 in einem eigenen Buch das Fördernde Mitglied der SS, der Freiburger Erzbischof Gröber, umfassend durch die Jahrhunderte belegen sollte: «Es lebe Christus, der die Franken liebt.»

Nachdem Schmaus derart dargetan, daß die Kirche (wer bezweifelts!) «das Höchste» aus dem Volk «heraus» hole, sucht er – zwischen Thomas von Aquin- und Hitler-Zitaten aus dessen «maßgebendstem Werke ‹Mein Kampf›» – auch gegen Schluß, wie schon eingangs, Rückendeckung hinter den Bischöfen, den bayerischen diesmal, die in ihrem «Hirtenbrief» vom 5. Mai, mit Kardinal Faulhaber an der Spitze, riefen: «Niemand darf jetzt aus Entmutigung und Verbitterung sich auf die Seite stellen und grollen.» Weiter zitiert Schmaus Kardinal Bertrams Beteuerung, daß die Bischöfe «der neugestalteten Ordnung des öffentlichen Lebens mit Gottvertrauen entgegentreten, in dem freudigen Bewußtsein, daß gerade jetzt das treu kirchlich gesinnte katholische Volk große Aufgaben zu erfüllen hat». Wie denn Schmaus seinerseits schon bekannte: «Der Katholik spricht sein Ja laut und entschieden, nicht nur so, als ob er wohlwollender Zuschauer wäre bei dem Werke der Volkwerdung, sondern als ernster, froher und opfermutiger Mitarbeiter.»

Damit hatte der katholische Dogmatiker «die wesentlichen Begegnungen zwischen katholischem Christentum und nationalsozialistischer Weltanschauung in großen Umrissen gezeichnet». Nur von Begegnungen sollte die Rede sein, nicht von einer «vollen Deckung». Doch, wie Schmaus schrieb:

«Die Tafeln des nationalsozialistischen Sollens und die der katholischen Imperative stehen freilich in verschiedenen Ebenen des Seins, jene in der natürlichen, diese in der übernatürlichen Ebene, jene besorgt um die natürliche Gesundheit des Volkes, diese bemüht um das übernatürliche Heil, wie es dem Zwecke der beiden entspricht. Aber sie weisen in dieselbe Wegrichtung».

Sie wiesen ... Und die Kirche ging diesen Weg mit den braunen Verbrechern. Dem Katholiken nämlich, so Theologe Schmaus, ziemte es nicht, «resigniert den Blick zurückzuwenden in die Vergangenheit und zu trauern über die Toten, die ins Grab sanken, weil die Zeit ihres Lebens vorüber war».

Zu diesen Toten aber gehörten nicht nur die katholischen Parteien und Vereine, die sich auflösen mußten, sondern der ganze Ungeist des 19. und frühen 20. Jahrhunderts, gehörten Materialismus, Rationalismus, Individualismus, kurz alles, was nun in einem weltgeschichtlichen Sturm ohnegleichen zusammenzukrachen schien. «Die Todsünde des Liberalismus und des Marxismus bestand darin, daß sie sich die gröbste Vergewaltigung der Natur zuschulden kommen ließen, daß sie sich dem Wahn hingaben, der Mensch sei Maß und Schöpfer alles Seienden und aller Normen ... Man kann nicht willkürlich künstliche Ordnungen fabrizieren. Der Versuch hierzu führt zu künstlichen Gemächten, die vor den Wehen und Stürmen der Geschichte zusammenbrechen.»

Zusammen brach freilich weder der Liberalismus noch gar der Marxismus, zusammen brach gerade, was Michael Schmaus gepriesen hatte. Doch 1951 wurde er in die Bayerische Akademie der Wissenschaften berufen und Rektor der Münchner Universität. Sechzehn katholische Verbindungen, deren Führer einst ebenfalls frenetisch für Hitler eintraten, ernannten Schmaus zum «Ehrenphilister». Der mit Hitler verbündete Franco verlieh Schmaus das Komturkreuz des spanischen Ordens «Al merito civil». Und der mit Hitler kollaborierende Pius XII. erhob ihn 1952 zum Päpstlichen Hausprälaten.

«Mögen die in dieser Broschüre dargestellten Ideen», schloß

Schmaus 1933, «in stets fortschreitender Dynamik aus den grauen Höhen der Theorie auf die Ebene der Wirklichkeit heruntersteigen und im konkreten Alltag zur Erscheinung kommen. Je tiefer alle Männer und Frauen des deutschen Volkes zu den Schächten des Volkstums und des Glaubens vorstoßen, um so zuversichtlicher können wir in die Dämmerungen der Zukunft blicken, um so zuversichtlicher können wir vertrauen, daß der Bau des Reiches gelingt, der in Angriff genommen ist, des Reiches, das sein wird eine Opfergemeinschaft von unerschütterlich in Gott gegründeten, aus dem deutschen Volkstum genährten, demütig auf Gott vertrauenden, ihrer Verantwortung bewußten, von Christus geformten deutschen Menschen.»

Macht ist alles

Antwort auf die Umfrage des katholischen Theologen Georg Denzler (1975): 1. Wie beurteilen Sie die gegenwärtige Stellung des Papsttums in Kirche und Gesellschaft? 2. Wie sollte sich das Papsttum in der nächsten Zukunft nach innen und nach außen darstellen?

Erste Frage: «Wie beurteilen Sie die gegenwärtige Stellung des Papsttums in Kirche und Gesellschaft?»

Verglichen mit ihrer Machtfülle im Mittelalter ist der Einfluß der Päpste heute gering. Gemessen an ihrem Debakel vor hundert Jahren, steht es dagegen so übel nicht oder vielmehr, dank dem Faschismus, schon wieder recht übel. Facta loquuntur.

Zwar mißlang die Annexion der Russisch-Orthodoxen Kirche, im Ersten Weltkrieg mit Hilfe Habsburgs erstrebt, auch im Zweiten mit Hilfe Hitlers – und wie oft schon hatte man im Osten operiert: seit Hadrian VI. (1522–1523), Clemens VII. (1523–1534), Clemens VIII. (1592–1605), seit den Invasionen der katholischen Polen noch vor dem Aufkommen der Romanows... Doch die Kurie sanierte sich von Katastrophe zu Katastrophe, durch die Lateranverträge, den Abessinienkrieg, Spanischen Bürgerkrieg, Zweiten Weltkrieg, von Desaster zu Desaster Kirchenvater Theodoret, Bischof von Kyros, bestätigend: «Die geschichtlichen Tatsachen lehren, daß uns der Krieg größeren Nutzen bringt als der Friede.»

Nun wuchs das Kapital, die Macht; der Glaube aber schrumpft und schrumpft, und es ist klar, wer sich dabei gesundschrumpft und wer zu Tode. Denn da man geistig längst abgetan, wissenschaftlich bedeutungslos ist, kann man auch schwerlich religiös überleben. Glauben die Intellektuellen nicht mehr, glaubt auf die Dauer auch nicht das Volk. Der Glaube also wird entscheiden. Nur der Glaube hat die Macht ermöglicht, nur der Glaube kann die Macht erhalten. Und Macht ist da alles, ohne Macht nichts, wie die Historie beweist.

Zur Zeit der Kreuzzüge, Judenmassaker, des Mauren-Metzelns in Spanien, der Heiden-, Indianer-, Negerabschlachtung, der Hexenbrände, Autodafés, Sklaverei thronte das Papsttum hoch über der Erde – und war eben darum standfester als heute, wo es, herabgezwungen, ziemlich entzaubert erscheint. Denn nur umstrahlt von jenem unschätzbaren Jenseitsnimbus, in dessen Weihrauchschwaden das crimen capitale stets am ungeniertesten gedieh, konnte und kann man sich alles erlauben, selbst die Rolle des Teufels – als «Stellvertreter» des Herrn.

Die tödliche Gefahr ist der Glaubensschwund bei den Laien, der «Aufruhr» im Klerus bloß halb so schlimm. Hat er nicht manchmal schon gezetert und noch weniger geglaubt? Doch mit (legalem) Weib nebst guter Pfründe plus Prälaturen für die Führer der «Rebellen» (honores mutant mores) wird er auch künftig jene Wahrheit lehren, die allein selig macht.

Die «Progressisten» zwar, allzu «dynamisch» mitunter, «flexibel», irritieren das konservativere Kirchenvolk, begeistern aber die liberalen, die pseudolinken Esel, und nützen Rom, trotz «ernstlichen» Tadels zuweilen, tatsächlich am meisten. Denn gerade ihre «neuen Akzente», «Perspektiven», ihre taufrischen theologischen Kosmetikkünste, kurz, all die modischen Schminkprozeduren der weiland Königin der Wissenschaften, geben dem Glauben noch immer den Anschein von Leben – etwa wie die begnadeten Einbalsamierer den «Seligen» in Evelyn Waughs berühmtem «Flüsternden Hain»: «‹O, Herr Joyboy, wie schön er ist!› ‹Ja, er ist wirklich ganz nett geworden.› Er kniff ihn wie ein Geflügelhändler leicht in den Schenkel: ‹noch weich›.» Sie halten die Religion «im Gespräch», machen sie leidlich «aktuell», fernsehfähig, die Akme der Zeit, in die sie das Evangelium «übersetzen», und schaffen kraft solcher «Verjüngungstherapien», der nötigen Adaptation an das Tagesbedürfnis, den Genius saeculi, überhaupt erst die Voraussetzung fürs Überleben. Durch allerlei terminologisches Gliederverrenken, kurioses Zungenverdrehn, durch «Aggiornamento»-Manöver, mehr plump als pfiffig und dennoch vielen nicht durchschaubar, wird todernst «Fortschritt» suggeriert, gar einmal mit allerhöchstem Placet, zentimeterweise, zugestanden und derart dem etwas minder geistesträgen Teil wenn schon die Last des Glaubens kaum erleichtert, so doch die Hoffnung auf Erleichterung nicht geraubt.

Solch «progressives» Wirken, segensreich seit Paulus schon, altehrwürdig wie das Christentum, impliziert nun aber ein fürchterliches Risiko. Die Konzessionen nämlich an den Tag, den Zeitgeist, Fortschritt (mit und ohne Gänsefüßchen), entfernen immer weiter vom Ursprung. Die Diskrepanz, augenfällig allmählich für das denkfaulste Schaf, wird größer und größer, der Glaube zur Karikatur, zum Gegenteil des alten Glaubens, der ja, fatal genug, nie ganz zum Teufel gehen darf. Wie flott vielmehr man immer mit klapperndem Klumpfuß dem Weltlauf folgt, stets gilt es auch, den Anschein des Beharrenden zu wahren, des semper idem im Dauerausverkauf.

Indes hier eben erhält die Hierarchie die Chance des Jahrhunderts, kann sie doch zeitgemäß und traditionalistisch, reformerisch radikal und glaubenstreu in einem sein, fortschreiten und zurückgehen zugleich. Dort «Genosse Jesus», der «Liebeskommunismus» der Apostel, da Linkskatholizismus und Sozialismus, «Theologie der Revolution». Was für ein Analeptikon! Wunderbarer als Lourdes und alle Gnadenschätze!

Zwar kollaborierte Rom in den dreißiger Jahren mit der äußersten Rechten, schritt es, noch nahe der Jahrhundertmitte, kühl bis ans Herz, mit Mussolini, Franco und Hitler über sechzig Millionen Leichen, zwar sanktionierte der «pastor bonus» Pacelli noch später, in eindeutiger Richtung, selbst den Atomkrieg. Doch all dies hindert keinen Papst, demnächst das Evangelium «proletarisch» zu interpretieren, als «social gospel» sozusagen, als «God's political activity» – und mit den Kommunisten gegen den Kapitalismus zu ziehen, falls der endgültig falliert. (Hatte nicht 1797 schon Kardinal Graf Chiaramonti, ein Nepote Pius' VI., beispielhaft die «Öffnung nach links» antizipiert? Beim Vorrücken starker Revolutionstruppen auf Imola, seit Jahren seine Bischofsstadt, ließ er sich neu zum Bürger-Bischof wählen, wurde über Nacht zum demokratischen Gleichheitsapostel, schmetterte eine zündende Umbruchspredigt, feierte Christus als demokratischen Volksfreund, die Christen als beste Demokraten – und entzückte den General Bonaparte so wie dieser ihn.)

«Als katholische ging die Kirche auf das Ganze der Geschichte», rühmt Theologe Joseph Bernhart, «in jedem Augenblick». Mal antikaiserlich, mal antifürstlich, mal antistädtisch, mal antibürgerlich, mal gegen den Kommunismus, mal gegen den Faschismus, stets gegen die Massen aber, von denen man lebt. «Wer mit den Wölfen heult», heißt ein masurisches Sprichwort, «kann sein Hundeleben lange leben.»

Zweite Frage: «Wie sollte sich das Papsttum in der nächsten Zukunft nach innen und nach außen darstellen?»

Wie das Papsttum auftreten wird, hängt von den Machtverhältnissen ab, von ihnen allein. Wie es sich «darstellen» *soll*, ist daher utopisch, zumal es stets etwas dargestellt hat, was es nicht war.

Fiat executio!

Schwere Zeit für Päpste

Schon im 5. Jahrhundert die größten Grundherrn des Römerreichs, hatten sie noch im 20. vom «Nutzen der Armut», den sie priesen, eher den Nutzen. Selbst ihr allerhehrster Stern – der «Angelo bianco», der «Lichtstrahl», für Bischof Graber gar der langersehnte «Engelspapst», selbst Pius XII. wurde, indem er mit seiner Lebensgefährtin um die Wette das Licht löschte, an Heizung sparte (bis zu Erfrierungen), in einer Weise, die «ans Unglaubliche grenzt», wie die Lebensgefährtin berichtet, so unzertrennlich von ihm, daß sie ihn morgens wecken, nachts ins Schlafzimmer führen, daß er sie als «erste und einzige Frau in der Geschichte» (Grigulevič) ins Konklave mitnehmen durfte –, selbst der seraphische Pius XII. wurde Multimillionär.

Dann aber vergaß der gutmütig-dicke Johannes, daß nur eins not tue! Und schon mußte Nachfolger Paul ernstlich «an Unsere heilige Armut und den Mangel Unserer Geldquellen» erinnern, an den «mißlichen Umstand..., daß die Kirche der materiellen Mittel ermangelt, die sie für ihre Werke der unbegrenzten Wohltätigkeit und Barmherzigkeit braucht...»

Dies um so mehr, als die Gläubigen Schlagzeilen schreckten wie: «Erzbischof betrog Papst Paul um 752 Millionen». Denn auch wenn es ein paar weniger gewesen, um die ihn Mafioso Sindona gebracht und der Institutssekretär «Für Werke der Religion», der Vatikan-Bank-Boss Monsignore Marcinkus («heiliger Gorilla» genannt) – schmerzlich doch allemal. Zwar errechneten die Priester, nach ihnen freilich kaum Wohlgesinnten, eben damals der Kirche, das bedeutet: dem mystischen Leib Christi, allein für das «Heilige Jahr» 1975 ein «Geschäft» von 12 Milliarden Franken. Aber selbst wenn's ein paar mehr gewesen – man weiß doch, wie einem das Geld in der Hand zerrinnt...

Zuletzt hatte Paul bloß noch drei Särge – aus «schlichtem Zypressenholz», so ging's um die Welt, der eine, ein «einfacher Eichensarg» der andre, vom Bleisarg zu schweigen. Auch brannte nur «eine Osterkerze» über dem Ärmsten. Und 110 Regierungsdelegationen, 7000 Polizisten sowie die Fernseher von fast 50 Ländern schauten dies Elend mit entsetzt starren Augen.

Ach, was blieb da Johannes Paul I. noch? Nur sein Lächeln! Und jeden fast betörte er damit, bloß nicht manch cleveren Bruder Kardinal. Konnte dieser Luciani doch auf Tiara, Thron und Tragsessel verzichten, bald wie ein Dorfpope sprechen, bald Lachtstürme in Pauls kostbarer Audienzhalle entfesseln, «ich» sogar sagen statt «Wir», Gottvater mehr zur Mutter erklären. Noch aber war nichts Offizielles unterzeichnet. Noch nichts Unwiderrufliches passiert. Doch wie man so, rings um den Stuhl der Stühle, um den da Sitzenden sich zu sorgen begann, so sorgte er, schon vor seiner Wahl von deren «drohender Gefahr» gepeinigt, nun erst recht um sich selbst; wurde er, bei allem Lächeln, «bedrückt» durch das Amt, «mit Furcht» erfüllt, ja, es schien ihm, als habe er, wie Petrus, seinen Fuß aufs Wasser gesetzt und müsse, «aus Angst vor dem wütenden Sturm», gleich rufen: «Herr rette mich!»

Zu spät! Schon hatte einer jener jähen Tode ihn erfaßt, woran es der Historie der «Heiligen Väter» nicht fehlt. Ein schlichter Myokardinfarkt, so häufig in dieser Zeit! Ausgeschlossen, rief zwar gleich der Sekretär in Vendig, der seinen Patriarchen – vor dessen Konklavereise noch medizinisch untersucht und ohne Herzkrankheit befunden – als wohltrainierten Dolomitenwanderer gekannt. «Ein solcher Mensch stirbt nicht an Herzinfarkt.» Andere riefen: Autopsie! Aber die Kurie verwies schnell aufs Kirchenrecht; zu schnell. Und zu Unrecht. Denn bloß, wie begreiflich, ein altes Tabu verbot hier, die vatikanische Tradition. Und nicht einmal die, wie die Obduktion von Pius VIII. (1830) beweist.

Während alldem aber lag der herzliche «Versager» teils mit geballter Faust und schmerzverzerrten Zügen, teils noch im Tode lächelnd da. War er ja, wenig originell zwar, doch amtlich, zuletzt in «Die Nachfolge Christi» vertieft. Oder, gleichfalls offiziell, in verschiedne Vortragstexte. Oder, eine weitere (indiskrete) Version, in wichtige Personalakten, Bischofsernennungen. Oder – genug. In jeweils anderen Beschäftigungen rief der Herr ihn ab. Welcher wohl? Wer das wüßte! Doch stets: «bei angezündetem Licht». Denn Dunkel duldete die Sache nicht! Auch stand fest: Sekretär John Magee fand ihn zuerst: sehr früh am Morgen schon. Dann aber hatte ihn, früher noch, jene Nonne entdeckt, die er selber aus Venedig eingeführt – was nun keineswegs heißt, er sei bereits vor seinem Hingang im Siebten Himmel gewesen, wie kurz zuvor in Paris Bischof Tort, der im Bordell, und Kardinal Daniélou, der bei Nackttänzerin Mimi entschlief; alle im Dienst, versteht sich, da dringender Seelsorge, dort nicht minder aufschiebbarer Caritas, wie man kirchlicherseits mit nur allzu angebrachtem Todernst betonte.

Rom indessen hatte nun neuen pekuniären Kummer. Schienen doch, las man, wegen des zweiten Konklave, zehn Millionen kaum greifbar. Fast gleichzeitig aber, parenthetisch, erreichte mich die Nachricht, das Schweizer Kloster Einsiedeln, eins unter Tausenden, habe «unwidersprochen 100 Millionen Franken Jahresumsatz» und erziele auch noch bei der Einkommensteuer die «Traumquote O (in Worten: Null)»!

Doch siehe, da lächelte bereits Johannes Paul II. Ob über die zehn Millionen, die wieder ihre Runde machten um die Welt? Ob über die schwankenden Flüge des Heiligen Geistes, der zunächts über den Prälaten Siri und Benelli, dann über Colombo und Poletti schwebte, ehe er sich auf ihn, Wojtyla, niederließ? Oder lächelte er einfach, weil nun erwiesen, daß globale Politik auch mit einem Immer-nur-Lächeln sich machen ließ (und immer vergnügt, wie es in jener Operette von dazumal trällerte?) Oder lächelte er gar, weil ihn, obschon selber in «Schwierigkeiten und Angst», ja nun nicht auch gleich ein Herzversagen hinwegraffen konnte, nach allen Regeln der Wahrscheinlichkeit? Und vielleicht nicht nur nach ihnen?

Sogar mancher Kuriale mochte jetzt lächeln. Zumal allen – einigen tausend – Extragehälter winkten, bei Papsttod und Papstwahl; macht, in zwei Monaten, sechs; was die «heilige Armut» natürlich vergrößern mußte – ungeachtet der da weltbekannten Schufterei. (Beantwortete doch, so das Ondit, Johannes XXIII. die Frage, wie viele Menschen im Vatikan arbeiten, ohne Zaudern mit: «Etwa die Hälfte.»)

Und deshalb, sowie aus manchen noch ungenannten Gründen, würden auch Wir am liebsten immer nur lächeln und, wäre Unser Konto nicht chronisch überzogen, selbst Wir, fürwahr, noch einen Scheck schicken nach Rom – in das Faß ohne Boden, das weder die Pforten der Hölle noch die des Himmels je zu stopfen vermögen.

Ein Papst reist zum Tatort

«‹Sehen Sie, Mylady›, sagte ich, ‹jede Bewegung, die Sie hier erblicken, die Art des Zusammenlegens der Hände und des Ausbreitens der Arme, dieses Knicksen, dieses Händewaschen, dieses Beräuchertwerden, dieser Kelch, ja die ganze Kleidung des Mannes, von der Mitra bis zum Saum der Stola, alles dieses ist altägyptisch und Überbleibsel eines Priestertums . . ., das die erste Weisheit erforschte, die ersten Götter erfand, die ersten Symbole bestimmte und die junge Menschheit –› ‹Zuerst betrog›, setzte Mylady bitteren Tones hinzu, ‹und ich glaube, Doktor, aus dem frühesten Weltalter ist uns nichts übriggeblieben als einige triste Formeln des Betrugs. Und sie sind noch immer wirksam. Denn sehen Sie dort die stockfinsteren Gesichter? Und gar jenen Kerl, der dort auf seinen dummen Knien liegt und mit seinem aufgesperrten Maule so ultradumm aussieht?›»

Heinrich Heine

Doch wenn der Mann eher väterlich wirkt, manchmal freundlich, schlitzohrig fast? Wenn er ganz menschlich spricht, leutselig, gütig? Gar nicht, als nagelte seinesgleichen Völker und Kontinente ans Kreuz? Als habe nie ein Baronius, Kardinal der heiligen römischen Kirche, die «Amtspflichten» ihrer Oberhäupter im «weiden und töten» gesehn, «zufolge der Worte: weide meine Schafe, und: schlachte und iß! Denn hat der Papst mit Widerstrebenden zu tun, so hat er den Befehl, sie zu schlachten, zu töten und aufzuessen»? Als hätten die Mägen von ein paar hundert Päpsten – oh, hätte man sie ausgepumpt! – nicht Millionen und Abermillionen verdaut, Gold und Aktien, ganze Städte, Herzogtümer, jede Menge Menschenfleisch, knusprige Säuglinge und abgebrühte Ketzerknochen, leckere Jungfrauen, Todkranke, Schwangere auch («Rettet das keimende Leben!»), Ebenbilder Gottes jeden Alters, jeder Religion? Als lautete nicht Gregors VII. Lieblingswort: «Verflucht sei der Mensch, der sein Schwert vom Blut zurückhält»? Und Julius' II. Devise: «Wenn Sankt

Peters Schlüssel nicht helfen, so helfe mir sein Schwert»? Als habe nicht die Stimme seines «unvergeßlichen Vorgängers Pius XII.» (Papst Johannes Paul II.) von Hitlers Kriegern gerufen: «Sie haben geschworen. Sie müssen gehorsam sein»? Als prophezeite nie die Madonna («immer der wahre ‹Stern der Evangelisierung›»: Johannes Paul II.): Wenn Rußland sich nicht bekehrt, werden «mehrere Nationen vernichtet werden...»?

Nein, nicht stockfinster naht er, mit dem Schwert; biblisch friedlich, mit der «Frohen Botschaft». «Gott kommt zu uns!» ruft er. «Das Reich Gottes ist unter uns!» Ja, «Reichtum» bringt er, wenn auch «nur einen» – «unbegrenzte Zuneigung». Ein Menschenfreund, der «jedes Haus oder jede Hütte» besuchen, so «gerne mit allen» sich treffen, «mit jedem... reden», am liebsten jedoch «am Tisch der armen Familien sitzen» möchte, «denen es an Brot mangelt, um ihnen zu helfen». Leider geht's nicht, sagte er in Rio, und bot Besseres: – «den Leib Jesu und sein kostbares Blut... in einer grenzenlosen Kirche unter dem Himmelsgewölbe von Rio de Janeiro..., das viel größer und herrlicher ist als die Kuppel Michelangelos». Ach, lebt der ärmste Teufel dort nicht besser als der Papst in Rom?

Doch wie gern er auch, da und überall, das Glück der Armen teilte, die er immer wieder «selig» preist, «denn ihnen gehört das Himmelreich», schöner ja noch als der Himmel von Rio – er kann nicht mithungern. Die Sorge um das Ganze treibt ihn, fort über Land und Meer; nicht um den Duft der großen weiten Welt, nein, um den «Duft der Erkenntnis Christi» zu bringen. Auch «altägyptisch», Mylady, tritt er kaum auf, auch nicht, mit Goethes Lästerzunge, wie «der beste Schauspieler Roms» oder gar der beste urbis et orbis. Nein, abermals. Wie ein Engel des Herrn naht er, buchstäblich vom Himmel hoch her, wie der Heilige Geist schier selber. Nur ohne Taubenflügel jetzt und Federn – die 1542 der Mainzer Bischof noch zeigte, zwei Federn der Dritten Person der Gottheit, nebst einem Ei von ihr. Und «ohne Wanderstab» kommt er, ganz evangelisch, «ohne Geld im Gürtel» sogar. Es steckt in Schweizer Banken, den USA, in tausend und abertausend Geschäften; steckt in

Bier, Erdöl, Klosterlikören, in Hotels und Immobilien, Feriendörfern und Zeitungen, in Elektrizitätswerken, Versicherungen, Telefongesellschaften, Eisenbahnen («Umsonst habt ihrs empfangen, umsonst sollt ihrs auch weitergeben...»); steckt in argentinischen Gaswerken, bolivianischen Zinngruben, brasilianischen Gummifabriken («Es lohnt sich, der Sache Christi zu dienen»: Papst Johannes Paul II.); steckt in Alitalia, Fiat, BMW, bei Bayer Leverkusen, Siemens und Halske, in General Motors Corporation, U.S. Steel, Sharon Steel, Bethlehem Steel, ja, Dividenden aus Rüstungsfabriken noch, Spielbanken, ach, ich erbiete mich, so seitenweise fortzufahren. Doch: «All das genügt schon, um zu spüren, wie herrlich dieser Beruf ist»: Karol Wojtyla.

Im vierstrahligen Düsenclipper, im Papstjumbo schwirrt er an, mit eigens eingebautem Schlafgemach («Mein Reich ist nicht von dieser Welt»), und steigt herab dann, als «Star eines religiösen Happenings», so schwärmt der Erdkreis, als «Genie», «Volksheld», «the moral leader of the world», der «John Travolta des Heiligen Geistes», eben: «Johannes Paul Superstar». In taubenweißer Soutane, dem Zeichen seiner Unschuld, küßt er, vor starrenden Kameras, auf gar nicht dummen Knien, nein, höchst massenwirksam, das Land seiner Heimsuchung und stets «mit der Wärme und Spontaneität dessen..., der so etwas zum erstenmal tut», beim dreizehnten Pistenkuß bereits in Brasilien bekannt. Und hinein dann in salutierende Prominenz, in Exzellenzen und Eminenzen, Staatsmänner und Staatsaffären, den «Kreis der Fußballspieler» sogar, in Rudeln von Reportern, schockweise auch selbst mit eingeflogen schon – Propaganda fide! Kanonenschüsse, militärische Ehren, Militärkapellen, Militärmärsche, goldne Worte auch, doch alles ohne «triste Formeln des Betrugs», Mylady, Worte nur der Wahrheit, des Lebens, die «Frohe Botschaft» für Hunderttausende in Dreck, in Regen, Sonnenglut – vierhundert Jahre nach der Verbrennung Brunos, der stöhnte schon, wie's «in den Staub / Vor diesem Monstrum Seiner Heiligkeit / Hinkniet und betet, – betet...», der höhnte, seufzte:

«O heilges Eseltum, o heilge Ignoranz!

O heilge Dummheit, heilge Devotion!»

Ja, knien im Dreck – «Nicht kümmert heilges Eseltum sich drum; / Es beugt die Knie, es faltet fromm die Hände, / Erwartet, daß der Herr ihm Segen spende...» – und in der Luft doch nicht einmal mehr die sonst bei dergleichen so häufigen himmlischen Heerscharen, sondern: eine «fliegende Super-Anti-Terror-Truppe», auf den Dächern Scharfschützen, noch unter der Erde durchkämmen Spezialeinheiten, Tag und Nacht, die Kanalsysteme – mit einem Wort: kein Gottvertrauen!

Dafür wie im Krimi. *Jeder* Schauplatz ein *Tatort* auch. *Und was für einer!*

Ein Beispiel nur: die erste große Reise.

Am 25. Januar 1979 ging Johannes Paul II. in der Dominikanischen Republik, auf der Insel Haiti, zu Boden, richtete sich auf und sagte: «Herr Präsident, liebe Brüder im Bischofsamt, liebe Brüder und Schwestern! Ich danke Gott, daß er mir gestattet, dies Stück amerikanischer Erde... zu betreten»; «hierherzukommen: auf dem Weg, den die ersten Glaubensboten nach der Entdeckung des Kontinents einschlugen...»

Recht so. «Hier», bestätigt ein Augenzeuge, der spanische Dominikaner Bartolomé de Las Casas, später Bischof von Chiapas, «ging das Metzeln und Würgen unter jenen unglücklichen Leuten an» – «... und wir können dieses Werk heute nur mit Bewunderung und Dankbarkeit betrachten», sagte der Papst.

«Die Christen», schreibt Las Casas, «drangen unter das Volk, schonten weder Kind noch Greis, weder Schwangere noch Entbundene, rissen ihnen die Leiber auf und hieben alles in Stücke, nicht anders, als überfielen sie eine Herde Schafe...» – «...um Christus, den Erlöser, zu verkünden», frohlockte der Papst, «um die Würde der Eingeborenen zu verteidigen, für ihre unantastbaren Rechte einzutreten», «das Reich Gottes... bei euren Vorfahren präsent zu machen».

«Sie wetteten miteinander, wer unter ihnen einen Menschen auf einen Schwertstreich mitten voneinander hauen, ihm mit einer Pike den Kopf spalten oder das Eingeweide aus dem

Leibe reißen könne.» «Seitdem», jubelte der Papst, «öffnete sich dieses geliebte Volk hier dem Glauben an Jesus Christus.» «Neugeborene Geschöpfchen», berichtet Las Casas, «rissen sie bei den Füßen von den Brüsten ihrer Mütter und schleuderten sie mit den Köpfen wider die Felsen.» «Gepriesen sei der Herr, der mich hierher geführt hat», rief der Papst... «Andere schleppten sie bei den Schultern durch die Straßen, lachten und scherzten dazu, warfen sie endlich ins Wasser und sagten: ‹Da zapple nun, du kleiner schurkischer Körper!›» – «...wo für diesen Kontinent zu Gottes Ruhm und Ehre die Zeit des Heiles begonnen hat...» «Andere ließen Mutter und Kind zugleich über die Klinge springen...» – «...wo das erste Kreuz aufgepflanzt, die erste Messe gelesen und das erste Ave Maria gebetet wurde.»

«Sie machten auch breite Galgen, so, daß die Füße beinahe die Erde berührten, hingen zu Ehren und zur Verherrlichung des Erlösers und der zwölf Apostel je dreizehn und dreizehn Indianer an jedem derselben, legten dann Holz und Feuer darunter, und verbrannten sie alle lebendig» – «... in der Tat die Gnade und eigentliche Berufung der Kirche», meinte der Papst. «Sie ist da, um zu evangelisieren.»

«Einst kam der Gouverneur der Insel... Er berief dreihundert der vornehmsten Herren und versprach ihnen sicheres Geleit. Die meisten derselben lockte er hinterlistigerweise in ein Haus von Stroh... und ließ sie alle lebendig verbrennen.» Die vornehmsten Herren verbrannt – die neuen Herren etabliert.

«Der Hl. Stuhl hat seinerseits», sagte der Papst, «die ersten Bischofssitze Amerikas hier auf dieser Insel errichtet.»

«Alle übrigen, nebst ihrem Gefolge, stießen die Christen mit Lanzen darnieder oder ließen sie über die Klinge springen; die Königin Anacoana aber hingen sie Respekts wegen an den Galgen.» Hatte Anacoana ja den Christen «die wichtigsten Dienste» geleistet, «ganz außerordentliche Wohltaten». Deshalb: Respekts wegen an den Galgen. Die Regel dagegen: «Große und Edle brachten sie gewöhnlich folgendergestalt um: Sie machten Roste von Stäben, die sie auf Gabeln legten, darauf banden sie die Unglücklichen fest und machten ein gelindes Feuer darunter, bis sie nach und nach ein jämmerliches Geschrei erhoben und unter unsäglichen Schmerzen den Geist aufgaben... Alle diese hier beschriebenen Greuel, und noch unzählige andere, habe ich mit meinen eigenen Augen gesehen.»

«In verhältnismäßig kurzer Zeit haben die Glaubensboten ganz Santo Domingo... erfaßt», predigte der Papst. «Menschen, die es vor allem zu den Schwachen und Hilflosen hinzog, zu den Eingeborenen... Daraus entwickelte sich später unter Francisco de Vitoria das erste internationale Recht.»

Bischof Las Casas: «Da nun alles, was fliehen konnte, sich in den Gebirgen versteckte und auf die steilsten Felsen klimmte, um diesen grausamen, gefühllosen, den Raubtieren ähnlichen Menschen zu entrinnen, so richteten diese Würger, diese Todfeinde des Menschengeschlechtes, ihre grimmigen Jagdhunde dergestalt ab, daß sie jeden Indianer, dessen sie nur ansichtig wurden, in kürzerer Zeit, als zu einem ‹Vater Unser› erforderlich ist, in Stücke zerrissen; die von größerem Schlage fingen die Indianer wie wilde Schweine und fraßen sie auf.»

Papst Johannes Paul II.: «Wenn wir hier verdienten Dank aussprechen müssen an jene, die den Samen des Glaubens zuerst ausgestreut haben, so hat er an erster Stelle den religiösen Orden zu gelten, die sich ganz der Aufgabe der Evangelisierung gewidmet haben, auch wenn es sie Opfer bis zum Martyrium kostete...»

Bischof Las Casas: «Da nun die Indianer, welches jedoch nur ein paarmal geschah, einige Christen in gerechtem und heiligem Eifer erschlugen, so machten diese das Gesetz unter sich, daß allemal hundert Indianer umgebracht werden sollten, so oft ein Christ von ihnen getötet wurde...»

Papst Johannes Paul II.: «So war die Kirche auf dieser Insel die erste Instanz, die sich für Gerechtigkeit einsetzte und die Rechte der Menschen...»

Kennt Karol Wojtyla nur katholische Kirchengeschichte? Das schärft gewiß den Blick fürs Schöne, zumal für die paar eignen «Märtyrer», stets das Beste, was einer Religion passieren kann; weshalb der Papst auch, «bewegt», daran erinnert.

Doch kein Wort, wie in so vielen Kirchengeschichten, vom millionenfachen Blutopfer der Überfallenen, der legalen Besitzer des Landes! Jetzt jedenfalls, jetzt darf man nicht versuchen, lehrte er, «die Benachteiligten zu Privilegierten zu erheben», weil das ja nur «neue ungerechte Situationen für die schafft, die bis jetzt die Vorteile auf ihrer Seite hatten»! (Ach, hätten wir doch auch von ihm schon eine «Sozialenzyklika»! Die Welt hungert danach! Und vor allem verhungern noch mehr danach!)

Indes: Eigentum der Kirche nun ist natürlich etwas anderes als Eigentum der Indios einst. Wir dürfen nicht, Historiker betonen dies dauernd, heutige Vorstellungen auf früher übertragen. Andrerseits kann es aber auch sein, daß Vorstellungen früher ganz falsch waren und wir erst jetzt den rechten Blick dafür bekommen.

Zum Beispiel Las Casas. Der Mann war zwar, wozu er zweifellos nicht taugte, Mönch und Bischof. Er lebte auf Haiti und Kuba, in Nicaragua, Guatemala, Peru, Mexiko, und das auch noch beinah ein halbes Jahrhundert. Doch gerade der lange Zeitraum, das tropische Klima, dazu dies hektisch florierende Heil, also: Der Mann sah bald bloß noch rot, nur noch Blut, wurde gleichsam betriebsblind, blind nämlich für die – so oft vom Papst «schön» genannten – Früchte, die «Früchte der Evangelisierung», die just dort reiften, und konnte schließlich nichts anderes, rügt ein moderner Jesuit, als «Greuelberichte» fabrizieren. Nicht aber weil es, wie man meinen könnte, auch wirklich Greuel waren, sondern weil ihm einfach «an Ort und Stelle», so der Jesuit, «der rechte Blick abging». Ja, heute, lieber Gott, sieht man selbstverständlich, daß die, alles in allem, gut 50 Millionen Rothäute und Schwarze, die da beim Nahen des Heils allmählich ins Gras bissen, gar keine große Sache, was sage ich, überhaupt nicht tragisch sind. Im Gegenteil: «Nichts Herrlicheres gibt es in der ganzen Missionsgeschichte...»

Das ist Wissenschaft! Mit Imprimatur.

Dagegen: der Verfasser hier. Nicht nur reißt er Zitat um Zitat skrupellos aus dem Zusammenhang, sondern es fehlt ihm auch jedes feinere (oder höhere) Gefühl zu differenzieren zwischen den Bahnbrechern, den eigentlichen Haudegen, und jenen, die ihnen mit der «Frohen Botschaft» auf dem Fuß folgten. «Wie schön sind die Füße derer, die das Heil verkünden»: Paulus / Wojtyla. Denn die einen haben geschlachtet, die anderen evangelisiert, die einen das Land gesäubert, die andern es bepflanzt: zwei ganz verschiedene Dinge, eigentlich so unzusammenhängend wie ein Indio, zerlegt und ausgeweidet. Das hat, sauber getrennt, nichts mehr miteinander zu tun.

Und so sehr auch die spanischen Spätscholastiker, Soto, Bañez, Gregor von Valencia, den Kolonialkrieg, den Krieg gegen «die Feinde der Missionare», erlaubten, die Blutarbeit selbst war natürlich, mit Francisco Suarez, dem damals führenden spanischen Jesuitentheologen: «nicht Sache des Priesters und des geistlichen Standes». Nein, die hatten damit genausowenig zu tun wie mit der Vernichtung der Heiden, Juden, «Ketzer», «Hexen». Zumal die höchsten Priester, die Päpste, haben keinen Indianer umgebracht – ein Papst den andern, das kam schon mal vor –, doch keinen einzigen Indianer. Sie sind da ganz unschuldig; unschuldig wie Hitler, der auch nie einen Juden ermordet hat, an deren Vergasung.

Was aber die «ersten Glaubensboten» (im engeren Sinn) auf Haiti betrifft, zwölf «Söhne des hl. Franziskus», so hätte Johannes Paul II. sogar bei Joseph Höffner aus Köln lesen können, daß sie die – durch Las Casas geschilderten – Methoden der «Siedler» billigten. Und als etwas später den Franziskanern Dominikaner folgten und Antonio de Montesino 1511 in der Kirche San Domingos von der Kanzel donnerte: «Sind das keine Menschen?» (Bis ins 18. Jahrhundert stritt man im christlichen Abendland darüber!) «Haben sie nicht vernunftbegabte Seelen? Seid ihr nicht verpflichtet, sie zu lieben wie euch selbst?», da verbot, «in der Kraft des Heiligen Geistes», der Dominikanerprovinzial Alfonso de Loaysa, beauftragt anscheinend von Bischof Juan de Fonseca, jede Kritik. Wessen Gewissen zu empfindlich sei, der solle nach Spanien zurück!

Die katholische Kirche, deren Evangelisierung «allein» die Kraft besitzt, «den Menschen zu befreien, weil sie Offenbarung der Liebe ist», die katholische Kirche, die hier, rief Papst Johannes Paul II., in derselben Stadt, «so vieles und Schönes begonnen», ja, wo Gott selbst «das gute Werk begonnen hat», stand in Wirklichkeit, theologisch und praktisch, voll hinter Versklavung und Massenmord, hinter dem guten Werk; übrigens unter einem Vorgänger Karol Wojtylas, den dieser, undankbarerweise, in vierundsiebzig Lateinamerika-Reden nicht einmal erwähnt, vermutlich weil jener das Zölibat, «einen kostbaren Wert des Christentums», so Johannes Paul II., «ein jahrhundertealtes Erbe der Kirche», nicht ebenso geschätzt zu haben scheint, zumindest selber, mit verschiedenen Mätressen, neun Kinder machte und es auch heftig mit einer eignen, noch sehr jungen Tochter trieb. Alexander VI., längst nicht der gefährlichste der «Stellvertreter», erkannte in der Bulle «Inter coetera» vom 4. Mai 1493 die Neue Welt («omnes insulas et terras firmas inventas et inveniendas, detectas et detegendas...»), die ihm so wenig gehörte wie etwa der Vatikan dem Dalai-Lama, kurzerhand den Spaniern und Portugiesen zu, sie ausdrücklich aufrufend, «die Eingeborenen und Bewohner zur Verehrung des Erlösers und zum Bekenntnis des katholischen Glaubens zu bringen».

Als man knapp vierzig Jahre nach diesem Schenkungsakt – wie üblich gestärkt durch heilige Messe und heilige Kommunion, unter ausdrücklichem Ausschluß von Rechtsgelehrten, doch in Begleitung frommer Patres – den Kreuzzug gegen Peru begann, erklärte der Inkafürst Atahuallpa nach einer Missionspredigt des späteren Bischofs Pater Vicente de Valverde: «Was den Papst betrifft, von dem ihr sprecht, so muß er wahnsinnig sein, wenn er daran denkt, Länder zu verschenken, die ihm nicht gehören. Meinen Glauben mag ich nicht ändern. Euer Gott ist, wie ihr sagt, von denselben Menschen getötet worden, die er geschaffen hat. Der meinige aber», er zeigte auf die eben prachtvoll hinter die Berge sinkende Sonne, «lebt noch im Himmel und blickt auf seine Kinder herab.» Darauf befahl der Mönch, einer jener von Papst Johannes Paul II. so oft gepriesenen «unerschrockene[n] Missionare» aus dem «nunmehr fernen 16. Jahrhundert..., deren Glaube und menschlicher Großmut Bewunderung verdient»: «Greift augenblicklich an! Ich gebe euch die Absolution.» Und unter dem Schlachtruf «Sankt Jago» metzelten die Bringer der «Frohen Botschaft» zwischen 2000 und 10000 ihrer waffenlosen Gäste nieder; zuletzt, nachdem man sein ganzes Gold hatte, wie einen gemeinen Verbrecher durch die Garotte, die Würgschraube, auch den Fürsten, den letzten Inka, den Pater de Valverde sogar noch getauft, ja, für den er am nächsten Tag eine feierliche «Seelenmesse» gelesen hat. So sah die «christliche Liebe» aus, «dieser bedeutsame Faktor des kirchlichen Lebens», sah der «Aufbau des Reiches Gottes», die «Evangelisierung» aus, um ein weiteres stereotypes Schlagwort (!) Karol Wojtylas zu verwenden, sah das aus, dem die Päpste, nicht erst heute, ihr lateinamerikanisches Glück und die Lateinamerikaner noch heute ihr Unglück verdanken.

Für die Konquistadoren wie für die Kirche war der Raub Amerikas nichts als ein «Kreuzzug», der Kampf gegen die Eingeborenen eine unmittelbare Fortsetzung ihres Krieges gegen die Mauren, der Indianer ein «Unwesen», seine «Ausrottung Gott wohlgefällig». Die Missionare dachten gar nicht daran, die Conquista in Frage zu stellen. Das blutige Geschäft war die Voraussetzung für ihre Mission, ein «gerechter Krieg» (guerra justa) immer erlaubt und das bellum romanum, der Krieg gegen Ungläubige, stets «gerecht ohne Zweifel», somit auch jeder Indianerkrieg. Der spanische Hofprediger Gregorio, der Indios «sprechende Tiere» nannte, bewies aus Thomas von Aquin, daß sie «mit eiserner Rute regiert werden müssen» und propagierte ihre Versklavung. Verschwindende Ausnahmen beiseite, forderten die Missionare «Gewalt». Auch der vom Papst so hochgelobte Jesuit José de Anchieta, der «Pionier der Evangelisierung», der «Mann Gottes», der «‹Apostel Brasiliens›, der mehr als jeder andere zum Wohl eures Volkes beitrug», das «Modell für ganze Generationen von Missionaren», gab die Devise aus: «Schwert und Eisenrute sind die besten Prediger» – und Johannes Paul II. sprach ihn 1980 selig!

Nicht einmal das «Gesetz» von Haiti – hundert tote Indianer für einen getöteten Christen – genügte schließlich. Um drei den Kariben am Orinoko zum Opfer gefallene Jesuiten zu rächen, schickte man Soldaten, wie Jesuit Johann Gastl 1685 aus Südamerika meldete, «*damit sie von den Karaiben töten, soviele sie können*. Kein besseres Mittel, die Wildheit barbarischer Völker zu bezwingen, gibt es...» Und noch 1812 schärfte der Jesuit del Coronil den gegen die aufständischen Venezolaner ziehenden Truppen ein: «Bringt alles um, was älter ist als sieben Jahre!»

Der Papst jedoch zögerte keinen Augenblick zu sagen: «Die Kirche möchte sich den Indios widmen. Heute ebenso [!], wie sie es seit der Entdeckung... an ihren Vorfahren tat.» Die Insel Haiti, bei Ankunft der Katholiken von einem hochstehenden Indianervolk besiedelt, hatte etwa 1100000 Einwohner; 1510 noch 46000, 1517 noch 1000. «Hier wurde unter Schwierigkeiten und Opfern Schönes erreicht», sagte der Papst. «Hier wird heute Christus bezeugt...»

Das allein zählt. Ihre Macht! 95 Prozent der Bevölkerung der Republica Dominicana sind nun römisch-katholisch. Und vielleicht, wer weiß, macht einmal ein Atomkrieg auch 95 Prozent der Bewohner Europas katholisch – nur sind's dann kaum Nachkommen von Europäern mehr, sondern, zum Beispiel, von lauter römisch-katholischen Lateinamerikanern. Wie glücklich wäre jeder Papst danach – glücklich wie Johannes Paul II. in Lateinamerika! Denn wer über 50 Millionen Tote schreitet wie seinesgleichen, schreitet genauso über 500 Millionen Tote oder mehr. Selbst wenn die Welt unterginge, interpretierte Jesuit Gustav Gundlach Pius' XII. Lehre zum Atomkrieg (betonend, der Papst sei sich «über die Tragweite und die Tatsachen sehr wohl klar»), bedeutete das wenig; haben wir doch, so wörtlich der Jesuit, «nicht die Verantwortung für das Ende der Welt», sondern «können dann sagen, daß Gott der Herr... auch die Verantwortung übernimmt».

Durch millionenfache Vernichtung der Indianer auf Haiti, den andern Inseln, dem Festland, fehlten allmählich die Arbeitskräfte. Und nun riet ausgerechnet Bartolomé de Las Casas, aus Mitleid mit den Indianern, Negersklaven nach Amerika zu schaffen, womit eine weitere gesegnete Phase der Heilsgeschichte begann. Schätzt man doch, daß zeitweise auf einen gefangenen Sklaven, der die afrikanische Küste noch lebend erreichte, zehn trafen, die schon beim Landtransport umgekommen waren, worauf von weiteren zehn etwa neun auf dem Seeweg verreckten. Die Abendländer, renommierte der Papst, haben Lateinamerika «eine neue Kultur eingepflanzt..., wobei sie das Land mit immer neuen Volksgruppen besiedelten»: darunter, deutete er dezent an, die «afrikanischen Neger». Dreißig Millionen, doch das sagte er nicht, dreißig Millionen Schwarze, vielleicht aber weit mehr, schleppten die Christen im Lauf der Zeit nach Amerika; etwa ebensoviel, vielleicht aber weit mehr, gingen dabei bereits im Land oder auf den berüchtigten Sklavenschiffen zugrunde. Selbst dies «Kapitel» indes, tröstete Johannes Paul II., «ist mittlerweile auch abgeschlossen...» Und voll von «unvergeßlichen Erinnerungen» an die «schönen Tage», die wenigstens er «an der Wiege des Katholizismus der Neuen Welt erlebte», reiste er, unter donnerndem Artilleriesalut, am 27. Februar 1979 nach Mexiko.

Vier Flugstunden später entstieg er der DC-10 der italienischen (richtiger: vatikanischen) Fluggesellschaft Alitalia, stürzte küssend auf «die geweihte mexikanische Erde», erhob sich flink und eilte zu dem in letzter Minute erschienenen José Lopez Portillo. «Mein Herr», sagte der Präsident eines Staates, in dem zwar 97,5 Prozent Katholiken wohnen, der aber keine diplomatischen Beziehungen zum Vatikan unterhält – nur der mexikanische Kommunistenchef versprach sich dies vom Papstbesuch –, vielmehr durch die Verfassung von 1917 den Klerus enteignet hat. Ergo begrüßte Portillo «Christi Stellvertreter» nicht als Staatsgast, sondern als Touristen («denn es ist nichts Schlechtes, und ich verpflichte mich zu nichts»), rang sich genau vier knappe Sätzchen ab und verließ umgehend den Flugplatz.

Papst Johannes Paul II. knüpfte nicht an das Jahr 1917 an, sondern gedachte glücklicherer Zeiten. «Seitdem im Jahre 1492 die Verkündigung der Frohen Botschaft in der Neuen Welt begonnen hat», berichtete er, «gelangte der Glaube schon gut 20 Jahre später nach Mexiko.» Doch mit dem Glauben, aber das unterschlug der Hohepriester wieder, kamen Krieg,

Inquisition, Sklaverei und Syphilis; eine Krankheit, mit deren Spuren man sich gebrüstet haben soll wie anderwärts mit Kriegsblessuren.

Entfaltete sich ja überhaupt mit dem Katholizismus die «Atmosphäre eines Sexualrausches», vergrößerte gerade die Geistlichkeit das Reich Gottes höchst fruchtbar, bevorzugt vermittels dunkelhäutiger Mulattinnen und Negerinnen. «Hier», betonte der Papst, «kann es keinen Unterschied zwischen den einzelnen Rassen und Kulturen geben»; vielmehr sei Christus «alles und in allen». Noch in dessen speziellen Bräuten aber steckte nicht nur der Herr, sondern gleichfalls die Syphilis. Die Klöster der frommen Frauen waren überschwemmt davon. «Ich weiß sehr wohl», lobte der Papst, «wie groß ihr Beitrag an der Verbreitung des Glaubens in Lateinamerika gewesen ist... Hier haben sie ständig Seite an Seite mit dem Diözesanklerus gearbeitet.» Da die Herrenbräute jedoch beim besten Willen nicht allen zu Willen sein konnten, boten sie stellvertretend wenigstens ihre Backwaren noch als «Nonnenbauch» und «Nonnenseufzer» an, als «Himmelsspeck» und «Engelsbissen».

Mit dem Sexualrausch florierte der Mordrausch. Denn die «Evangelisierung», die sich, laut Johannes Paul II., «in diesem Land auf wunderbare Weise erfüllt» hat, war auch da, wie so oft, gekoppelt mit einem «totalen», «dogmatischen», einem «heiligen» Krieg; nicht mit einem Kampf etwa der «Bleichgesichter gegen Rothäute», sondern der «Christen gegen Ungläubige». Das erklärt die Radikalität der Heilsverbreitung auch in Mexiko – gegenüber ausgesprochen zutraulichen, gastfreundlichen Menschen, die den Spaniern buchstäblich wie Göttern nahten; ihnen auch waffentechnisch derart unterlegen, daß schließlich selbst ihr Heldenmut so unwirksam blieb, «wie es der Mut des Marnesoldaten gegenüber der Atombombe von heute wäre».

Trotz greulicher Menschenopfer ethisch weit besser als die Katholiken, erhielten die Indios, sofern sie überlebten, nun aber das, was Karol Wojtyla in Mexiko die «Grundlagen des christlichen Glaubens», die «Liebe Christi zu den Menschen» nannte: «Diese Liebe kennt keine Parteilichkeit, denn sie schließt niemanden aus...»; was er als die «Frohe Botschaft» propagierte, «den Menschen ohne Unterschied der Nation, der Kultur, der Rasse, der Zeit, des Standes oder der Lebensverhältnisse» angeboten; was er als «Sache des Evangeliums und des Friedens» pries, «auf der Gerechtigkeit und der Liebe zwischen den Menschen und den Völkern gegründet»; kurz, sie bekamen das Gegenteil des «atheistischen Humanismus», die «Dimension des Absoluten» zu spüren: Betrug, Raub, Folter, Sklaverei und Massenmord.

Die romhörigen Katholiken erschlugen, erstachen, erwürgten, ersäuften, verbrannten; alles im Namen Gottes und der Jungfrau Maria. Sie verbrannten Könige, Häuptlinge und «Hexen», die gesamte altmexikanische Führungsschicht. Sie verbrannten ungezählte Dörfer, Städte, unschätzbare Tempel, Götterbilder, Kunstwerke, fast die ganze aztekische Kultur. Der vom Papst in Mexiko an der Spitze der «große[n] Gestalten von Verkündern der Frohen Botschaft» gewürdigte Franziskaner Juan de Zumárraga, Leiter des ersten mexikanischen Erzbistums, tat sich im Schleifen der Kultstätten besonders hervor. Bereits 1531 meldete er die Vernichtung von mehr als 500 Tempeln und über 20000 «Götzenbildern». Dabei hatten die Spanier, gestand Feldhauptmann Bernal Diaz del Castillo, «niemals dergleichen gesehen oder geträumt...» Notierte doch selbst ein Albrecht Dürer 1520 in Brüssel am Hof Karls V.: «Und ich hab aber all mein Lebtag nichts gesehen, das mein Herz also erfreuet hat als diese Ding... und hab mich verwundert der subtilen Ingenia der Menschen in frembden Landen.»

Leichen und Asche. «Sie achteten und schonten sie weit weniger», schreibt Las Casas, «– und ich sage die Wahrheit, denn ich habe es die ganze Zeit über mit angesehen – nicht etwa bloß als ihr Vieh – wollte Gott, sie hätten sie nicht grausamer als ihr Vieh behandelt! –, sondern sie achteten sie nicht höher, ja noch weit geringer als den Kot auf den Straßen.» Sie hetzten Männer und Frauen durch Hunde, die sie mit Menschen fütterten, mit lebend zerstückten Indianerbabys. Sie zerrissen Gefangene zwischen zwei Pferden oder Kanus. Sie spießten Schwangere auf, banden ihre Opfer vor Kanonenmündungen und pulverisierten sie, knüpften «zur Verherrlichung des Erlösers» an Galgen, schnitten hundertweise Hände, Nasen, Lippen, Brüste ab «mit Hilfe Gottes, der Heiligen Jungfrau und des Apostels Santiago...», des spanischen Nationalheiligen, dessen angebliches Grab in Santiago de Compostela seit dem Hochmittelalter eine abendländische Großwallfahrtsstätte war. Doch was noch Gottfried Arnold im 18. Jahrhundert «ärger als reißende bestien, ja eingefleischte teuffel» erschien, ist im 20. Jahrhundert für den Kölner Kardinal Höffner – wer hätte dem soviel Offenheit zugetraut? – Ausdruck «ungeheuchelter... Religiosität»!

Was diese ungeheuchelten Papisten nicht ermordeten, was sich vor ihrer Liebesreligion – wie in Europa oft die Juden – nicht selbst das Leben nahm, legte man, mit offizieller Billigung der Theologie, an Halseisen, Ketten, dem brannte man, im Namen des Kaisers und christlichen Glaubens, mit glühenden Eisen ein G (Guerra = Krieg) auf den Leib. Permanente Menschenjagd. Gott und Gold – 200 Millionen Dukaten an Gold, Silber, Edelsteinen fielen, nach Las Casas, für die spanischen Könige ab; nach einem modernen Forscher, in den ersten eineinhalb Jahrhunderten, 257 488 418 Pfund Sterling –, nichts spukte mehr durch ihre Gangsterköpfe, außer den Weibern vielleicht, die sie, innige Marienverehrer, «trächtig» machten, um sie höher verkaufen zu können. Bis zu 800 Indianer zahlten sie für ein einziges Pferd.

«... und nach einem Jahrhundert der Verkündigung der Frohbotschaft», sagte der «Heilige Vater» in Mexiko, «gibt es auf dem neuen Kontinent mehr als 70 Bischofssitze mit 4 Millionen Christen»; schließlich lebt dort, «nach fünf Jahrhunderten der Evangelisation, fast die Hälfte der ganzen katholischen Kirche...» Ja, wenn das nicht zwölf bis fünfzehn Millionen mickrige Männer, Frauen «und auch Kinder» aufwiegt, die man, laut Las Casas, in vierzig Jahren massakrierte?! Und dreißig bis vierzig Millionen krepierte Schwarze dazu!

Bedauerlich nur, daß der Papst nie jenes Mannes gedachte, der ganz Mexiko dem Katholizismus erobert hat, einer Kirche, die Karol Wojtyla dauernd als Förderin der «Menschenwürde» feiert, als «Verteidiger der Menschenrechte», «Expertin der Menschlichkeit» – während Adolf Hitler an diesen großen katholischen Heroen am 26. Januar 1936 in München erinnerte, als er seine Ideen vom «Recht» auf Kolonien entwickelte und dies demonstrierte durch den blutrünstigen Monsterraub unter Fernando Cortez: «kühn und edel», rühmt ihn das gut katholische Herder-Lexikon, «hochgebildet und um die Ausbreitung des Christentums verdient».

Cortez selber nannte sich «Diener und Mehrer der Macht Christi», seine Hauptaufgabe: «Ausbreitung des katholischen Glaubens». Er führte selbstverständlich – wie ja auch Hitler – Feldgeistliche mit, ließ sie predigen, operierte stets mit dem lieben Gott, der lieben Gottesmutter, dem spanischen Nationalheiligen. Mitstreiter Bernal Diaz meldet: «Jeden Morgen las er in seinem Brevier. Die Messe hörte er alle Tage mit viel Andacht. Zu seiner Schutzheiligen hatte er die Madonna auserkoren.» Überall in Mexiko ließ Cortez Marienbilder zeigen und das Kreuz errichten, ein Kreuz wehte auf einer Standarte auch seinen Mordbrennern voran – «das Zeichen der Hoffnung für den Menschen aller Zeiten» (Wojtyla). «In ihm hat Gott dem Menschen die Würde gezeigt, die er besitzt...»

Durch Cortez entfalteten sich Hoffnung und Würde unter dem Kreuz gewöhnlich, «... bis das Feld von Lebendigen leer, von Toten aber voll war»; so er selbst. Und gleich weitere Zitate aus Berichten, die er 1520 und 1522 Karl V. schickte, in dessen Reich, nicht zuletzt dank Cortez, die Sonne nicht unterging! «Ich eracht, es sind ihrer wenig übriggeblieben.» «... jagten wir sie zwei Meilen vor uns her, was ein lustig Stücklein war. Viele von ihnen ereilten wir und stachen sie nieder.» «... überfiel ich zwei Dörfer, darin ich viele Indianer umbrachte.» «... erstürmten wir die beiden Dörfer, setzten sie in Brand und kehrten fröhlich in unsere Stadt zurück.» «... und warfen Feuer in mehr denn 300 Häuser»; «... setzte ich sechs Dörfer in Brand»; «brannten wir zehn Dörfer nieder.» «Das Volk darin lief ohne Wehr und Waffen aus den Häusern heraus, die Weiber und Kinder nackt, alles durcheinander. Anfangs machten wir viele nieder...» «... fiel ich unter dem Schlachtrufe: Hie Sankt

Jakob! unversehens über sie her und stach ihrer mehr denn 100 Mann nieder.» «Unter dem Ruf Hie Sankt Jakob! ritten wir über den weiten Platz und stachen alles nieder, was uns vor die Lanzen kam... Mehr denn 500 Feinde kamen um.» «Unter Anruf des Heiligen Jakob begannen sie zu stürmen..., und der Fluß, der unten vorbeifließt, war, wie man mir berichtet hat, rot vom Blut der Erschlagenen.» «... haben wir sodann über 800 Temixtitaner erschlagen und gefangengenommen.» «Binnen zweier Stunden sind alsdann 3000 Bürger erlegt worden.» «... und trieben die Verteidiger in den See hinein. Mehr als 6000 Männer, Weiber und Kinder kamen dabei um.» «... an diesem einen Tag mehr denn 12000 Temixtitaner totgeschlagen und gefangengenommen.» «An diesem Tag... über 40000 Temixtitaner niedergemacht oder gefangengenommen.» «Mehr denn 50000 waren in der Stadt gestorben.»

Was der edle Cortez der katholischen Majestät da lakonisch meldet, gewinnt an Leben und vor allem an Blut in einem aztekischen Text, der das Massakrieren von tausend Indianern bei einem Fest beschreibt. *Nur so* wurde, wie auf Haiti, auch in Mexiko und dem übrigen Südamerika den «fundamentalen Menschenrechten», der «Sache des Evangeliums und des Friedens», zum Sieg verholfen.

Gerade als «der Reigentanz sich zu den schönsten Figuren fügte und Gesang sich an Gesang schloß, an diesem Höhepunkt des Festes», stürzten die frommen Spanier «in den geheiligten Innenhof, um die Feiernden zu schlachten. Sie kamen zu Fuß, sie trugen ihre Eisenschwerter in den Händen und ihre Holzschilde und ihre Eisenschilde. So stürmten sie mitten unter die Tänzer und erzwangen sich einen Weg dorthin, wo die Pauken geschlagen wurden. Sie griffen den Mann an, der trommelte, und schlugen ihm die Arme ab. Dann schlugen sie ihm den Kopf ab, und er rollte weithin über den Boden. Dann griffen sie die Tanzenden an, erstachen sie, spießten sie auf, erschlugen sie mit ihren Schwertern. Einige durchbohrten sie von hinten, die fielen mit heraushängenden Eingeweiden zu Boden. Andere enthaupteten sie; erst spalteten sie ihnen den Kopf und schlugen ihn dann in kleine Stücke. Andere trafen sie an den Schultern, in klaffenden Wunden öffneten sich ihre Rücken. Einigen rissen sie die Arme vom Körper. Einige stachen sie in die Schenkel und in die Waden. Anderen schlitzten sie den Bauch auf, und die Eingeweide flossen auf den Boden. Manche versuchten vergeblich, noch wegzurennen, doch ihre Gedärme schleiften vor ihnen, und mit ihren eigenen Füßen verfingen sie sich darin. Auf welche Weise sie sich auch zu retten suchten, sie konnten nicht entkommen. Einige versuchten, sich einen Weg nach draußen zu erzwingen, aber die Spanier ermordeten sie an den Toren. Andere kletterten an den Wänden hoch, aber die Spanier spießten sie auf... Das Blut der Häuptlinge floß wie Wasser und sammelte sich in Pfützen. Die Pfützen flossen zusammen und machten den ganzen Tempelhof zu einer großen schlüpfrigen Fläche. Der Gestank des Blutes und der Gedärme füllte die Luft. Und die Spanier rannten nun in die Privathäuser und töteten alle, die sich dort noch verbargen.»

Die Blutorgie ist typisch für ungezählte, durch die Cortez Mexiko entvölkerte, ein Katholik, der ganz evangelisch, wie er seinem Kaiser schrieb, «nicht Böses mit Bösem vergelten wollte», der nicht nur seine Feldgeistlichen «die wichtigsten christlichen Glaubenssätze» lehren ließ, sondern auch selber predigte: «wir sind Christen und glauben nur an einen wahren Gott, an Jesus Christus, der für uns gelitten...» «Wir glauben an ihn allein, und darum verehren wir auch nur ihn allein.» «An die Stelle eurer Götzen werde ich jetzt unsere glorreiche und heilige Frau setzen, die Mutter Jesu Christi, welcher der Sohn Gottes ist...»

Gerade die Madonnenverehrung verbindet Massenmörder Cortez besonders mit einem Papst, der unentwegt und überall marianische Frömmigkeit empfiehlt, nicht zuletzt in jenen Ländern, in denen sich «der Auftrag Christi erfüllte», in denen «durch die Taufgnade überall die Zahl der Gotteskinder zunahm» – und die der Teufelskinder etwas ab...

In Mexiko lebten bei Ankunft der katholischen Spanier schätzungsweise 11 Millionen Indianer, gut hundert Jahre später noch 1,5 Millionen.

Derart gewann die Kirche – «Verteidiger der Menschenrechte», «Expertin der Menschlichkeit» – einen Erdteil, worauf seitdem Willkür und Terror herrschen, worauf seitdem sie selber zu den Schlächtern, den Diktatoren steht, worauf es seitdem eine kleine, in phantastischem Luxus lebende Clique von Großagrariern gibt und eine riesige Menge elend dahinvegetierender Unterernährter und Analphabeten, bis gegen Ende des 19. Jahrhunderts eine Sklavenhaltergesellschaft, kaum viel anders als im alten Rom. «Ich danke Gott, daß ich nie wieder ein Sklavenland zu besuchen haben werde», notierte Charles Darwin, glücklich darüber, am 19. August 1836 «endlich die Küste Brasiliens für immer» zu verlassen.

Wie in der ausgehenden Antike – als schon im späten 4. Jahrhundert das feudale Leben des römischen Bischofs, sein Luxus, sprichwörtlich, als schließlich die Kirche nicht nur führend am Sklavenbesitz beteiligt war, sondern auch, was es sonst nirgends gab, die Freilassung von Sklaven, als «Kirchengut», unmöglich gemacht hatte –, wie im Mittelalter, so erkannte der Katholizismus auch in Südamerika die Sklaverei grundsätzlich an. Laien wie Priester praktizierten sie; Klerus und Klöster, oft selber Großgrundbesitzer, handelten mit Sklaven; ja, Jesuiten und Franziskaner, von Johannes Paul II. so oft belobigt, förderten Ehen zwischen Indianern und Schwarzen, um deren «Nachkommenschaft», klagt General Arouche, um die Wende zum 19. Jahrhundert Generaldirektor der brasilianischen Indiodörfer, «als Leibeigene zu erklären». Das Konkubinat unter den Sklaven war erlaubt, Getaufte konnten es mit Ungetauften treiben, sogar die verbotene Beziehung mit Freien wurde toleriert und ausschweifend gepflegt, nicht zuletzt durch den Klerus. Das katholische Amerika züchtete Sklaven wie Viehherden oder Tauben. «Die produktivste Seite des Sklavenbesitzes», stand in einem Manifest der Plantagenbesitzer, «sind die fruchtbaren Leiber.» Waren sie aber tot, wurden die Leichen der Ärmsten, zur schnellen Beute für Hunde und Geier, oft nur flüchtig am Strand verscharrt oder, auf Holzbalken gebunden, bei einsetzender Ebbe ins Meer gestoßen...

«Expertin der Menschlichkeit»!

Bis ins 20. Jahrhundert hinein ist die lateinamerikanische Kirche hoffnungslos ultramontan, erzreaktionär, das eigentliche Fundament der herrschenden «Ordnung», der Großfinanz, der latifundären und halbfeudalen Kolonialmethoden. Während die Masse, Generation um Generation, in Dreck und Elend verkam, wurden die Priester nahezu allmächtig, immens reich, wie die übrigen Sklavenhalter und Herren, die zur Finanzierung von «Gotteshäusern» eingefangene Indios versteigerten, Tischorchester von dreißig Mann unterhielten und zuweilen sich der Sklavenhände sogar zum Pissen bedienten und Scheißen.

Franco und Salazar wurden in Lateinamerika durch den Klerus propagiert, als Vorbilder gefeiert, fast überall Diktaturen oder sonstige volksfeindliche Regime mit Hilfe christlicher Kreise errichtet, Putsche und Gegenputsche inszeniert, Tausende und Abertausende gefoltert, erschossen, die Armen noch ärmer, die Reichen noch reicher. 50000-Hektar-Güter gelten als klein. Es gibt Staaten, wie Brasilien, in denen 3 Prozent der Bewonner fast zwei Drittel der Fläche des ganzen Landes besitzen – und Diözesen, wo das durchschnittliche Jahreseinkommen weniger als 150 Dollar beträgt und auf 300000 Einwohner ein einziges Krankenhaus (mit 30 Betten) trifft. Es grassieren Unwissenheit, Analphabetismus, chronische Unterernährung. Dabei verdoppelt (nach dem Stand um 1980) Peru seine Bevölkerung alle 20 Jahre, Mexiko alle 18 Jahre, Brasilien alle 17 Jahre.

Und was hatte Papst Johannes Paul II. diesem Hungerkontinent zu bieten, wo die Kerker immer voller, die Slums immer größer, wo ungezählte Peonen vertrieben, erschlagen, auf der Flucht erschossen werden? Nun, er gestand den Arbeitern Rechte zu, erinnerte sie aber auch an ihre Pflichten. Er erklärte Privatbesitz als soziale Verpflichtung, betonte aber auch das Recht auf Privatbesitz. Er wünschte gerechtere Verteilung der Güter, wollte Jesus jedoch nicht als Revolutionär mißverstanden wissen. Die Regierenden bat er, mehr für die Regierten zu tun, und Maria rief er an, die Staaten vor Umsturz zu bewahren. Zwar forderte er einmal «dringende Reformen», «umwälzende Neuerungen», sprach von einer «in entsprechender Form durchgeführten Enteignung». Doch ertrank dies geradezu in fast endlosen Beschwörungen ganz anderer Art, in plumper Gängelung der Armen, Ausgebeuteten, in durchsichtiger Dämpfung der revolutionären Situation, in steter Bekämpfung des, irre ich nicht, nie beim Namen genannten Kommunismus, dem jetzt der Jahrhunderte bis aufs Blut geschröpfte Erdteil zuzufallen droht. Immer wieder warnte der Papst vor «von Haß und Gewalt bestimmten Ideologien», «gesellschaftspolitischen Radikalismen», vor «Unfruchtbarkeit und Zerstörung». «Der Klassenkampf ist nicht der Weg, der zur sozialen Ordnung führt.» Aber, mein Herr, mit Mexikos Präsidenten zu sprechen, hat denn das Christentum zur «sozialen Ordnung» geführt? Und hatte es denn nicht beinah zweitausend Jahre Zeit? Doch wie sah es aus, als es allmächtig war? Kostete da manchmal ein Bauer nicht fast dreimal weniger, ein Indianer achthundertmal weniger als ein Pferd? Und wie steht es heute? Ist der Klassenkampf nicht auch eine Folge des Christentums?

«Expertin der Menschlichkeit»!

Unermüdlich appellierte der Apostel der «sozialen Ordnung» auch an die Arbeiter, schärfte er ihnen ein, daß «der Arbeiter getreu Pflichten zu erfüllen», daß er seinen «Beitrag» zu leisten habe, denen, die ihm «vorgesetzt» seien. Er pries die «Würde der Arbeit», den «Adel der Arbeit». «Die Arbeit macht aus euch vor allem Mitarbeiter Gottes.» «Die Arbeit verbindet euch ganz eng mit der Erlösung, die Christus durch das Kreuz brachte». Deshalb sollen Arbeiter bereit sein, «alles anzunehmen, was in der Monotonie des Alltags schwer, drükkend, demütigend, quälend ist». «Ihr werdet von Gott geliebt, Arbeiter», sagte er. «Gott liebt euch. Christus liebt euch. Die Muttergottes, die Jungfrau Maria, liebt euch. Die Kirche und der Papst lieben euch...» «Und auch ihr müßt Gott lieben.» «Selbst [!] die Wirtschaft wird einen Nutzen davon haben», rief er den Arbeitern zu. (Nein, den Unternehmern!)

Und nun gar die Ärmsten der Armen! Ihnen versicherte das

Haupt des milliardenschweren Vatikans seine «besondere Zuneigung». Sie nannte er «Freunde und Brüder», «Freunde und Gefährten», «von Gott besonders geliebt». Er nahm in ihnen «in ganz besonderer Weise die Gegenwart Christi wahr». Ja, er versäumte nicht, sie daran zu erinnern, daß auch Gottes Sohn «arm geboren wurde», daß er «unter den Armen lebte», «daß Gott eine arme Mutter auserwählte». Er verlangte von den Armen, sich «tagtäglich» um ihren «religiösen und moralischen Fortschritt» zu bemühen, das heißt, sich noch mehr von der Kirche kommandieren zu lassen. Er mahnte, nicht «den Reichtum für den Inbegriff des Glücks» zu halten, bloß das nicht, vielmehr «den Schmerz durch die Hoffnung zu überwinden». Er rühmte «die echte Freude der Armen», fand bei den Armen «beneidenswerte menschliche und religiöse Reichtümer». «Die ‹Armen vor Gott› sind auch die ‹Reichen›», predigte er in Rio de Janeiro, im Elendsviertel Vidigal. Er sagte, daß Gott «vergelten» werde und «daß wir alle Brüder sind...». «Der Papst liebt euch», rief er.

Selbst das Idol katholischer «Revolutionäre», Bischof Helder Camara, fand dies ganz «wundervoll». Dabei wimmeln alle päpstlichen «Sozialenzykliken» – Johannes Paul bezog sich zu Recht oft darauf – von analogen schamlosen Augenwischereien, werden stets die Reichen mild getadelt, den Armen fromme Hoffnungen gemacht, worauf jeder, wirklich wundervoll, wie aus der Bibel, herauslesen kann, was er will. Besteht doch das ganze Kunststück katholischer Sozialmoral darin, aus den großen Opfern der Armen für die Reichen kleine Opfer der Reichen für die Armen zu machen.

«Ein Papst, der Hoffnungen geweckt hat», flötete die «Frankfurter Allgemeine». «Ein Papst für die Armen, ein Papst für die Arbeiter, für die Indios, für die Gefangenen, für die Kranken und für die Kinder – ein Papst, dem Millionen ein offenes Vertrauen entgegenbringen...» Und die Millionäre auch! Die Bankiers warben schon in ganzseitigen Anzeigen mit Gedichten Wojtylas aus seiner polnischen Zeit zugleich für den Papst und die «neue Generation von Bankiers».

Nachdrücklich forderte Johannes Paul II. Madonnenverehrung, Volksfrömmigkeit, Treue zu den Bischöfen, das Zölibat. Scharf verwarf er die Scheidung, empfängnisverhütende Mittel, die Abtreibung. Gibt es doch noch immer viel zu wenig Katholiken, zumal in Lateinamerika...

Und die «Theologie der Befreiung»? Ganz beiseite, daß er sie eine «falsche Theologie» geschimpft haben soll (was freilich jede ist), gab es nicht immer weiße Raben, auch unter Christen? Und wurden sie nicht immer schon, in der Antike, im Mittelalter, von den Hierarchen gekreuzigt und verbrannt? Zog nicht auch Miguel Hidalgo, ein Priester, 1810 mit seinen zerlumpten Indianer- und Mestizen-Haufen gegen die Despoten? Hat man ihn nicht, mit bischöflichem Segen, erschossen und seinen Kopf, zehn Jahre lang, auf einem Pfahl im Zentrum der katholischen Hochburg Guanajuato gezeigt? Und werden die Raben, siegt der Sozialismus, einst alle weiß und Männer wie Miguel Hidalgo heilig, sind die christlichen Sozialisten – so Lenin 1913 an Maxim Gorki – nicht die schlimmste Art des «Sozialismus», seine schlimmste Entstellung? Überdies, wie die Ostpreußen sagten: Bleiben die Tröge nicht alle gleich, bloß die Schweine wechseln?

Auf der Dritten Generalversammlung der lateinamerikanischen Bischöfe in Puebla am 28. Januar 1979 behauptete Johannes Paul II.: «Wer mit der Geschichte der Kirche vertraut ist, weiß, daß es zu allen Zeiten ehrwürdige Bischofsgestalten gegeben hat, die sich zutiefst den Fragen der Förderung und der tapferen Verteidigung der Menschenwürde derer gewidmet haben, die der Herr ihrer Sorge anvertraut hat. Sie haben dies immer unter dem Anspruch ihrer bischöflichen Mission getan; denn für sie war die Menschenwürde ein Wert des Evangeliums, der nicht ohne ernste Beleidigung des Schöpfers mißachtet werden kann.

Was den einzelnen angeht, wird diese Würde mit Füßen getreten, wenn Werte wie die Freiheit, das Recht auf Religionsausübung, die physische und psychische Unverletzlichkeit, das Recht auf die Grundgüter des Lebens, auf das Leben selbst nicht gehörig geachtet werden...»

All diese Rechte aber hat niemand durch zwei Jahrtausende

so mißachtet, niemand so sehr und fortgesetzt mit Füßen getreten wie die christliche Kirche, besonders die römisch-katholische Kirche. Und nur ein Papst wie Johannes Paul II., der es fertigbringt, die Bischöfe als «Meister der Wahrheit» zu feiern, bringt es auch fertig, allenfalls verschwindende Ausnahmen als Regel hinzustellen, die Regel selber jedoch zu unterschlagen und derart der ganzen Welt ins Gesicht zu lügen, freilich nach dem Brauch seiner Vorgänger seit je.

Morden mit Maria

> *«... die Marienverehrung ... ist eine Geschichte des kindlichsten Aberglaubens, der kecksten Fälschungen, Verdrehungen, Auslegungen, Einbildungen und Machenschaften, aus menschlicher Kläglichkeit und Bedürftigkeit, jesuitischer Schlauheit und kirchlichem Machtwillen zusammengewoben, ein Schauspiel, gleich geschickt zum Weinen wie zum Lachen: die wahre göttliche Komödie.»*
>
> ARTHUR DREWS

Mit Johannes Paul II. bekam die Marienverehrung neuen Auftrieb – von Polen bis Afrika, von Spanien bis Lateinamerika. Ein harmloser Vorgang? Ein unpolitischer Frömmigkeitskult? In dieser Kirche ist nichts harmlos! Ist nichts unpolitisch! Schon gar nicht «Maria», wie sehr dies auch, zumal Katholiken, überraschen mag, die freilich die Geschichte ihrer Kirche ohnedies meist am wenigsten kennen. Nicht zufällig.

Wer ist Maria?

Triumphiert sie schon in der Bibel? So wie später, wo sie im Bewußtsein vieler häufig sogar den «göttlichen Sohn» verdrängt? Im Gegenteil! Das ganze Neue Testament spricht ohne jede besondere Verehrung von ihr. Paulus, der älteste christliche Autor, erwähnt sie so wenig wie der älteste Evangelist. Doch auch das Johannesevangelium, der Hebräerbrief, die Apostelgeschichte ignorieren sie. Und Jesus selber, der in der «Schrift» mit sieben Geschwistern figuriert und als «erster Sohn» Mariens, schweigt über seine Geburt aus der Jungfrau völlig. Er nennt sie nie Mutter, fährt sie hart an, und sie hält ihn für verrückt. Kein Kirchenvater kennt vor dem 3. Jahrhundert ihre dauernde Jungfrauschaft, keiner bis ins 6. Jahrhundert ihre Leibliche Himmelfahrt. Ja, der nachmals dogmatisierte Glaube an ihre Unbefleckte Empfängnis wurde von den größten Heiligen, Bernhard, Bonaventura, Albertus Magnus, Thomas von Aquin und anderen, mit Berufung auf Augustinus, als Aberglaube bekämpft!

Wer ist Maria?

Etwas Neues, Einzigartiges in der Religionsgeschichte? Im Gegenteil! Nur die christliche «Fortsetzung» der antiken Großen Mutter, des ältesten Menschheitsidols, schon um 3200 v. d. Z. als eine Hauptgottheit bezeugt. Die früheste aller uns bekannten Religionen, die sumerische, kennt sie bereits. Im heiligen Schrein des Tempels von Uruk, der ins Vorgeschichtliche zurückreichenden Stadt Babyloniens, steht schon ihr Bild. Inanna nennen sie die Sumerer, Ischtar die Babylonier, Schauschga die Churriten, Mylitta die Assyrer, Atargatis die Syrer, Astarte die Phönizier, als Aschera, Anath oder Baalat (die Partnerin Baals) bezeichnen sie die Schriften des Alten Testaments, als Kybele die Phrygier, als Gäa, Rhea, Aphrodite die Griechen, als Magna Mater die Römer. Man findet sie auch in der indischen Mahādevī. Und man gewahrt sie in Ägypten in Gestalt der Isis, dem fast haargenauen Vorbild Mariens.

Lange vor Maria verehrte man Isis als «liebreiche Mutter», «Himmelskönigin», «Meereskönigin», «Gnadenspenderin», «Retterin», «Unbefleckte», «semper virgo», «sancta regina», «mater dolorosa». Isis war, wie später «Maria Maienkönigin», Mutter des Grünens und Blühens. Wie Maria gebar schon Isis als Jungfrau und unterwegs. Wie Maria hielt schon Isis das Gotteskind – hier Harpokrates oder Horus genannt – auf dem Schoß oder reichte ihm die Brust. Wie Maria heißt Isis auch schon «Mutter Gottes» (mwt ntr). Und 431 muß Isis die Titel «Gottesmutter» und «Gottesgebärerin» an die galiläische Zimmermannsgattin abtreten, wobei das Dogma auf dem Konzil von Ephesus riesige Bestechungsgelder mitentschieden, die der Patriarch von Alexandrien, der hl. Kirchenlehrer Kyrill, allen möglichen Leuten zuschob, angefangen von hohen Staatsbeamten über die Frau des Prätorianerpräfekten bis zu einflußreichen Eunuchen und Kammerzofen; obwohl selber reich, verausgabte er sich dabei derart, daß er noch über 100000 Goldstücke leihen mußte und trotzdem nicht auskam. Sogar Mariens Empfängnis legte die Kirche in dieselbe Jahreszeit, in der auch die Empfängnis der Isis stattfand, deren Schwangerschaftsdaten der ägyptische Festkalender

Krieg gegen den Islam in Spanien, von 711 bis 1492, ein Sieg der «Gottesmutter» wieder. Maria war die Schlachtparole 1212 am Fest des Skapuliers der Allerseligsten Jungfrau, als bei Navas de Tolosa König Alfons von Kastilien und seine Soldateska unter Marienbannern angeblich mehr als 100000 Mauren erlegten, auch riesige Beute an Gold und Edelsteinen machten. Einige Jahrzehnte später, 1248, schlug König Ferdinand der Heilige mit Mariens Bild auf der Brust und ihrer Anrufung die Mauren in der Schlacht von Sevilla. Und schließlich vertrieb sie Ferdinand der Katholische, ein fanatischer Marienanhänger, aus Spanien.

Überall entfaltete sich die «marianische Dynamik der Geschichte». Im Kampf um Belgrad (1456) – «eine marianische Waffentat unter der Führung des großen Marienpredigers», des hl. Johannes von Capistrano, eines rasenden Franziskanergenerals, der auch ungezählte Juden auf dem Gewissen hat – sollen 80000 Türken mit Mariens Hilfe umgekommen sein. 8000 fielen im Seekrieg von Lepanto (1571). Der hl. Pius V. machte den Tag des Treffens, den 7. Oktober, fortan zum hohen Festtag, zum «Gedächtnis Unserer Lieben Frau vom Siege». Und die Venezianer, hervorragend beteiligt, schrieben unter ein Gemälde der Schlacht im Dogenpalast: «Weder Macht noch Waffen und Führer, sondern Maria vom Rosenkranz hat uns zum Siege verholfen!»

In der Neuen Welt war der Bluthund Cortez ein Marienverherrlicher. Er hatte sie zu seiner Schutzheiligen erkoren, zeigte überall, wo er über Bergen von Leichen das Kreuz errichtete, auch ihr Bild und erklärte, er werde an die Stelle der indianischen «Götzen» jetzt «unsere glorreiche und heilige Frau setzen, die Mutter Jesu Christi, welcher der Sohn Gottes ist...» Auch das erste große Blutbad im Dreißigjährigen Krieg, die Schlacht am Weißen Berg bei Prag (1620), wieder ein Mariensieg; der katholische Heerführer Tilly wieder ein inbrünstiger Marienverehrer; die Hauptfahne der Liga wieder mit dem Bild der «Muttergottes» und einer Aufschrift, «die Unserer Lieben Frau vom Siege zukommt» (mit Imprimatur!): «Terribilis, est castrorem acies ordinata» – «Furchtbar wie ein wohlgeordnetes Kriegsheer». Wie Tilly denn «seine 32 Siege im Zeichen Unserer Lieben Frau von Altötting» erfocht, ehe er, einer «der größten Feldherren aller Zeiten» und damals zur «ersten militärischen Autorität Deutschlands, ja Europas aufgestiegen» (Gilardone), beim dreiunddreißigsten Mal dem «Ketzer» Gustav Adolf unterlag und selbst ins Gras biß – trotz Maria.

Indessen siegt sie noch im 20. Jahrhundert. Nach Mussolinis Raubüberfall auf Abessinien schickten die Italiener aus dem Krieg Postkarten, die über dem Turm eines von stürmenden Soldaten flankierten, geschützrauchumwölkten Panzerwagens eine sternenbekränzte Madonna mit dem Kind zeigten. Unterschrift: «Ave Maria». Der Kardinalerzbischof von Neapel, Ascalesi, veranstaltete von Pompeji nach Neapel eine Prozession mit dem Bild der «Gottesmutter», wobei Militärmaschinen Flugblätter warfen, die die heilige Jungfrau, den Faschismus und den abessinischen Krieg im selben Satz glorifizierten. Mussolinis Fliegertruppen hatten «die hl. Mutter Gottes von Loreto» zur Schutzpatronin. Und auch der Spanische Bürgerkrieg war natürlich ein marianischer Erfolg.

Kurz, die ganze fromme abendländische Geschichte voller wunderbarer Mariensiege. Nach Höchts mit kirchlicher Druckerlaubnis veröffentlichtem Opus «Maria rettet das Abendland. Fatima und die ‹Siegerin in allen Schlachten Gottes› in der Entscheidung um Rußland» (1953) – eine schauerliche, verdientermaßen «Seiner Heiligkeit Papst Pius XII. dem großen Vorkämpfer des Friedens ehrfurchtsvoll» zugeeignete Schwarte – fanden die meisten entscheidenden Schlächtereien an Marienfeiertagen statt oder doch wenigstens «drei Tage vor ihrem Hochfeste», «zwei Tage vor Maria Geburt», «am Tag nach Maria Himmelfahrt», «am Vorabend des Rosenkranzfestes» und so weiter und so fort, bis zu Napoleon und Hitler, der, wie man hier endlich einmal erfährt, im Grunde nur von Maria und Papst Pacelli erledigt worden ist. Als «wahrhaft marianischer Papst» rief Pius XII. nämlich 1942, «als die Völker des Abendlandes ... unter tödlicher Bedrohung» standen, «den katholischen Erdkreis zur Weihe an die Königin des Rosenkranzes und zu einem machtvollen Kreuzzug des Gebetes auf», und siehe, nun fielen die Mariensiege am laufenden Band – nur nicht auf Seite der Achsenmächte, denen sie Pacelli zugedacht hatte.

Gerade am 31. Oktober 1942, als der Papst das Menschengeschlecht dem Unbefleckten (!) Herzen Mariens weihte, erfolgte angeblich der erste Durchbruch der Engländer bei El Alamein. Nächster Mariensieg: Stalingrad! Am Fest Maria Lichtmeß. Die «Muttergottes» im Bund mit der Roten Armee! Weiter: Befreiung von Tunis und Nordafrika am Fatimatag. Kapitulation Italiens, des Papstlandes, an Mariä Geburt. Endgültige Besiegung Deutschlands und Waffenstillstand am Fest der Erscheinung des Erzengels Michael (Schutzherr Deutschlands!) auf dem Berg Gargano. Und noch der Sieg über Japan nach Abwurf der ersten Atombomben – ein Mariensieg! Japanische Kapitulation an Maria Himmelfahrt!

So bedecken zur Erinnerung an die blutigsten Schlachtfeste unserer Historie Maria-Sieg-Kirchen das katholische Europa: von Santa Maria da Victoria bei Fatima über Maria de Victoria in Ingolstadt, die Maria-Sieg-Kirche in Wien, die Gedächtniskirche «Maria vom Sieg» auf dem Schlachtfeld am Weißen Berg bei Prag bis zur Kirche «Maria della Vittoria» in Rom etc. Und gerade während der gloriosen klerofaschistischen Allianz, unter Mussolini, Hitler, Franco, Salazar, wird Fatima, neben Lourdes berühmt-berüchtigster Marienwallfahrtsort, immer mehr zu einem Zentrum antikommunistischer und antibolschewistischer Kirchenpropaganda. Fatima-Zeitungen, Fatima-Verlage, Fatima-Kirchen und -Kapellen schießen überall hervor. Man gründet ein «Schwäbisches Fatima», ein «Fatima im Zululand», «Fatima in Ostafrika». Man dehnt den Kult bis nach China, in die Südsee aus. Und 1942, als Hitlers Heere tief in Rußland stehen, Pius XII. und sein Episkopat auf der ganzen Welt eine antisowjetische Kampagne mit wahren Goebbels-Zungen entfachen, da kolportiert man auch die «Prophezeiung» der Madonna von Fatima: Wenn Rußland sich bekehre, werde Friede sein. «Wenn nicht, so wird es seine Irrtümer in der Welt verbreiten, Kriege und Verfolgungen der Kirche hervorrufen; die Guten werden gemartert werden, der

Heilige Vater wird viel zu leiden haben; mehrere Nationen werden vernichtet werden...» Und 1950, als Pius XII., mit Kapitalien ebenso begnadet wie mit Visionen, «das Wunder des Tales von Fatima» am Himmel sieht, ruft Bischof Sheen bei einer Rede in Fatima: «Der Rote Platz von Moskau hat seinesgleichen im Weißen Platz von Fatima gefunden... In 50 Jahren wird der Rote Platz der Weiße Platz sein. Der Hammer wird sich in das Kreuz Christi verwandeln, die Sichel in den Mond unter den Füßen Unserer Lieben Frau!»

Was schon, wenn «mehrere Nationen» dabei ausradiert werden... Hauptsache, Rom bekommt, was es will! Maria aber spielt bei alldem, kirchenpolitisch und kultisch, eine nicht zu unterschätzende Rolle – von Portugal bis Polen und Lateinamerika. Auf der ganzen Welt steht die Kurie im Kampf gegen Kommunismus und UdSSR. Seit den zwanziger Jahren, wo man das «Wunder an der Weichsel» (1920) als marianischen Sieg über die Rote Armee feierte, als «Rettung Europas vor dem Bolschewismus» (Bischof Graber), schürt der sogenannte Heilige Stuhl offen und geheim die antisowjetische Front, an der Seite Pilsudskis, Hitlers, der USA. Und seit Jahrhunderten ist es vor allem Polens Aufgabe, «Schutzmauer der Christenheit» gegenüber Rußland zu sein, Cordon sanitaire und Aufmarschbasis zugleich.

Geht es dem Vatikan doch nicht nur um Vernichtung der satanischen Sowjetunion, sondern um Gewinnung der Russisch-Orthodoxen Kirche. Ein fast jahrtausendaltes Ziel, das man mit allen Mitteln zu erreichen suchte, mit diplomatischen und kriegerischen, durch Kreuzzüge, deutsche Ordensritter, schwedische Heere; durch Riesenbetrug, wie das Abenteuer jener dreisten Kreatur, die man kurz nach 1600 als angeblichen Kaisersohn mittels eines Feldzugs auf den Zarenthron bringt, um Rußland römisch-katholisch zu machen. Auch dies welthistorische Schmierenstück – ein hinter der «Konstantinischen Schenkung», der größten Fälschung aller Zeiten, kaum zurückstehender Gaunerakt – geht von Polen aus, warm begrüßt durch den «Heiligen Vater» Paul V. und besonders gefördert durch Jesuiten, den Päpstlichen Nuntius sowie den

Kardinal von Krakau, einen Vorgänger Karol Wojtylas, der nicht nur unentwegt und überall marianische Frömmigkeit empfiehlt, sondern auch unermüdlich Polen an seine «historische» Aufgabe erinnert.

Gerade auf seiner «Pilgerfahrt» im Juni 1979 geschah dies fortgesetzt, wenn auch mit dringend gebotener Vorsicht gegenüber dem gefürchteten Antipoden in Moskau. Doch jeder weiß, was es heißt, wenn Johannes Paul II. in Polen sagt, daß es «durch seine tausendjährige Geschichte zu Europa... gehört»; «daß es ohne ein unabhängiges Polen auf der Karte Europas kein gerechtes Europa geben kann!»; wenn er, der «slawische Papst gerade jetzt die geistige Einheit des christlichen Europas sichtbar» machen will und ruft: «Ja, Christus will es», was verdammt an den alten Kreuzfahrerschrei erinnert, den wir auch im Ersten und Zweiten Weltkrieg noch hörten; in jenem Weltkrieg, der «Europa» – mit aller vatikanischen Adjuvanz! – «tragisch gespalten hat»; und deshalb, so forderte Papst Wojtyla auf seiner Polenreise im selben Atemzug: «Europa... muß sich dem Christentum zuwenden»; verlangte er gerade im «Marienheiligtum», in der Jasna Góra, wo die «Schwarze Muttergottes» von kriegerischen Ehrenzeichen übersät ist, «die Freiheit der Kirche in Polen und in der heutigen Welt»; verkündete er gerade dort, vor «Maria, Königin von Polen», «was es bedeutet, in Polen Christ zu sein... Christ sein – das heißt: wachen. Wie ein Soldat auf Posten...»

In seinem Buch «Papst Wojtyla. Der Heilige Narr» betont der ehemalige katholische Kirchenrechtler Horst Herrmann mit Recht, daß es seit Pius XII. keinen ähnlich marianisch geprägten Papst wie Johannes Paul II. gegeben hat; daß auf dessen Reisen die Visiten bei den jeweiligen Marienwallfahrtsorten geradezu Kulminationspunkte sind, wie in den Marienheiligtümern Knock in Irland, Loreto in Italien, Guadalupe in Mexiko, Jasna Góra in Polen; daß auch seine Marienverehrung «Ausdruck einer Art politischer Theologie», daß auch für ihn Maria «eine Siegerin» sei, wie sie schon Pius XII., der berüchtigte Faschistenpartner, die «Siegerin in allen Schlachten Gottes» genannt hatte. Und wie der Pacellipapst forderte, die

Weihe an Maria «muß werden zu einem Schrei nach wirksamen Sittenreformen, nach notwendigen Veränderungen, und zwar auf der Ebene des persönlichen und des Familienlebens, auf der Ebene des bürgerlichen und sozialen Lebens, auf der Ebene des nationalen und internationalen Lebens», so gedachte Papst Wojtyla im Zusammenhang mit der Weihe Polens an die «Schwarze Muttergottes» von Tschenstochau nicht nur «polnischer Leiden», sondern auch «polnischer Siege», beschwor er «das Herrschen der Mutter», ja, ihr «immer dringlicheres Herrschen...»

Geht es um Polen dabei? Um Deutschland? Westeuropa? Die USA? Es geht nur um sie selber und ihre Macht! «Wenn es den Amerikanern mit einem glücklichen Krieg gelänge», erklärte nach dem Zweiten Weltkrieg Monsignore Fallani vom Vatikanischen Staatssekretariat dem Jesuiten Tondi, «die Herren der Welt zu werden, und vor allem Italiens..., dann würde die wirtschaftliche Lage des Vatikans und des Katholizismus sehr unsicher und schwierig werden. Jetzt liefert uns Amerika Dollars, soviel wir davon wollen, weil es uns als politische Macht braucht. Morgen jedoch würden die Protestanten alles in Besitz nehmen.» «Und wie werden wir dann handeln?» fragte der Jesuit. «Wir werden jemand suchen, der Amerika bekämpft», antwortete Fallani, «so wie wir heute Amerika suchen, um den Kommunismus zu bekämpfen.»

Doch auch dann wird ein Papst um Frieden rufen, eine «Kirche von unten» auf «Reformen» hoffen, wird der Marienkult prosperieren und das gläubige Volk weniger ergriffen als ahnungslos singen: «Oh Mari-i-a-a hilf...»

Angriff und Gegenattacke. Replik auf die Beschwerde eines Kirchenknechts

Deschner | D-8728 Haßfurt, 2.2.1987
Goethestr. 2

Herrn Dr. Peter Huemer
Redaktion «Club 2»

Wien

Sehr geehrter Herr Huemer,
noch einmal herzlichen Dank für meine Einladung in den «Club 2». Und Nachsicht bitte für die späte Beantwortung Ihrer Briefe infolge einiger Reisen und Postschwemme. Zudem zögerte ich, mir durch den heiligen Zorn des Diakons der Wiener Erzdiözese viel Zeit rauben zu lassen.

Gewöhnlich frage ich mich bei solchen Ergüssen bloß: ist der unwissend oder tut er nur so? Ersteres spräche gegen seinen Kopf, letzteres gegen seinen Charakter. Doch grassiert, nur scheinbar unlogisch, in der klassischen Kirche der Heuchelei auch die Kombination.

Was kritisiert der Mann?

Fortgesetzt spricht er von «unsachlichen und gehässigen Äußerungen», meiner «gehässigen und feindseligen Art», dem Mangel an «Fairness und Toleranz», meinem «Fehlverhalten», der Entartung in «Hysterie und Gehässigkeit», er zetert über das «‹Gift›, das da ‹verspritzt›» wurde, den «aggressiven Schriftsteller», den «sich wild gebärdenden Schriftsteller», «der den gutmütigen und vornehm antwortenden P. Bsteh geradezu zynisch attackierte und mit diesem Verhalten und seinen Äußerungen meine religiösen Gefühle und die aller gläubigen Christen heruntermachte und verletzte».

Das klingt ja furchtbar. Doch seine Oberen registrierten es und sollten das wohl auch. Jetzt aber erwartet man Gegengründe, solide Entkräftigungen, den bündigen Nachweis meiner Unglaubwürdigkeit, Inkompetenz, Ignoranz, die Korrektur von Falschaussagen, das Aufdecken von Verleumdungen, Übertreibungen, Irrtümern, Widersprüchen, Trugschlüssen, Täuschungen, Lügen – welche Möglichkeiten für einen Kirchendiener, einen erklärten Kirchenfeind samt seinen Perfidien in die Pfanne zu hauen.

Doch auf drei Seiten, engzeilig, keine einzige Berichtigung. Er plustert sich bloß auf, nimmt nur Anstoß, ärgert sich, mißbilligt, verübelt, es gefällt ihm nicht, er läßt sich nicht mehr gefallen, er ist empört, beleidigt, verletzt. Und weil er nichts, aber auch nichts widerlegen kann, hängt er mir nur pauschal Unsachlichkeit, pauschal Fehlverhalten, pauschal Intoleranz an. Denn unsachlich, schief, im Grunde ein einziger Skandal ist für seinesgleichen *immer und von vornherein jede fundamentale Kritik* an der ach so allein rechthabenden, allein seligmachenden, allein sakrosankten Catholica.

Dächten Schafe, fänden sie solchen Absolutheitsdünkel schon a priori suspekt. Und empfänden sie ethisch, widerte sie ihr «Schifflein Petri» an, ihr durch alle dreckigen Gewässer geschlickerter Seelenverkäufer, diese Dogmen-, Kriegs- und Greuelgeschichte, dies Kleinmachen, Niederknüppeln, Aussaugen von fast sechzig Generationen, dieser Wunder-, Reliquien-, Finanzbetrug, diese Intrigen, Fälschungen, Rundumverdummung, dies bald zweitausendjährige Schlingern durch Lügen, Blut und Tränen.

Doch Schäfchen denken nicht – sie beten nach. Sie wissen zwar, daß auch die Kirche aus Menschen besteht, sogar Priester nur Menschen sind, daß da nicht alles heilig ist, es auch Irrtum,

Schwächen, selbst, so wahrhaftig eines ihrer Massenblätter, *einen* schlechten Papst gegeben hat. Weiter aber brauchen, sollen, dürfen Schäfchen kaum denken, nicht selbständig denken. Sucht kirchliche Aufklärung doch die Leute blind zu machen, um sie führen zu können, beseitigt sie Nöte, die man ohne sie gar nicht hätte. Auf hohlen Köpfen ist gut trommeln.

Doch was sagte ich denn eigentlich in jener, kurz vor «Allerseelen» mit dem Sterben, dem Tod, mit Totenriten und -kulten befaßten Debatte?

Auf die einleitende Frage des Moderators, Kuno Knöbl, wie wir uns das eigne Begräbnis vorstellten, antwortete ich, das sei bereits festgelegt, ich möchte beerdigt werden – mutatis mutandis natürlich – wie meine Hunde; im billigsten Sarg, begleitet allein von den Sargträgern, die sich lediglich davon überzeugen sollen, daß sie *mich* verscharren, sang- und klanglos, kein Wort, kein Ton, keine Glocke, kein Kranz, keine Anzeige, keine Danksagung, kein – und hier wandte ich mich dem mir schräg gegenübersitzenden Professor für Fundamentaltheologie und Religionstheologie, Pater Bsteh, zu –, entschuldigen Sie, fast hätte ich gesagt: um Himmels willen kein Pfaffe. Und jeden verfluch ich schon heut, der Bekehrungsgerüchte verbreitet...

Bekehrungsgerüchte werden ja häufig kolportiert. Und selbst wenn sie wahr sind, «beweist» dies so wenig wie das Gegenteil, von dem Hans Georg Brenner, Gruppe 47, in meiner Erhebung «Was halten Sie vom Christentum?» berichtet; von Geistlichen nämlich, die in der Sterbestunde «theologischen Selbstmord» begingen, die sich zuletzt noch von ihrem Glauben feierlich losgesagt; was mir Brenner von seinem eigenen Vater, einem besonders lang und schwer leidenden Pastor, erzählte.

Einst wollte ich mit dem dritten Satz von Bruckners Achter verschwinden; heute, wie gesagt, wie meine Hunde. Für manchen mag ich damit auf den Hund gekommen sein. Aber Hunde schätze ich weit mehr als viele, die ein Staatsbegräbnis bekommen. Und die Frommen mögen sich ruhig grämen, daß es auch so, ganz schlicht, ohne mit heterogensten Gefühlen, mit Teilnahme, Neugier, Schaulust, Schadenfreude haufenweis Anwackelnden, Kondolierenden, Feixenden geht, ohne Priester, Predigt, Patschhand, Sprüche: «... wird leben, auch wenn er gestorben ist», ohne das scheinbar fürsorgliche, doch unterschwellig drohende: «Lasset uns beten für den, der als nächster aus unserer Mitte...»

Im «Club» wünschten noch andre wenig Aufhebens mit sich, lieber vorher etwas mehr vom Leben; während alle Katholiken ihrer Leiche das übliche Brimborium – bei keinem Zeremoniell des bürgerlichen Heldenlebens wird so viel gelogen! – angedeihen lassen wollten, den Hinterbliebenen zum Trost. Denn der Tote, darüber war man fast einig, habe nichts mehr davon, habe mehr – so eine der beiden Damen an der Seite des Paters, die mir, es mag an meiner Phantasie liegen, wie die verkörperte fromme Helene erschien – von einigen heiligen Messen...!

Frau Ottilie Schiechl, Ordinationshilfe, hatte zwar den Trost (neben dem größeren ihres Glaubens) auf der Beerdigung ihres einundzwanzigjährigen Sohnes «sehr, sehr viele Leute und sehr, sehr viele Blumen» erlebt zu haben, und ein unbestreitbar verklärtes, doch etwas spitzes Lächeln schwand während der ganzen Sitzung kaum von ihrem Gesicht: stumme Demonstration der Glaubensgewißheit, die man den zumeist zerquälten Zügen des Paters daneben durchaus nicht ansah (es gibt einen berühmten Satz Nietzsches dazu), so bemüht auch seine Worte dies zu verwischen suchten. Aber, so sagte Ottilie Schiechl: «Der Tote hat mehr, wenn man ihm eine Messe lesen läßt.» Auf dies starke Argument kam sie, wegen seiner Stärke, wörtlich zurück, mit einer fast überraschenden Einschränkung: «Der Tote hat meiner Ansicht nach mehr davon, wenn man ihm eine Messe lesen läßt, was ich sowieso des öfteren tu.» Ist es doch für sie «ein großer Trost..., daß ich daran glauben kann, daß ich irgendwann mit ihm wieder vereint werde, und ich glaube ganz fest daran.» «Ich bin überzeugt, daß er uns dort sitzen sieht oder fühlt...»

Andererseits freilich und etwas im Widerspruch dazu war

selbst Ottilie Schiechl (die, so daheim meine Tochter, aussehe wie sie heiße) auch überzeugt, der Tote habe nichts von seiner Beerdigung; von einer «schönen Leich, wie man in Wien sagt» – ein seltener Gesprächsbeitrag des Wiener Bestattungsbeamten, Herrn Müller, nach meinen Eindrücken (auch wenn ich kaum noch auf ihn zurückkomme) verbal und optisch der Star des Abends. (Während beispielsweise – es juckt mich, alle Gäste zu skizzieren, nicht Sinn der Sache, obwohl es zusammenhängt – ein deutscher Schriftsteller, zu dessen Ehrenrettung sich nur sagen läßt, daß er besser schreibt als spricht, zuweilen allzu eifrig, beinah peinlich mitsprach, einsprach, dazwischensprach, in der Hitze des Gefechts übersprudelte, stotterte, ganze Worte verschluckte, als wollte er sie in Sicherheit bringen, als fürchtete er, man entzöge sie ihm gleich oder er vergäße sie; ja, während dieser Mann, der das Reden Berufsquaßlern überlassen sollte, Showmasters, Paukern, Politikern, Pfaffen, im nachhinein, vor der häuslichen Glotze, wirklich fatal mich an mich erinnerte...)

Nur meine österreichische Kollegin Lotte Ingrisch, berühmt durch Titel wie «Reiseführer ins Jenseits», «Sterben für Anfänger», veranschaulichte gleichfalls, wenn auch anders als Ottilie Schiechl, beredter, ostentativer noch, leuchtender und verinnerlichter zugleich (ihr liebes Gesicht erinnerte mich an einen überforderten Heizofen kurz vor dem Aus), ihren steten Umgang mit fremden Mächten, Kräften: Wir sind allesamt Gespenster, rief sie einmal und hatte, recht besehen, so unrecht nicht, also nur Lotte Ingrisch wußte, daß der Tote auch seine Beerdigung miterlebe, was sage ich, mitgenieße, «ganz gewiß... neugierig auf seine eigene Leich zu gehn» sei, «so neugierig ist man»! Hatte da doch nicht nur eine Freundin einen verstorbenen Buben geradezu «Purzelbäume» schlagen, ihn «ganz berauscht» gesehn, sondern sie selbst, «und zwar in völlig trivialen Situationen, ich weiß nicht mehr, einen Bankdirektor oder einen Schriftsteller, und hab mit denen gesprochen und dann stieg ich aus der Straßenbahn aus oder verabschiedete mich, und dann denk ich, Momenterl, aber der ist doch vor drei Wochen gestorbn...» – sie lachte herzerfrischend –

«na, na, der Tote ist immer bei seiner eigenen Leich dabei»; ein Satz, dem, so formuliert, allerdings nicht einmal ich widerspreche.

Dagegen finde ich es doch etwas traurig, daß man viele oft während ihres ganzen Lebens nicht so beachtet wie bei ihrem Tod; daß die letzte Ehre, die man ihnen erweist, sagte ich zugespitzt mit einem Zitat, nicht selten die erste ist.

Die Frage des Moderators nach einem Leben «danach», beantwortete ich: Für mich leben Tote nicht in *ihrem* Bewußtsein fort, sondern in *unserm*. Tote sterben, wenn man sie vergißt. Und bemerkte gegen die Jenseitsillusionen des Christentums, es erhöhe die Freuden der Seligen sadistisch noch dadurch, daß sie, vom Himmel aus, die Leiden der Sünder in der Hölle sehen dürfen, und dies durch alle Ewigkeit!

Was aber ist daran unwahr? (Wenn man davon absieht, daß es die ganze Sache ist!)

Es sind alte christliche Gedanken.

Hetzt ja das Neue Testament schon gegen die ungläubige Menschheit: «Tut an ihr, wie auch sie getan hat, und zahlt ihr doppelt heim, wie ihre Taten es verdienen.» Das Gegenteil, beiläufig, der pazifistischen Jesus-Gebote. Dann sieht Tertullian die Sünder in der Hölle «wie sie noch weichlicher und lokkerer durch das Feuer geworden sind». Mit unersättlichem Blick will er sich am Schmoren seiner Widersacher weiden: «Was für ein umfassendes Schauspiel wird es da geben? Was wird da Gegenstand meines Staunens, meines Lachens sein? Wo der Ort meiner Freude, meines Frohlockens?» Auch Märtyrerbischof Cyprian verheißt den Seligen zur Erhöhung himmlischer Lust durch alle Ewigkeit (!) die Schau der Qualen ihrer einstigen Verfolger. Ebenso versüßt Laktanz das ewige Leben durch den Anblick der Verdammten. Bezeugt doch auch der offizielle Kirchentheologe, Thomas von Aquin («sanft wie ein Lamm», höhnt Nietzsche): «Damit den Heiligen die Seligkeit besser gefalle (magis complaceat) und sie Gott noch mehr dafür danken, dürfen sie die Strafen der Gottlosen vollkommen (perfecte) schauen».

Ja, wenn das nicht Sadismus ist.

Was sei selbst die Hölle von Auschwitz neben der ewigen Hölle, sagte ich und fragte: Wie vereinbare sich solch eine ewige Hölle überhaupt mit einem allgütigen und allmächtigen Schöpfer? Wie halte dieser das aus? Wie der Gläubige? Wie könne er selber, Pater Bsteh, den Gedanken ertragen? Wie dies spätere «Leben» gar als eigentliches Leben empfinden, wie genießen, wenn ein großer Teil der Menschheit, der größte, durch alle Ewigkeit massakriert, gepiesackt werde, auf die scheußlichste, perfideste Weise? Hier nickte Pater Bsteh und sagte dann: «Ich habe Sie gut verstanden.»

Er widersprach nicht. Auch der Diakon kann ja immer nur allgemein jammern, immer bloß in Bausch und Bogen protestieren, bloß plump pathetisch sich beschweren – er wird nie konkret!

Und befragen wir zur Vereinbarkeit der Lehre von einer ewigen Höllenstrafe mit der Barmherzigkeit des «lieben» Gottes Msgr. A. M. Rathgeber, dessen Lexikon «Wissen Sie Bescheid?» sich «bereits so eingeführt und so bewährt hat wie etwa ‹der Ploetz› oder der ‹Dahlmann-Waitz› für den Historiker» («Deutsche Tagespost»), dann erfährt man: «Gott ist von unendlicher Güte und Langmut, immer bereit zu verzeihen. Aber Gott kann nicht ewig seiner spotten lassen.» Einerseits also ist er unendlich gütig, langmütig, immer zum Verzeihn bereit, andrerseits ist er es doch nicht ewig und immer – soll er, wir halten es aus: unerträglich jedoch ist für uns der Umgang der Theologen mit der Logik. «Gott kann nicht ewig seiner spotten lassen», nein, ewig, ewig kann er strafen: dafür, daß jemand ein paar Jahrzehnte lang nicht so wollte wie er. Das nennt dann Monsignore Rathgeber Gerechtigkeit, Barmherzigkeit und Liebe, alles in einem. «Im letzten» freilich bleibt selbst für den «Ploetz», den «Dahlmann-Waitz» der Katholiken, «die Hölle ein großes Geheimnis, so groß und tief, daß ...» – ersparen wir uns seinen Sums. (Er erinnert mich lebhaft an den Spott Robert Musils, wonach man einen guten Christen oder frommen Juden hinunterstürzen konnte, «von welchem Stockwerk der Hoffnung oder des Wohlergehens man wollte, er fiel immer sozusagen auf die Füße seiner Seele. Das kam davon, daß alle Religionen in der Erläuterung des Lebens, die sie dem Menschen schenkten, einen irrationalen, unberechenbaren Rest vorgesehen hatten, den sie Gottes Unerforschlichkeit nannten; ging dem Sterblichen die Rechnung nicht auf, so brauchte er sich bloß an diesen Rest erinnern, und sein Geist konnte sich befriedigt die Hände reiben.»)

Pater Bsteh rieb sich die Hände nicht. Fast stets sah er ziemlich bekümmert, bitter, um nicht zu sagen verbittert (doch nicht eigentlich unwohlwollend, nein) in die Runde. Und nun distanzierte er sich zwar sanften, freundlich-frommen Tons, doch sachlich klar von jedem Glauben an die Ewigkeit der Höllenstrafen, ja, an die Hölle überhaupt; wobei er dreimal «sicher» sagte und von der Hölle nur «unter Anführungszeichen» sprach.

«Im Gegenteil», bekannte der römisch-katholische Professor für Fundamentaltheologie und Religionstheologie, «ich würde einmal sicher [!] sagen, für mich, daß ich als Christ mich verpflichtet fühle zu hoffen, daß nicht einmal ein einziger Mensch – unter Anführungszeichen – in der Hölle ist», «daß keines» der Geschöpfe Gottes «endgültig von ihm getrennt ist. Denn die Hölle ist einmal sicher [!] nirgendwo ausgesprochen in irgendeiner Form als Ort, der da ist und wartet auf Besucher beziehungsweise Leute, die dorthin kommen, wie man sich das so gern [!] unter Umständen vorgestellt hat...» – «durch Jahrhunderte vorgestellt hat», warf Moderator Kuno Knöbl ein – «ja, ja», bestätigte Bsteh und fuhr fort «... und die anderen gehen also an einen anderen Ort. Das ist also sicher [!] nicht der Fall», vielmehr wiederholte er, «daß letztlich kein einziger Mensch von Gott endgültig getrennt sein muß».

«Ich möcht's aber sein», sagte die neben mir sitzende junge deutsche Autorin Constanze Elsner. «Mit so einem Gott, der Sodom und Gomorra machte und solche Geschichten, nee... Ich finde diesen Gott so grauenhaft, den Sie haben.»

Ich hielt dem Pater und seiner offenkundigen Leugnung ewiger Höllenstrafen, der Hölle überhaupt, entgegen, er habe, als katholischer Theologe, die Pflicht, daran zu glauben, denn die Ewigkeit der Höllenstrafen sei Lehre sowohl der katholischen wie protestantischen Orthodoxie, ergo sei er, betonte ich nachdrücklich, «ein Ketzer». Bsteh lächelte mild, und neben ihm konnte auch Ottilie Schiechl kaum ein spitzes Lächeln unterdrücken. Ein «Ketzer», wiederholte ich. Denn was er vertrete, habe schon der größte Theologe der ersten drei Jahrhunderte, einer der achtbarsten Christen, Origenes, vertreten, die Lehre der Apokatastasis, der Allversöhnung, der Rückkehr aller, auch des Teufels, zu Gott. Doch Origenes sei immer und immer wieder verketzert worden, «sicher heute selbst zum Leidwesen vieler Ihrer Kollegen», sagte ich, «weil sich die Zeiten eben geändert haben...» Pater Bsteh hatte schon zu einem Nicken angesetzt, verzog aber das Gesicht, als ich fortfuhr: «... und da ändert man gern auch etwas die Theologie.»

Der Gelehrte wollte hier «nur ganz schlicht fragen» dürfen, wo ein einziger Glaubenssatz der Kirche von der Hölle spreche? Jahrhundertelang, sagte ich, durch zwei Jahrtausende habe die Kirche davon gesprochen. Doch der Theologe insistierte: «Wo ist ein einziger Satz der Kirche, in dem die Kirche sagt, soundsoviele sind in der Hölle beziehungsweise auch nur ein einziger ist in der Hölle? Gibt es einen solchen Glaubenssatz?»

Ich hatte dem bedrückt wirkenden (was immer mein Mitgefühl erweckt), gewiß menschenfreundlichen, weitgereisten und vielerfahrenen Pater, von dem ich auf Grund seiner Äußerungen anzunehmen begann – natürlich würde er mir widersprechen –, daß er in puncto Jenseits nicht (viel) mehr glaubt als ich selbst (und übrigens die meisten der mir persönlich bekannten Theologen, nicht wenige), ich hatte ihm wegen seiner humanen Hoffnungen im Hinblick auf unser postmortales Schicksal meine Sympathie bezeugt, sagte aber nun: «Jetzt sind Sie mir weniger sympathisch, wenn ich das bemerken darf. Denn jetzt...» – «wieso?» ließ sich Bsteh vernehmen –, «... nein, lassen Sie mich das bitte sagen, jetzt spricht aus Ihnen die sattsam bekannte Doppelzüngigkeit, die man von Ihren Kollegen und Ihrer Kirche gewohnt ist. Denn einerseits haben Sie zwar recht, dogmatisch definiert ist dies nicht worden, tatsächlich, aber in Wirklichkeit hat man Generationen um Generationen durch zwei Jahrtausende mit der Lehre von der Hölle geknebelt..., das war wirklich ein Horror für jeden».

«Ja, sicher», sagte Pater Bsteh. «Das würde ich sehr ernst nehmen, was Sie sagen, das ist gar keine Frage. Aber das sind Formen des Glaubensverständnisses, die im Lauf der Zeit eben tatsächlich so oder anders gekommen sind und noch kommen werden [!], sicherlich. Aber ich würde nur eines eben gern klargestellt haben, daß von seiten der Kirche kein einziger Glaubenssatz besteht, daß ich als Christ annehmen muß, auch nur ein einziger Mensch sei wirklich endgültig von Gott getrennt...»

Der Gesprächsleiter wollte das Kirchenthema beenden, meinte aber «auf der anderen Seite nur noch eins – und da möchte ich Herrn Deschner ergänzen –, ich erinnere mich, wenn ich an meine Kindheit denk und meine Freunde: da war schon eine große Angst...» – «o ja!», stimmte jemand zu – «... vor der Hölle mit der Zange und mit dem Teufel und mit ewigem Schmoren, und das war durchaus vorstellbar und das wurde auch von den Priestern und Religionslehrern et cetera, mir nicht, aber meinen Freunden, durchaus verkündet: paß auf, was dir passiert, wennst das und das nicht machst...» – oder machst!

Ich habe, sehr geehrter Herr Huemer, dies Thema breiter berührt, um zu zeigen, wie ein katholischer Theologieprofessor sich erlauben kann, vor mehreren Millionen Zuschauern den Glauben an die Hölle und ewigen Höllenstrafen resolut zu bagatellisieren, ihn abzutun, als habe es ihn kaum gegeben.

Denn heute stößt dieser Glaube viele vor den Kopf. Heute erscheint er ihnen, Katholiken wie Protestanten, unglaubwürdig; also suchen zahlreiche «progressive» Gottesdiener sich dem Zeitgeist anzupassen, stets ihr wichtigstes Geschäft, weshalb ich die «fortschrittlichsten» Theologen auch stets die schlimmsten nenne. Andrerseits gibt es immer noch genug Christen, Hunderte von Millionen vermutlich, die weiter an die Existenz der Hölle glauben und natürlich glauben sollen – keinesfalls nur primitive. Ich kenne einen gebildeten Mann (mit Fabriken in Europa und Amerika), der jetzt, alt, krank, verstärkt wieder den Vorstellungen seiner katholischen Kindheit verfällt und vom Gedanken an die Hölle gepeinigt wird.

Mit Texten, die durch alle christlichen Zeiten die Schrecken der Hölle schildern, könnte man gigantische Bibliotheken füllen. Und ungeachtet dessen, daß das Papsttum den Höllenglauben nie dogmatisch definierte: er brachte ihm nicht nur mehr ein als jeder (definierte) Glaubenssatz, sondern steht, auch undefiniert, für den Katholizismus und die protestantische Orthodoxie unumstößlich fest.

Die berühmtesten Autoritäten des Christentums schärfen die Existenz der Hölle immer wieder ein.

Über siebzigmal spricht die Bibel von ihr. Fünfundzwanzigmal beruft sich Jesus auf sie, warnt er vor dem «Wurm, der nicht stirbt», dem «Feuer, das nicht erlischt», dem «unauslöschlichen Feuer», «der ewigen Strafe». Ebenso betont Paulus, daß die Sünder «Strafe und ewiges Elend erleiden». Und im Anschluß an Bibel, Jesus, Paulus urteilen die prominentesten Kirchenlehrer; weiß etwa Johannes Chrysostomos, «daß jenes Feuer kein Ende nimmt», weshalb man denn «allezeit» daran denken soll, «beim Morgenimbiß nicht weniger als beim Abendessen»! Auch Augustinus spricht oft von der «ewigen Pein», der «ewigen Strafpein», von jenen, die «unglückselig im ewigen Tode bleiben»; wenn er auch, kurios genug, seit 421, eine Art Feuereinstellung, eine Wochenendpause in der Hölle einführte, die Unterbrechung der Höllenstrafe von Samstag abends bis Montag früh! Noch wenige Jahre zuvor, bis 415, hatte er eine solche Annahme schroff verworfen – und Thomas von Aquin verwarf sie wieder.

Durch viele Jahrhunderte verkünden natürlich auch die Päpste die Lehre von der Hölle, Vigilius, Pelagius I., Innozenz III., Innozenz IV. und andere, verkünden sie auch Konzilien, wie das – wegen seiner antijüdischen Beschlüsse berüchtigte – Vierte Laterankonzil (1215) oder, viel früher schon, die Versammlung der Konstantinopolitanischen Kirchenprovinz (543), die wieder einmal Origenes verketzerte: «Wer sagt oder glaubt, die Strafe der bösen Geister und gottlosen Menschen sei nur zeitlich und werde nach bestimmter Zeit ein Ende nehmen, und dann komme eine völlige Wiederherstellung [Apokatastasis] der bösen Geister und gottlosen Menschen, der sei [aus der Kirche] ausgeschlossen» – ein Satz übrigens, der nach Karl Rahner, dem angeblich führenden katholischen Theologen des 20. Jahrhunderts, zu den Lehrstücken gehört, denen Unfehlbarkeit zukommt.

Auch der «Römische Katechismus nach dem Beschluß des Konzils von Trient», auf Befehl von Papst Pius V. herausgegeben, droht nachdrücklich, daß «die Gottlosen in der Hölle des Lichtes der göttlichen Anschauung auf ewig (perpetuo) entbehren», daß sie «in das ewige Feuer» (in ignem aeternum) verstoßen seien und dabei Qualen erlitten «wie bei Schlägen und Geißelstreichen oder bei anderen Arten schwerer Leibesstrafen, unter welchen die Martern des Feuers ohne Zweifel das größte Schmerzgefühl verursachen», zumal es eben «immerwährende Zeit hindurch fortdauern wird» (ut perpetuum tempus duraturum sit) und die Verdammten sich «niemals von der Gesellschaft der verworfensten Teufel loszureißen vermögen»! Ausdrücklich betont der «Catechismus Romanus»: «Dies ist es, was die Seelsorger dem gläubigen Volke sehr häufig zu Gehör bringen sollen» (saepissime inculcare debent).

Müssen doch noch im 20. Jahrhundert die Jesuiten bei den «Geistlichen Übungen» ihres Stifters Ignatius von Loyola – der freilich, nach einem seiner «Söhne», menschliche Größe mit den «Handlungen eines Geistesgestörten» verbindet – in verschiedenen Übungen und mit verschiedenen Sinnen sich «Länge, Breite und Tiefe der Hölle» suggerieren, auch «jene unermeßlichen Feuergluten und die Seelen wie in feurigen Körpern», ferner «das Weinen, Geheul, Geschrei», «den Rauch, Schwefel» et cetera. Endlich sollen sie in einer letzten Übung, «eine Stunde vor dem Abendtische», sich «alle Seelen ins Gedächtnis rufen, die in der Hölle sind» und froh sein, daß sie selber (noch) nicht zu ihnen gehören.

Ich wiederhole: durch zwei Jahrtausende eingehämmert, wenn auch nie ex cathedra, durch zwei Jahrtausende derart Ungezählte in schlimmste, lebenslange Gewissensskrupel, in namenloses Elend gestürzt, und nun, da dies selbst Katholiken immer weniger glauben, tut Pater Bsteh so – wie sicher viele andere Theologen dieser Zeit –, als sei der Christ verpflichtet, genau das Gegenteil von all dem bisher darüber Gelehrten zu hoffen und zu glauben. Gelten doch hier plötzlich sämtliche Beschwörungen der Konzilien nichts, der Päpste nichts, der größten Kirchenlehrer nichts, selbst die Worte des Paulus nichts und nichts sogar die Jesu.

Als hätte man je gerade auf ihn gehört! Als hätte man ihn nicht immer wieder liquidiert! Weshalb ich denn auch in der Enquete des Katholiken Heinrich Spaemann «Wer ist Jesus von Nazaret – für mich?» in aller Kürze schrieb: «Gewiß kein Gott. Vielleicht ein Mensch. In der Bibel einmal, in der Geschichte der Kirche aber unaufhörlich gekreuzigt.»

Ja, wer hätte sich je weniger aus Jesus gemacht als gerade der Klerus! Nicht von ungefähr übersetzen die Römer die Buchstaben S. C. V. (Stato Città del Vaticano) auf den Nummernschildern hoher Kurialer: «Se Christo vedesse!», Wenn das Christus sähe!

Wobei mir die Karte einfällt, die mir eben «eine begeisterte Leserin», lange in Kirchendiensten, aus Oberbayern schickte. «Ihre Bücher», steht da, «sowie die Ermordung des Papstes 1978, den Milliardenbetrug 1971, die kirchlichen Verdienste an der Antibaby-Pille mit Bestechungsversuch, hielt ich dem Domkapitular... vor (telef.). Ich sagte: ‹Was würde Jesus dazu sagen?› Er antwortete: ‹A, wenn wir Jesus immer fragen würden›.»

Doch sie fragen Jesus nicht nur nicht, sie haben es, ganz konsequent, auch gar nicht eilig, zu ihm zu kommen. Sie fürchten sich – ein merkwürdiges Phänomen – vor dem Sterben wie wir.

In dem Doppelband «Ein Jahrhundert Heilsgeschichte. Die Politik der Päpste im Zeitalter der Weltkriege» – weitaus die aktuellste meiner Kirchenkritiken und eben deshalb weithin totgeschwiegen – wies ich auf das hohe Alter der Päpste der letzten hundert Jahre hin und erinnerte im «Club» daran: Leo XIII., sagte ich, wurde 93 Jahre alt, Pius X. 79, Pius XI. 82,

Pius XII. 82, Johannes XXIII. 82, Paul VI. 81. Die beiden einzigen, jünger hinweggerafften Kirchenhäupter aber erlitten vielleicht keinen natürlichen Tod. Benedikt XV., wohl nicht zufällig der unbekannteste Papst dieses Säkulums, verschied 67jährig, völlig unerwartet, bestürzend schnell, zusammengekauert und schmerzverzerrt, so daß das Gerücht entstand, er sei vergiftet worden (sollte er ja selber, nicht nach dem Klatsch der bösen Welt, sondern des Vatikans, einst einen Rivalen vergiftet haben). Wie auch Johannes Paul I., der lächelnde Albino Luciani, kaum daß er zu regieren begonnen, den Besen zum Ausmisten angesetzt, jäh und vielumrätselt entschlief. Doch sogar einschließlich dieser jünger verblichenen Kirchenfürsten ist deren Lebenserwartung beträchtlich höher als die von uns.

Der Schluß drängt sich auf: zu verzehrend kann weder das Amt sein noch die Sehnsucht seiner Inhaber nach Jesus. Ein Verdacht, den die Aktivität ihrer Leibärzte und weiterer, bei Gesundheitskrisen aus aller Welt herbeigerufenen Koryphäen verstärkt – wobei manch «Letztes Wort» vor ihrem Heimgang zu Christus noch gar nicht sonderlich gewichtet sei, etwa das Glaubensbekenntnis von Pius X.: «... ich glaube, daß alles zu Ende ist». Oder das von Leo XIII.: «Die Katastrophe naht heran...»

Jedenfalls werden die Menschen sonst, auch die katholischen, im Durchschnitt weit weniger alt als die Päpste, die das eigne Leben offenkundig viel sorgsamer schonen und schützen als das ihrer Schäfchen. Lassen sie die, von der Spätantike bis heute, doch Generation oft um Generation, auf den Schlachtfeldern verheizen; nunmehr zwar stets unter salbungsvollen Friedensrufen, jedoch bei gleichzeitiger Verpflichtung der Krieger durch einen «heiligen Fahneneid», zu kämpfen bis zum letzten Tropfen Blut. Ja, wie der Klerus doch, was er im Mutterschoß schützt, preisgibt im Krieg; als sammelte er in Weiberbäuchen Kanonenfutter. Gehorsam: das Ideal derer, die herrschen wollen. Nicht der Anfang der Weisheit, wie Augustin meinte, sondern oft der vom Heldentod. Indes die Kirchenlenker also ihr eignes Leben, trotz aller

Freuden im Jenseits, möglichst zu verlängern suchen, verkürzen sie, wann immer es ihnen nötig erscheint, und dies tut es oft, das der andern.

Zugegeben, in Wien geriet mir da einiges durcheinander, brachte ich's nicht so klar heraus: weder ist Diskutieren meine stärkste Seite noch die Stunde vor Mitternacht (als lebenslanger Frühaufsteher) meine beste.

Gleichwohl war mein Beitrag nicht so verwirrt, daß es nun Pater Bsteh hätte sein müssen. «Ich muß ehrlich sagen», entgegnete er, über seine würdevolle Bedächtigkeit hinaus nach Worten ringend, «ich weiß wirklich jetzt momentan nicht so recht, wie ich Ihre Aussagen werten soll im Sinne dieses Gesprächs. Ich hab Ihr Buch nicht gelesen. Ich nehme an, es ist aus dem Ganzen, aus der Darstellung Ihres Buches. Ich würd' einfach sagen, manche Dinge, mit denen kann ich also wirklich jetzt, ich weiß nicht, was ich dazu sagen soll, etwa zu dem, ob Päpste jetzt alt geworden sind oder nicht. Sind Sie mir nicht bös, ich mein, das ist jetzt wirklich eine Frage, ich weiß einfach nicht, was ich, ich nehm Sie ernst, wirklich, weil ich spür, es ist für Sie eine Frage, aber ich kann sie nicht teilen, weil, ob Papst Leo XIII. neunzig geworden ist oder nur siebzig...»

Als ginge es darum! Ich fühlte mich (und sprach davon) an eine Besprechung des ersten Bandes meiner «Heilsgeschichte» durch einen anderen Theologen erinnert, der in der «Wiener Zeitung» behauptete, Deschner «bedauert haßerfüllt, zynisch, daß die Päpste ‹so alt› geworden waren».

Davon kann natürlich keine Rede sein, sagte ich im «Club», das sei Verleumdung – in einer freilich von Verleumdungen strotzenden «Kritik», die aber insofern zu der des Diakons und so mancher sonst paßt, als sie stets nur allgemein verunglimpft, summarisch brandmarkt, nur pauschal mich und meine Arbeit herunterreißt, von meinem «diabolischen Herzen» spricht, mir «Genauigkeit» abstreitet, «Ehrlichkeit», mir ein «von Fehlern, Ungenauigkeiten, Fehlschlüssen und abstrusen Unwahrheiten» wimmelndes Werk unterstellt, «ein Monstrum», «sagenhafte Oberflächlichkeit, Schlamperei und haßerfüllte Unsachlichkeit», ein Geifern «im Stile der totalitären

Federkiller des Dritten Reiches, der Stalin-Literaten und Gottesfeinde aus dem Untergrund der Geheimbünde, Sekten und internationalen Bruderschaften, wie man's nicht mehr für möglich wähnte...»

Dieselbe generelle Bezichtigungsmanier und -manie wie bei dem Diakon – *ohne jede Spur eines Beweises!* Das einzige, was dieser Katholik in der «Wiener Zeitung» konkret angriff, mein angebliches Bedauern, «daß die Päpste ‹so alt› geworden waren», ist gefälscht, es steht bei mir nicht!

Die Lebenserwartung der Bischöfe Roms (und aller andern) ist mir schon deshalb egal, weil da, wie die Geschichte zeigt, selten Beßres nachkommt oder weil, falls ausnahmsweise doch, der Apparat so übermächtig ist, korrupt, schlecht, daß auch ein «beßrer» Papst nichts Wesentliches ändert. «Im Grunde ist ganz gleich», erklärte ich deshalb in Wien, «wer an der Spitze dieser Institution steht.» Aus ihr könne nichts anderes werden, als was sie schon sei, das lasse sich nach zweitausend Jahren sagen.

Ich erinnerte dann daran, daß nicht nur Menschen sterben, sondern auch Tiere, fände es aber bemerkenswert, daß man immer bloß vom Menschen spreche, von der «Krone der Schöpfung», die besser Krone der Schröpfung hieße. Doch selbst das Alte Testament frage: wer weiß, ob der Odem des Menschen aufwärts fahre und der Odem des Viehs unterwärts unter die Erde? (Die altisraelische Religion kannte keinen Glauben an eine Auferstehung der Toten; und die Sadduzäer, die Samaritaner, bestritten sie gleichfalls.) Andrerseits freilich steht im Alten Testament auch das fürchterliche und fürchterlich folgenreiche: Machet sie euch untertan!

Die einzigen, die im «Club» offensichtlich mein Mitleid mit dem Tier teilten (demgegenüber, sagte ich, der Mensch Gewohnheitsverbrecher sei – die Speisekarte ist das blutigste Blatt, das wir schreiben!), waren die junge Schauspielerin Katerina Jacob und, mehr noch, Lotte Ingrisch. Gerade sie aber hatte – natürlich von einem Theologen, vermutlich einem «fortschrittlichen», einem grasgrünen Theologen – auch gehört, es handle sich um einen «Übersetzungsfehler». Es heiße in Wirklichkeit nicht: Machet sie euch untertan, sondern: Geht und hütet, behütet, die Erde.

Zu lächerlich. (Und zu typisch.) Befiehlt Gott doch wiederholt, auf der ersten Bibelseite, seinen Ebenbildern, zu «herrschen über die Fische im Meer und die Vögel unter dem Himmel und über das Vieh und alle Tiere des Felds». Um gleich abermals zu heischen: «... und machet sie euch untertan und herrschet...» Und dann noch einmal: «Furcht und Schrecken vor euch über alle Tiere... in eure Hände seien sie gegeben. Alles, was sich regt und lebt, sei eure Speise».

Aus diesem umfassendsten Unterjochungs- und Todesverdikt der Geschichte, dem infernalischen Auftakt der Deformierung eines Sterns zum Schlachthaus, machte Pater Bsteh, getreu der Beschwichtigungs-, Verdrehungs-, der Ins-Gegenteil-Verkehrungs-Kunst seiner Zunft, etwas ganz anderes, wirklich Schönes. Denn befragt nach dem «Übersetzungsfehler», äußerte der Gottesmann: «Schaun Sie, ich würde nicht punktuell an dem beginnen, sondern ich würde doch davon ausgehen, daß der Christ ebenso wie er für sich selber als Mensch seine Existenz darauf zurückführt, daß Gott ihm hilft, in gleicher Weise es auch für das Tier und für die ganze Welt, für die Sterne, für das Licht, für den Mond und die Sonne annehmen muß. Er hat *kein* Recht, in irgendeiner Weise sich privilegiert zu halten als der, den Gott geschaffen hat, und alles andere ist einfach da, und alles andere soll man jetzt also irgendwo verzwecken. Sondern eben der gleiche Grund für mich, daß ich dran glaube, daß das, was ich bin, ist, weil Gott mich in seiner Liebe will, daß das gleiche gilt für das Tier und für Sonne und Mond und Blumen.»

Dies alles paßt zu den biblischen Grundlagen freilich wie die Faust aufs Auge. Denn die Genesis, das erste Buch Mosis, spricht ganz deutlich von der Bevorzugung des Menschen, aber nirgends davon, daß er «kein Recht» habe, «in irgendeiner Weise sich privilegiert zu halten». In der Genesis soll er «herrschen», soll er «Furcht und Schrecken... über alle Tiere» bringen, sind diese ausdrücklich in seine Hände gegeben, aber nicht, um sie zu hüten und behüten, sondern um sie zu fressen:

«alles, was sich regt und lebt»! Demgegenüber entwarf Pater Bsteh, der Vertreter einer kraß dualistischen Religion, ein eher monistisches Weltbild, ein zwar sehr erbauliches, fast die Harmonie der Sphären zum Klingen bringendes Gemälde, das jedoch mit der «Heiligen Schrift» und erst recht mit der christlichen Praxis grauenhaft kontrastiert.

So fand denn auch Moderator Knöbl es wünschenswert, politisch hochinteressant und wichtig, «wenn etwa Rom einen ähnlichen Denkvorgang» dogmatisch definierte. Darauf Bsteh: «Schaun Sie, auf das hin angesprochen, würde ich halt doch wirklich meinen, daß das, was die gesamte Kirche in dieser Richtung je gesagt hat, immer das war, daß es nichts gibt, Sichtbares und Unsichtbares, was nicht Gott geschaffen hat. Also er ist Schöpfer des Himmels und der Erde. Daß das partiell, und ich weiß nicht, wie groß dieses Partielle ist, dann in Vergessenheit geraten ist und ich weiß nicht wohin geraten ist, ist etwas anderes.» Aber darum ging und geht es gerade! «Wenn Sie sagen, es wäre doch wünschenswert, wenn die Kirche das einmal ex cathedra sagen würde, da würde ich sagen, seit es je ein Glaubensbekenntnis, ein christliches gibt, beginnt dieses Glaubensbekenntnis: Ich glaube an Gott, den Schöpfer des Himmels und der Erde. Und wenn Sie denken an die Genesis [!], so ist ja in diesen großen Bildern, ist ja die ganze Schöpfung jetzt nicht nur global, alles, im Himmel und auf Erden, sondern da ist eben vom Wasser, vom Scheiden des Lichtes, von Mond und Sonne und Getier und Gewürm und Fisch ...» Hier gab es einen protestierenden Zwischenruf. Doch der Theologe fuhr fort: «Zunächst einmal hat sie Gott geschaffen. Das ist die Aussage, die ja auch in das Neue Testament wesentlich hineingeht. Für das christliche Glauben ist doch die Welt eine unteilbar ganze. Und in dieser lebt auch der Mensch mit einer Berufung ...» «Welcher?» wollte jemand wissen. Bsteh überging die Frage. «So würde ich also schon meinen, wenn man, grad das ist ein glücklicher Fall, wo man wirklich seit Anbeginn der christlichen Glaubensgeschichte ein ausdrückliches Glaubensbewußtsein hat, daß es unmöglich ist, der Mensch nimmt für sich nur in Anspruch, Geschöpf Gottes zu sein, und alles andere wäre einfach da. Und die Folge davon ist ja doch, daß ich allem andren auch als Geschöpf Gottes begegnen muß, das heißt in Gott hat es eigentlich seinen Grund, sein Recht, seine Besonderheit und nicht in mir, sondern er hats geschaffen, nicht, so wie mich.» Frau Jacob fragte zweimal hintereinander: «Wer gibt uns das Recht zu zerstören?» Bsteh schließlich: «Wer, wer gibt, wer nimmt sich, das ist jedenfalls einfach um des Zerstörens willen.»

Das ist natürlich Unsinn. Nicht um des Zerstörens willen wird zerstört, sondern, zu banal fast, um es auszusprechen, um des Geschäftes und der Herrschsucht willen.

Was das Tier betrifft, so konzedierten ihm schon die älteren griechischen Philosophen der vorchristlichen Zeit ein Seelenleben ähnlich dem unsern. Bei den Pythagoräern hat diese Überzeugung das Verbot der Fleischnahrung bewirkt; ebenso in Indien. Bereits Buddha verlangt das Unterlassen jeder «Gewalttätigkeit gegenüber allen Wesen», gleich ob Pflanze, Tier oder Mensch. Der Buddhismus hebt demgemäß das Tier auf die Stufe des Menschlichen, ja Göttlichen. Der Hindu symbolisiert dies Denken durch kultische Verehrung der Kuh.

Im Christentum aber ist das Tier eine Sache; bloßes Ausbeutungs-, Zucht-, Jagd-, Freßobjekt, der Mensch der Todfeind des Tiers, sein Teufel. «Sorgt sich Gott etwa um die Ochsen? Oder redet er nicht allenthalben um unseretwillen?» So schon Paulus, «der erste Christ» (Nietzsche). Zur Inquisitionszeit warf man am Johannistag in ganz Westeuropa Katzen fuhrenweise ins Feuer, in Metz dauerten solche Autodafés bis Mitte des 18. Jahrhunderts. Doch floriert noch heute die christliche Tierliebe in Fleischereien, Schlachtfabriken fort, in Legebatterien, Mastboxen, Dunkelställen, beim «edlen Weidwerk» aller Wald- und Wiesenmetzger, beim Dogdumping, tormentum malitiae, in Stierkampfarenen, bei Hahnen- und Hundekämpfen, Vivisektionen. In der deutschen Bundesrepublik gab es zumindest noch 1970 öffentliches «Hahnenköpfen», «Gänseköpfen», wobei man die nach unten aufgehängten Opfer oft qualvoll massakrierte. Und während man früher vor der Urlaubsfahrt fast allgemein seine Fische in die Toilette leerte und die Spülung zog, setzt man nun, ehe man sich selbst erholt, die eignen Hunde, Katzen aus, bindet sie an Bäume, schlägt ihnen die Köpfe ein, stopft sie in den Müll, in Amerika jährlich Millionen. Und Millionen andere Tiere erforscht man (nicht nur) hierzulande auf die scheußlichste Weise sozusagen wissenschaftlich.

Ich erinnerte an Italien, wo Tiere zu Tode Schindende noch immer sagen «Senza anima» und «non è christiano». Ich erinnerte an Philosophen wie Klages und Theodor Lessing, die im frühen 20. Jahrhundert erschütternd dies namenlose Elend beschwören. Allein dreihundert Millionen Vögel fielen seinerzeit, Jahr für Jahr, nur der Frauenmode zum Opfer. Die «Zivilisation», schreibt Klages, «trägt die Züge entfesselter Mordsucht, und die Fülle der Erde verdorrt vor ihrem giftigen Anhauch». Und Lessing beklagt das unsäglich qualvolle Abmurksen unter anderem der Robben und schreibt: «Die Fischzüge und Vogelmorde eines einzigen Jahres bringen so viele Leiden über die Erde, daß das ganze Blutbad des europäischen Weltkrieges von 1914 bis 1919 wie ein harmloses Kinderspiel dagegen erscheint».

Leider nannte ich nicht Schopenhauer, der in der christlichen Tierverachtung «die Folgen jener Installations-Scene im Garten des Paradieses» erkennt und behauptet, eine einzige Bibelstelle gefunden zu haben, die – schwächlich genug – für Schonung der Tiere plädiere.

Pater Bsteh aber feierte in seiner Festepistel die Erschaffung des Himmels und der Erde, die großen Bilder der Genesis, das christliche Glaubensbekenntnis, Sonne, Mond und Sterne, auch die Blumen, alles, er sagte, daß man allem andern auch als Geschöpf Gottes begegnen müsse, denn Gott wolle es in seiner Liebe, in ihm habe es seinen Grund. Und doch ist mir die ganz indiskutable, weil völlig an der Sache und Geschichte vorbeiredende, vielleicht mehr hilflos bemühte als bewußt irreführende Art dieses katholischen Theologen (auch wenn er kaum so bieder ist, wie er tut) noch immer weniger fatal als die des protestantischen Papstes unsrer Zeit, Karl Barth, der zwar gleichfalls das Tier auf Gott hin bezieht, sogar dem Menschen verbietet, es zu morden, doch mit der sophistischen, was sage ich, der theologischen Unterscheidung: «Morden darf er auch das Tier nicht. Er kann es nur töten: im Wissen, daß es nicht ihm, sondern Gott gehört... Tiertötung ist im Gehorsam nur möglich als ein im tiefsten ehrerbietiger Akt der Buße, der Danksagung, des Lobpreises des begnadigten Sünders gegenüber dem, der der Schöpfer und Herr des Menschen und des Tieres ist. Tiertötung ist, wenn mit der Erlaubnis und unter dem Gebot Gottes vollzogen, ein *priesterlicher* Akt...» Wie das Menschentöten!

Wi-der-lich!

Gegen Schluß der Sendung versuchte ich kurz eine Art Quintessenz aus unsrem Verhältnis zum Sterben, zum Tod, zu ziehn, nämlich lebendiger, bewußter, intensiver zu leben, mit viel mehr Respekt vor dem Leben, vor dem Leben jedes anderen, jedes Menschen, auch jedes Tieres. Und sprach mein Schlußwort: «Vielleicht liegt der größte Teil unserer Tragik darin, daß wir das Leben der andern erschweren, ohne unser eigenes erleichtern zu können. Und vielleicht liegt der größte Teil unserer Hoffnung darin, daß wir das Leben der andern erleichtern, um selber leichter zu leben.»

Damit, sehr geehrter Herr Huemer, habe ich meine Gesprächsbeiträge – kurze Einwürfe ausgenommen – weitgehend erfaßt, manches gestrafft, anderes ergänzt. Es wäre Sache des sich beschwerenden Diakons gewesen, Äußerungen, die ihn schockieren, aufzugreifen, anzugreifen und zu widerlegen. Er unternahm, wie gesagt, nicht einmal den Versuch, der ja auch, bezeichnend genug, von der (katholischen) Kirche mir gegenüber nie unternommen wurde.

Sonst zwar stürzt sie sich auf alles, das ihr Blößen bietet, auf die kleinsten, nichtigsten noch. Und wie gerne führte sie mich ad absurdum – könnte sie's! Verzeiht sie mir doch nie, daß sie so abscheulich ist, wie ich sie geschildert habe. Muß man aber Kontroversen mangels Argumenten scheuen, argumentiert man, will man nicht schweigen, immer ad hominem, diffamiert man persönlich. So macht auch unser Diakon *mich* schlecht, weil er meine Gründe nicht schlechtmachen kann. Er rückt mich in die Nähe heimtückischer («Gift... verspritzt») oder pathologischer Typen («Hysterie»), der Wilden fast – ethisch doch achtbarer als die «Kulturmenschen», denen er sich selber zuzählt. Er unterstellt mir auch «atheistische» Parolen, obwohl ich, wie oft, selbst per Buchtitel, bekannt, kein Atheist bin. Natürlich klagt er auch hier pauschal bloß. Nur pauschal bezichtigt er ferner «die fahrlässige, unobjektive ‹Leitung› des Club 2», da der Moderator, Herr Kuno Knöbl, «diesen – sich wildgebärdenden Schriftsteller – unbehindert» (er plädiert für Toleranz!) «unbehindert gegen den Glauben, gegen Kirche und gegen Gott soweit ausholen ließ».

Nur allgemein rügt er «Parolen aus der kulturkämpferischen Mottenkiste des 19. Jahrhunderts» – als seien Parolen schon falsch, weil sie alt, aus dem 19. Jahrhundert sind, dem Jahrhundert eines Marx und Nietzsche. Doch wie heulte er wohl auf, hielte ich ihm Parolen aus der Mottenkiste des 1., 2., 3. Jahrhunderts vor, als das entstand, was er heute noch vertritt, er, der Herold der Antike?!

Wiederholt attestiert mir der Diakon auch Haß, der doch nirgends so grassiert wie in seinen Reihen, in den Traktaten von Kirchenvätern, Päpsten, Theologen: bösartigster, niederträchtigster, gemeinster Haß. Ich aber, er täuscht sich, hasse sie nicht. Ich verachte sie.

Ich bin kein Fanatiker, bin Skeptiker. Und einen Skeptiker, der Fanatiker ist, hat die Welt wohl nie gesehn. Nein, ich propagiere keine Lehre, kein Dogma, keine Unfehlbarkeit. Nein, ich will keine Proselyten machen, keine Gemeinde gewinnen, keine Anhänger und Abhängigen. Ich leide unter keinem Missionierungszwang, Bekehrungsdrang, keinem Sendungswahn. Ich bezweifle alles; manchmal sogar meine Zweifel. Ich glaube wenig; manchmal selbst das nicht ganz. Ich liebe das Fragezeichen: mein Schibboleth, mein Kreuz, mein Glaube, der einzige, dessen Missionar ich würde, dessen Blutzeuge gar – wären meine Zweifel nicht.

Zweifel und Kritik aber ziehen nicht die Dümmsten, sondern Denkende an. Und so trifft selbst unser Diakon einmal den Nagel auf den Kopf, wenn er schreibt: «Die kritische Jugend, Fernstehende, Zweifler und von der Kirche Enttäuschte... werden im Gegenteil in ihrer Distanz zur Kirche bestärkt und sehen in den Äußerungen des Herrn Deschner eine Entlarvung des Christentums und der Kirche.» «Das ‹Gift›, das da ‹verspritzt› wird, bestätigt die Abständigen und Abtrünnigen [sic] Christen in ihrer Haltung.»

Doch selbst das Gros der Schäfchen macht ihn nicht glücklich. Denn bei «der Masse der Christen ist die Glaubenssubstanz äußerst ‹dünn›». Er hält sie für anfällig, wenn nicht für «Aggression, so doch Aversion oder Animosität». An wem das wohl liegt? An so arroganten, wildgewordenen Kulturkämpfern wie meinesgleichen? Oder vielleicht doch mehr an der Alleinseligmachenden selber, die ja seit zwei Jahrtausenden die «Glaubenssubstanz» gepflegt, seit zwei Jahrtausenden die Schäfchen geschoren und geschlachtet, seit zwei Jahrtausenden verdummt, ausgebeutet, versklavt, umgebracht hat. Das sind doch nicht «historische Tatsachen... überzeichnet dargestellt», das sind historische Tatsachen, ob das der Mann weiß oder nicht, ob er es zugibt oder nicht.

Nur die geistig und geistlich Ärmsten scheinen den Kirchenknecht zu beglücken. «Einfache Menschen, – z. B. in Spitalsbehandlung,» (wenn sie durch Krankheit und Todesnot die Höllenangst wieder packt!) – «beklagen die Verkürzung der Morgenbetrachtung von 5 auf 3 Minuten, Verschiebung mancher religiöser Sendungen auf ungünstigere Zeiten usw. Wie wäre es doch möglich, daß die doch zahlreichen [!] Sendungen so attraktiv und systematisch geplant und gestaltet werden, daß die wesentlichen Werte des Christentums und unser Glaube als persönliche und mitmenschliche Lebenshilfe mehr zum Tragen kommen und Begeisterung entfachen! Herz, Hirn und Hand in Schwingung und Schwung bringen, dem ‹Schwund› entgegenwirken!»

Jawohl, noch mehr Überschwemmung der Welt mit katholischem Mattscheibenschwachsinn!

Bin ich intolerant? Oder ist er es? «Es war empörend... Ich

protestiere... Ich verlange...» So herrscht er in wenigen Zeilen den «Österreichischen Rundfunk» an und fragt herrisch: «Wo sind wir denn?!»

Nun, jedenfalls nicht mehr im Österreich des Ignaz Seipel! Eines Prälaten und Bundeskanzlers, der ganz im Sinn des Vatikans regierte. Dessen erste und letzte Frage war: «Nützt es der Kirche?» Der gegen die «Feinde Jesu Christi» kein Mittel scheute, selbst den Bürgerkrieg nicht. Der auf die Wiener, als sie – aus sehr verständlichen Gründen – den Justizpalast anzündeten, seinerseits das Feuer eröffnen, über tausend Menschen verletzen und 89 töten ließ. Der unablässig, bis zu seinem Tod, seine Freunde in der deutschen katholischen Zentrumspartei drängte, mit Hitler einig zu werden. Der am 26. September 1930 im Stockholmer «Aftonbladet» gestand: «Ich kenne Hitler nicht, aber ich bin überzeugt, daß er und viele andere junge Leute, die sich für ihn erklärt haben, ideell veranlagte Menschen sind.» Was verdammt an die Ansicht seines theologischen Kollegen, des Zentrumsführers Prälat Kaas, erinnert, der, nachdem er Hitler die Diktatur mitermöglicht hatte, aus dem Vatikan schrieb: «Hitler weiß das Staatsschiff gut zu lenken. Noch ehe er Kanzler wurde, traf ich ihn wiederholt und war sehr beeindruckt von seinen klaren Gedanken und seiner Art, den Tatsachen ins Auge zu sehen und dabei doch seinen edlen Idealen treu zu bleiben...» Wie denn auch – das gehört und paßt alles zusammen! – Kardinal Innitzer von Wien bei Österreichs Besetzung durch Hitler, den «von Gott gesandten Führer», «die tausendjährige Sehnsucht unseres Volkes» erfüllt fand, den deutschen Einmarsch mit Glockengeläut und Hakenkreuzfahnen an den Kirchen feierte und für seine Verdienste – bis heute fast unbekannt, weil überall verschwiegen – von Hitler persönlich die Ostmark-Medaille verliehen bekam. (Über die näheren und weiteren Zusammenhänge kann sich der Diakon in meinem Doppelband «Ein Jahrhundert Heilsgeschichte» informieren; alles sehr gut belegt.)

«Wo sind wir denn?!»

Bin ich intolerant? Habe ich Herrn Bsteh oder die andren Katholiken unsrer Runde aufgefordert, sich bei mir zu entschuldigen, weil sie unsachliche, falsche Meinungen verbreiten? Weil ihr Glaube mich zutiefst verletzt? Habe ich dem Moderator vorgehalten, er hätte «eingreifen müssen», um die Katholiken «apodiktisch ‹einzubremsen›»? Habe ich von ihm verlangt, für «die unseriösen Zulassungen in diesem Club» Abbitte zu leisten? Nein, er, der Anhänger einer Religion der Nächsten- und der Feindesliebe, er bedauert, braust auf, er protestiert «im Nahmen [!] aller Katholiken Österreichs gegen diese unseriöse und beleidigende Art der Club 2-Leitung, wenn das überhaupt als ‹Leitung› bezeichnet werden kann... Eine solche Vorgangsweise [!] lassen wir Katholiken uns nicht mehr gefallen!»

Er bietet die Stirn – aber wenig dahinter, und Karl Kraus hat auch für ihn vergebens gelebt.

«Ich verlange, daß dieser Schriftsteller sich persönlich für seine Attacken bei P. Bsteh entschuldigt, und ich möchte der [sic] ORF ersuchen, daß ich davon Kenntnis erhalte, was der ORF dem besagten Schriftsteller schreibt und wie dieser darauf reagiert. Wenn dies nicht möglich ist, so soll sich Herr Kuno Hköbl» – sein Reitet-für-Rom-Galopp setzt über Worte und Namen so ungeniert wie über die Sache hinweg – «bei Herrn P. Bsteh für seine ‹Fehlleitung›... entschuldigen und mich darüber informieren.»

Kuno Knöbl leitete die Aussprache leicht, locker, lässig charmant. Er hielt sich – gegenüber allen! – selbstlos, fast entsagungsvoll, zurück, gab jedem Zeit, ließ jedem weitgehend das Wort. Und eben für solche Toleranz, Liberalität, Offenheit – es gibt Ausnahmen – schätzen den «Club 2» in Österreich, im Ausland, gerade Anspruchsvollere, wenn auch vielleicht nicht alle einfachen Menschen in Spitalsbehandlung und auch nicht alle Diakone. Doch bescheinigt selbst unser Kirchendiener, «daß Fairness und Toleranz... bisher im ORF üblich war, auch im Club 2», also immerhin Jahre beziehungsweise Jahrzehnte schon.

Jetzt aber protestiert er, fordert er, erwartet Entschuldigungen; Entschuldigungen für meine angebliche Intoleranz, meine «Gehässigkeit», «Hysterie», mein «Gift».

Ja, weiß er nicht, daß all dies uralte Domänen besonders seiner Kirche sind? Weiß er nicht, daß Christen, darunter viele der größten Heiligen des Katholizismus, selbst andersgläubige *Christen* schon in der Frühkirche «Verseuchte», «Verstümmelte», «Söhne des Teufels» und «Teufel» schimpften, «Hunde», «tolle Hunde», «kranke Hunde», «Füchse», «Wölfe», «Tiere in Menschengestalt», «wilde Tiere», «Bestien», «Brüder der Juden», «schmutzige Schweine», «Schlachtvieh für die Hölle», «ganz irrsinnig, und sie müßten niedergeschlagen werden»?

Weiß er nicht, daß noch im 20. Jahrhundert Katholiken in Eingaben an den Vatikan alle Andersgläubigen «Tiere» nennen, «die sich im Schmutz wälzen»? Daß noch im 20. Jahrhundert Katholiken das Recht der Ketzertötung vertreten, von den «gesegneten Flammen der Scheiterhaufen» schwärmen oder die Ketzerverbrennung als einen «feurigen Akt der Liebe» verteidigen? Daß noch im 20. Jahrhundert der «Osservatore Romano» eine protestantische Schule in Rom als «eine Beleidigung für unseren Herrn» bezeichnet? Weiß er nicht, daß noch 1947 Madrider Studenten vor der Plünderung einer anglikanischen Kapelle auf einem Flugblatt prahlten: «Wir spanischen Akademiker von 1947 betrachten uns im Vollsinne des Wortes als Erben des Geistes der Inquisition»? Daß auf einem andren Flugblatt stand: «Wir würden die Scheiterhaufen der Inquisition der liberalen Toleranz vorziehen! Keinen Schritt weiter in der Ketzerei!»?

Bei mir vermißt er Toleranz!

Ja, weiß er nicht, daß Kardinal Segura im Hinblick auf die spanischen Protestanten noch in einem Hirtenbrief des Jahres 1952 bekannte, daß der «Ketzer» bei einem Konflikt mit Katholiken keinen Anspruch auf Rechtsschutz habe? Daß noch 1953 Kurienkardinal Ottaviani bezüglich der protestantischen Minderheiten Südeuropas erklärte: «In den Augen eines wahren Katholiken ist die sogenannte Duldsamkeit nicht am Platz»?

Und ich soll mich dafür entschuldigen, daß ich Intoleranz, Brutalität und Betrug dieser Kirche angreife!

Als hätte sich die Catholica auch nur einmal dafür entschuldigt – es wäre auch sinnlos! –, daß sie Hunderte von Millionen Menschen, direkt und indirekt, ausbeuten und abmurksen, daß sie Unschuldige haufenweise jahre- und lebenslang einkerkern, haufenweise durch die Jahrhunderte verbrennen, vorher noch ihnen Hände oder Zungen abzwicken und dann, während sie starben, «Großer Gott, wir loben dich» singen ließ! Daß sie – um nur dies anzuführen – auch einen der genialsten Denker der Neuzeit, Giordano Bruno, nach sieben finstren Kerkerjahren, anno 1600, auf den Scheiterhaufen brachte! Entschuldigte sie sich dafür? Im Gegenteil! Als man 1889 zu Ehren des verbrannten Dominikaners in Rom, auf demselben Blumenmarkt, auf dem die Kirche ihn zu Asche machte, ein Giordano-Bruno-Denkmal enthüllte, betete Papst Leo XIII. zur Sühne für diese Lästerung den ganzen Tag vor dem «Sakrament», geißelte den angeblichen Versuch zur Ausrottung des christlichen Glaubens und bekam ungezählte Beileidsschreiben aus aller Welt. Difficile est satiram non scribere.

Oder sind Verbrechen keine Verbrechen mehr, wenn sie ein paar hundert Jahre alt sind? Das wäre ein sehr christlicher Aspekt!

Und weiß er nicht, daß die katholische Kirche, rein quantitativ gesehen, im 20. Jahrhundert mehr durch Greuel belastet ist als in irgendeinem früheren Jahrhundert ihrer Geschichte? Weiß er nicht, wie sie sich im Ersten Weltkrieg verhielt, im Zweiten, im Vietnamkrieg? Wie zu den faschistischen Diktaturen Mussolinis, Francos, Hitlers?

Weiß er nicht, daß es im katholischen Polen, das durch den Versailler Vertrag wiedererstand, in den zwanziger, dreißiger Jahren, unter unmittelbarer vatikanischer Regie, zu einigen der schlimmsten Religionsverfolgungen neuerer Zeit kam? Daß man die meisten orthodoxen Kirchen der Ukraine geplündert, als Pferdeställe und Latrinen benutzt, daß man mehr als tausend orthodoxe Priester eingekerkert und ganze Dörfer durch Massaker entvölkert hat? Ständig bereisten seinerzeit vatikanische Visitatoren das Land und überzeugten sich von der Ausbreitung der alleinseligmachenden Religion. 1930 sollen rund

200000 Ukrainer im Gefängnis gesteckt haben. Weiß er nicht, daß es dort 1938 zu neuen Pogromen kam? Daß im Juli von den 300 orthodoxen Kirchen im Chelmer Land und in Podlasien bereits 100 in römisch-katholische umgewandelt, über 70 niedergebrannt oder sonstwie zerstört, etwa ebenso viele gesperrt, daß schon im August dort 138 orthodoxe Gotteshäuser eingeäschert waren?

Und der Knecht dieser Kirche will mir Toleranz beibringen!

Weiß er nicht, daß zwischen 1941 und 1943 bei dem katholischen Kreuzzug gegen die Serbisch-Orthodoxe Kirche 299 orthodoxe Kirchen ausgeraubt, vernichtet, zu Warenhäusern, öffentlichen Toiletten, Ställen gemacht, daß 240000 orthodoxe Serben unter schwerstem Druck zum Katholizismus zwangsbekehrt und etwa eine dreiviertel Million orthodoxer Serben – Christen! – geschlachtet worden sind, oft nach grauenvollen Folterungen? Daß man ihnen die Nasen, die Ohren abgeschnitten, die Augen ausgestochen, daß man ihnen das Haar, den Bart ausgerissen, die Haut abgezogen? Daß man Kinder, Greise, Männer, Frauen geköpft, erstochen, erschossen, erwürgt, ertränkt, daß man sie lebendig verbrannt, lebendig gevierteilt, lebendig in Stücke geschnitten, lebendig begraben und lebendig gekreuzigt hat? Weiß er nicht, daß man auch mindestens 300 orthodoxe Priester abgestochen, daß man in Zagreb, Kroatiens Hauptstadt, wo Primas Erzbischof Stepinac und der Päpstliche Legat Marcone residierten, den orthodoxen Metropoliten Dositei folterte, daß er wahnsinnig wurde? Daß man den achtzigjährigen Metropoliten von Sarajewo, Petar Simonić, erwürgt, daß man dem einundachtzigjährigen Bischof Platov aus Banja Luka die Füße wie einem Pferd beschlagen und ihn gezwungen hat, so lang zu gehen, bis er ohnmächtig zusammenbrach, worauf man auf seiner Brust ein Feuer entzündete, ihm die Augen ausstach, die Ohren, die Nase abschnitt und ihm den Todesstoß gab?

Weiß er nicht, daß die Schandtaten seiner Kirche in diesem «Kroatien Gottes und Marias», dem «Königtum Christi», derart scheußlich waren, daß sogar hohe deutsche Stellen protestierten, Diplomaten, Generale, Parteileute, selbst der Sicherheitsdienst der SS, schließlich auch Naziaußenminister von Ribbentrop in Zagreb das stärkste Befremden der Reichsregierung wegen «ungeheuerer Ausschreitungen» übermitteln ließ, ja, Hitler selber erklärte: «Ich werde mit diesem Regime schon einmal Schluß machen – aber nicht jetzt!»?

Weiß er nicht, daß die katholische Kirche eng mit diesem Staat verbunden, nicht nur dessen geistlicher Schützer und Unterstützer, sondern daß auch ein Teil ihres Klerus, besonders Jesuiten, mehr noch Franziskaner, aktiv bei den Massakern tätig war? Daß Priester bekannten, «oft nach dem Maschinengewehr» zu greifen, es sei «die Zeit gekommen für den Revolver und das Gewehr», sei «keine Sünde mehr, ein siebenjähriges Kind zu töten, wenn es gegen die Gesetzgebung der Ustaschen verstößt». «Alle Serben in möglichst kurzer Zeit zu töten. Das ist unser Programm»? Weiß er nicht, daß Primas Alojzije Stepinac «die Hand Gottes in diesem Werk» erkannt, daß er dem kroatischen Klerus ausdrücklich, «vor allem den Franziskanern», gedankt und auch die «gegen die Juden angewandten Methoden» gerechtfertigt hat? Daß der «Heilige Vater» selber, der private Multimillionär Pius XII., den Partei-, Regierungs- und Staatschef dieses Mord-und-Totschlag-Dorados, Ante Pavelić (der es auch «Reich Gottes» hieß), im Vatikan feierlich empfangen, mit den besten Wünschen für die «weitere Arbeit» entlassen und ihn während derselben als «praktizierender [!] Katholik» gerühmt hat?

Und ein Mann dieser Kirche fordert von mir, mich bei einem Mann dieser Kirche zu entschuldigen! Ist er wahnsinnig? Unwissend? Charakterlos? Was auch immer, ich werde etwas andres tun. Ja, ich will ihm gleichwohl zu Diensten, ihm gefällig sein; ihm einen Rat nämlich geben, einen Fingerzeig, ganz zu seiner Verfügung beziehungsweise der seiner Oberen, die ihn so schnell als findigen Kopf schätzen lernen könnten, als einen Mann mit Fingerspitzengefühl für pastorale Bedürfnisse, für Intensivierung der Volksfrömmigkeit, mit einem todsicheren Gespür für Katholisches – weißgott, eine Beförderung wert...

Die Gemeinschaft der Heiligen, der er angehört, hat bekanntlich für alles mögliche Patrone, Heilige, die man, auf Grund des Glaubenssatzes von der Gemeinschaft eben der Heiligen sowie der Lehre von diversen speziellen Funktionen der Glieder des Reiches Gottes, als Beschützer bestimmter Kirchen, Personen, Stände, Berufe anruft, verehrt. Gott braucht Helfer – für die «weitere Arbeit»; die Arbeit im Weinberg des Herrn.

Unter den Patronen aber, den Schutzheiligen, sind auch Beschützer durchaus blutiger Handwerke, überaus blutiger sogar, warum denn nicht – bei der Bedeutung, die das Blut in dieser Kirche hat! Doch fehlt – auf das eben stieß ich, mit dem «Kroatien Gottes und Marias» befaßt, dem «Königtum Christi» – unter all den Patronen noch ein Patron für KZ-Kommandanten. Eine «echte» Lücke in der grandiosen Galerie katholischer Unsäglichkeiten. (Das Strafgesetzbuch stand sozusagen Pate bei dieser Formulierung.) Kurz, ich empfehle zur Schließung der erwähnten Lücke den Franziskaner Filipović-Majstorović, genannt «Bruder Teufel». Als Kommandant des Konzentrationslagers Jasenovac, berüchtigt wegen seiner Massenenthauptungen, hat er in vier Monaten immerhin 40000 Menschen liquidiert, er hat eine gewisse Berufspraxis somit – und 1945 die Märtyrerkrone errungen.

Auf die Ehre der Altäre!

Ob es schon einen Patron für Henker gibt? Bei der Rolle, die gerade dies Handwerk im christlichen Kulturraum spielte, wäre das Fehlen eines Schutzpatrons fast unbegreiflich. Falls doch, schlage ich dafür eine weitere Koryphäe vor: den Franziskaner-Stipendiaten Brzica. Er hat in Jasenovac in einer Nacht, am 29. August 1942, 1360 Menschen mit einem Spezialmesser geköpft.

Auf die Ehre der Altäre!

Vielleicht würden solche Kanonisationen doch mehr bewirken als etwa eine Verlängerung der Morgenandacht von 3 wieder auf 5 Minuten? Würden derart «die wesentlichen Werte des Christentums», mit unsrem Diakon zu sprechen und zu schließen, würde so der christliche Glaube «als persönliche und mitmenschliche Lebenshilfe mehr zum Tragen kommen und Begeisterung entfachen! Herz, Hirn und Hand in Schwingung und Schwung bringen...» – sei es so wie bei dem köpfenden Brzica oder dem kopflosen Diakon?

Lieber Dr. Huemer: mit guten Wünschen für Sie.

Karlheinz Deschner

«Deschners Solo in der insel» oder Wider zwei evangelische Verleumder

Deschner

8728 Haßfurt, 7. 2. 1987
Goethestr. 2

Einschreiben

An die Redaktion
der «Marler Zeitung»

Sehr geehrte Redaktion,
bezugnehmend auf das Ihnen bekannte Pressegesetz fordere ich höflich folgende Berichtigung an der gleichen Stelle der Besprechung meiner Lesung in Marl:

1. Falsch ist, wenn die «Marler Zeitung» am 2. 2. 1987 unter der Überschrift «Deschners Solo in der insel: Mit Wortgewalt gegen das Christentum» behauptet, daß Deschner «am Ende seiner Lesung in der insel-Bibliothek sich den Applaus verbittet und statt dessen seine Hörer um ‹materielle und ideelle Unterstützung› angeht». Richtig ist, daß ich seit über zwei Jahren, nach der größten Erschütterung meines Lebens, keinen Beifall mehr wünsche, was ich dem Auditorium jeweils mit etwa denselben Sätzen sage; in Marl, laut Tonbandaufzeichnung der «insel», so: «Ich bitte Sie, nicht zu applaudieren. Wenn Sie statt des Applaus[es] für mich, des Beifalls für mich, *irgend jemand*, materiell oder nicht zuletzt psychisch, *nicht mir etwa*, etwas Beistand geben, ist das viel sinnvoller.»

Ihre Referentin hat dies perfid verdreht (oder geschlafen), hat daraus eine Art Almosen-Appell gemacht und geschrieben: «Man möchte seine Bücher fast schon aus Mitleid kaufen...» Sie hätte vor der Niederschrift den einen oder anderen der rund einhundertfünfzig Hörer oder das (sichtbar mitlaufende) Tonband befragen können; sie verantwortet es, wenn ihre dem Tenor des Artikels entsprechende Verleumdung andere Zeitungen oder Bücher übernehmen, was nicht zum erstenmal geschähe.

Meine «Kriminalgeschichte des Christentums», aus der ich las, liegt vier Monate nach ihrem Erscheinen in vierter Auflage vor. Ich werde, so die kleine Rowohlt-Broschüre «Über Karlheinz Deschner. Leben, Werke, Resonanz», «durch einen großherzigen schweizerischen Mäzen» gefördert. Doch auch ohnedies fiele es mir im Traum nicht ein, mein Publikum um materielle und ideelle Unterstützung» anzugehn. Nicht im Traum wünschte ich, man möchte meine Bücher «aus Mitleid kaufen». Ich habe einige Millionen Leser und vermute, noch keiner hat ein Buch von mir aus Mitleid gekauft. Es gibt ganz andere Gründe, meine Bücher zu kaufen. Doch die christliche Berichterstatterin hat keine Gründe, mich zu widerlegen. Und weil sie – ganz typisch – kein einziges meiner Argumente entkräften kann (sie macht nicht einmal den Versuch), wird sie hämisch und schreibt die Unwahrheit.

Und weil auch sonst mich niemand Lügen strafen konnte, unterstellt sie mir «rechthaberische Arroganz» und meint, ich konnte mich «in der arroganten Selbstherrlichkeit des ‹Allein-Wissenden› baden». Wer mich kennt, weiß, daß ich am liebsten gar nicht diskutiere; wirklich wohl fühle ich mich, beruflich, nur am Schreibtisch. Wer mich kennt, weiß, daß ich alles andere als arrogant bin, ausgenommen gegenüber ganz bestimmten Typen. Und die Meinung, die ich tatsächlich hege, daß ich nach jahrzehntelanger Beschäftigung mit der Geschichte des Christentums (in einer hundertstündigen Arbeitswoche) darüber vielleicht etwas mehr weiß als mancher Meßdiener oder mancher meiner Zuhörer, ist ja wohl nicht Ausdruck arroganter Selbstherrlichkeit. Den «Allein-Wissenden» können wir auf sich beruhen lassen. Ich halte Wissen cum grano salis für ein Unglück, allerdings (menschliches) Nichtwissen erst recht. Ich beurteile die Wissenschaft, besonders die Geschichtswissenschaft, skeptisch und glaube überhaupt, je älter ich werde, daß die kleinste Hilfe mehr taugt als der größte Gedanke.

2. Falsch ist, wie die «Marler Zeitung» noch in der Überschrift behauptet: «Lesung ließ keine Gegenrede zu». Richtig ist, daß es eine lange Reihe von «Gegenreden» gab, meist mehr fragende, doch auch widersprechende. Ich fordere fast stets, auch, täuscht mich nicht alles, in Marl, zum – methodischen – Zweifel, ja, zum «Unglauben» mir gegenüber ausdrücklich auf, weil ich – arrogant! – meine, es mir leisten zu können, ganz im Unterschied zu jenen, die immer an den Glauben appellieren und appellieren *müssen*. Allerdings fordere ich dann auch, beide Seiten zu vergleichen, das heißt zu denken, selber zu entscheiden, nicht aber nachzubeten!

3. Falsch ist: «Was während der zweieinhalbstündigen Veranstaltung nicht möglich war, begann im Anschluß in kleineren Gruppen: die Diskussion.» Richtig ist, daß ich eineinviertel Stunden las und daß danach ebenso lang diskutiert worden ist. Sollte die Hörer wirklich, wie das Blatt behauptet, die «Wortgewalt des Kirchenkritikers erschlagen» haben, lag das jedenfalls *nicht nur an mir*. Doch bin ich (darin sogar dem hl. Paulus ähnlich, an dessen Seite mich wenig drängt) in (mündlichen) Debatten durchaus nicht wortgewaltig: die Sache spricht mehr für sich als ich für die Sache sprechen kann (was bei Paulus anders aussieht).

4. Wenn die christliche Berichterstatterin «ein Streitgespräch mit einem Theologen... zumindest fairer» gefunden hätte, hing auch das nicht von mir ab, sondern vom Veranstalter, dessen gutes Recht es ist, eine Lesung ohne Streitgespräch anzusetzen, übrigens fast ausnahmslos die Regel. Und wünschte die «Marler Zeitung» denn je nach dem Vortrag eines Theologen ein Streitgespräch mit einem Kirchengegner? Ich wette meinen Kopf: noch nie! Doch warum umgekehrt? Gibt es überhaupt bei Predigten Streitgespräche? Gibt es

nach Predigten auch nur eine Diskussion? Nach dem «Wort zum Sonntag» etwa? Das läßt nämlich weniger die «Würde» der Sache als die Sache nicht zu! Auch wurden Theologen zum «Klingenkreuzen» mit mir und anderen Kirchengegnern schon dutzendweise eingeladen – so gut wie keiner kam. *Sie können es sich nicht leisten*. Sie scheuen das sachliche Unterliegen und die kritische Aufklärung wie die Pest.

5. Die Regel ist so jener Pfarrer – evangelisch, wie die Berichterstatterin –, der mich in einem vierspaltigen Artikel der «Marler Zeitung» bereits diffamierte, noch bevor ich dort las; der sich erregte, weil man «mit einem solchen Literaten» aufwarte, durch mich «in Stürmermanier abgekocht» werde, ich «zum Ende der Kultur» führe (für die ich vermutlich etwas mehr tat und tue als er), weil bei mir «beste Stürmer-Mentalität und Schlagworte wiederkehren, die im 3. Reich zur Vernichtung Andersdenkender und rassisch Aussortierter geführt haben». Mann! Habe ich denn Lügen und Greuelmärchen über die Juden verbreitet!? Habe ich denn die Juden mit Schweinen verglichen, sie «schlimmer als eine Sau» geschimpft!? Habe ich denn für Ausübung ihres Gottesdienstes die Todesstrafe gefordert, ein Verbot ihrer Schriften, Zerstörung ihrer Häuser, ihrer Schulen, Synagogen, auf daß sie «ewiglich» verschwänden «unserem Herrn und der Christenheit zu Ehren, damit Gott sehe, daß wir Christen seien»!? Schrieb ich dies und derlei Hochverbrecherisches sehr viel mehr? Nein, Martin Luther schrieb das, in dessen Kirche Sie Pfarrer sind! Luther, auf den Streicher, der Stürmer-Boss, in Nürnberg sich mit Recht berief! Und er wirft mir «Stürmermanier», «Stürmer-Mentalität» vor!

Ja, weiß dieser Mensch wirklich nicht, daß schon im 4. Jahrhundert Christen Synagogen in Brand gesteckt und Bischöfe sich mit den Brandstiftern flammend solidarisch erklärt haben? Weiß dieser Mensch wirklich nicht, daß Hitlers Judenstern auf das mittelalterliche Papsttum und Kirchenrecht zurückgeht? Daß die berüchtigten Stürmer-Sprüche «Kauft bei keinem Juden!», «Der Teufel ist des Juden Vater», von christlichen Heiligen stammen? Weiß dieser Mensch wirklich nicht, daß die blutrünstig lange christliche Judenverfolgung direkt in Hitlers Gaskammern führt? Weiß dieser Mensch wirklich nicht, wie begeistert gerade seine, die Evangelische Kirche Deutschlands mit Hitler und den Nazis paktierte? Daß sie in vielen Landeskirchen sogar die evangelischen Juden als nicht rasserein ausschloß? Dann fordere ich ihn zu einem Streitgespräch in Marl heraus – sage aber gleich: er wird kneifen. So wie schon einmal, als er erst, vierspaltig, in bester Pfaffenmanier, mich persönlich besudelt, auch «die faire Chance einer Gegendarstellung» vermißt, dann aber, bei meiner Anwesenheit in Marl, selber durch Abwesenheit geglänzt hat; er wußte warum.

Nicht genug, dieser Mann suggeriert, ich vertrete eine «Herrenmoral» und bekämpfe die «Mitleidsethik». In Wirklichkeit wurde gerade das Mitleid, wurde gerade mein Unvermögen, Leid, Unrecht, Gewalt ertragen zu können, zum Hauptmotiv meines Schreibens, was alle meine Schriften bezeugen. Wie ich denn auch aus brüderlichen Gefühlen für die Tiere weder Fleisch esse noch Fisch. Dieser Diener Gottes aber lügt, ich, Karlheinz Deschner, erkenne «keine Werte des Menschen mehr als maßgeblich an, außer dessen absolute Freiheit und Macht».

In summa: Der Erguß des evangelischen Herrn erinnert mich, wie jener der evangelischen Dame, an einen (aus dem Gedächtnis zitierten) Satz von Karl Kraus: Die Verzerrung der Realität im Bericht ist der wahrheitsgetreue Bericht über die Realität.

Mit vorzüglicher Hochachtung
Karlheinz Deschner

Alternative für Weihnachten

Das christliche Weihnachtsmärchen ist uns allen so vertraut, daß viele meinen, es stünde in jedem Evangelium. Doch nur Lukas erzählt es, und er spann es fast gänzlich aus jüdischen und heidnischen Legenden heraus. Und da auch Markus, Matthäus, Johannes bloß fabelten, kommt selbst Albert Schweitzer zu dem Schluß: «Es gibt nichts Negativeres als das Ergebnis der Leben-Jesu-Forschung. Der Jesus von Nazareth, der als Messias auftrat, das Gottesreich verkündete und starb, um seinem Werk die Weihe zu geben, hat nie existiert.»

So ersetze man denn Weihnachtsmetten, Festpredigten und weißgott welche schimärischen Glückseligkeiten durch ein wenig Besinnung auf die *Geschichte.*

Ich rate, den Christbaum wieder im Wald, die Kerzen im Kaufhaus zu lassen und lieber sich selbst ein Licht aufzustekken. Schon bei geringer Erleuchtung nämlich erhellt: so nichtig wie all das weihnachtliche Glänzen und Lügen ringsum ist wenig, und wichtiger als die Not des Nächsten fast nichts. Besser ist es, einen Hungernden zu nähren, als sich selber zu überfressen und der Industrie das Geld in den Rachen zu schmeißen. Statt jährlich dem Weihnachtsmann aus Rom zu lauschen, sollte man einmal das Kapital der Kirche kennenlernen, ihren noch immer ungeheuren Landbesitz und die Gehälter der Prälaten. Mancher würde mehr staunen als über alle Weihnachtsmirakel bei Lukas und begriffe vielleicht, warum schon bei der Geburt des Herrn Ochs und Esel zugegen waren. «Das Volk», sagt Arno Holz, «hat lange graue Ohren, und seine Treiber nennen sich Rabbiner, Pfarrer und Pastoren.» Kurz, statt «Am Weihnachtsbaum die Lichter brennen» zu singen, könnte man sich erinnern, wo's denn sonst noch brennt auf der Welt; könnte man das widerliche Spielchen fortan umgekehrt spielen: alle Tage quasi Weihnachten, und nur an Weihnachten Alltag. Ich schlage vor: am mysterienreichen Geburtstag des Herrn – von der ältesten Kirche, die es doch am besten wissen mußte, am 19. April, 20. Mai und 17. November vermutet – ab sofort das berühmte Thema «Und Friede den Menschen auf Erden, die guten Willens sind» fahren, sämtliche Kinderchöre, Domglocken, Dompfaffen schweigen zu lassen. Jede aufkommende Sentimentalität ist verpönt, streng bestraft wird, wer einen Christbaum hat, «Ihr Kinderlein kommet» intoniert, ein frohes Fest wünscht, von Frieden salbadert oder sonst ein frommes Wort verliert.

Statt dessen werde es obligatorisch, just an diesem Tag all das verstärkt, konzentriert, nun eben mit dem ganzen christlichen élan vital und d'amour zu betreiben, was sich sonst gleichmäßig über das Jahr verteilt: die Verbreitung von Unkonzilianz, Geifer, Gift, Gewalt, die kaum getarnte Barbarei, Kampf aller gegen alle. Man intrigiere und betrüge jetzt auf Teufel komm raus an Weihnachten, man verleumde, hetze und mache den andern kaputt. Aut Caesar aut nihil, aut vincere aut mori. Wer das ganze Jahr über umbringt, begehe nun bloß noch an Weihnachten seine Raub-, Lust- oder Justizmorde. Und auch alle Kriege finden künftig nur am ater dies statt.

Dafür herrsche an den übrigen 364 Tagen aber absolute Waffenruhe, schönster Friede, benehme sich jeder so, wie man glauben könnte, daß wir uns benähmen, gälte auch nur im geringsten, was an Weihnachten hier aus dem Blätterwald schallt, aus der Glotze, den Kirchen. «Und Friede den Menschen auf Erden...» – während die Menschheit in jeder Minute des Jahres fast eine Million Mark für Rüstung hinwirft und alle paar Sekunden ein Kind verhungert. «Stille Nacht, heilige Nacht, *alles schläft...*» Wahrhaftig, so ist es.

Editorische Notiz

Die Beiträge «Den Progressisten Gruß zunächst», «Man nennt es Heilsgeschichte», «Weide meine Lämmer!», «Sexualität und Christentum» und «Écrasez l'infâme oder Über die Notwendigkeit, aus der Kirche auszutreten» wurden ausgewählt aus dem 1974 vom Wilhelm Heyne Verlag, München, verlegten Band *‹Kirche des Unheils. Argumente, um Konsequenzen zu ziehen›*, und für das vorliegende Buch, zum Teil stark, bearbeitet.

Ebenfalls bearbeitet, um Duplizitäten gekürzt und in manchen Details aktualisiert wurden die Essays «Michael Schmaus – einer statt vieler», zuerst erschienen in dem von Karl Corino herausgegebenen Band *‹Intellektuelle im Bann des Nationalsozialismus›*, Hoffmann und Campe, Hamburg 1980; «Macht ist alles», zuerst erschienen in dem von Georg Denzler herausgegebenen Werk *‹Papsttum heute und morgen. 57 Antworten auf eine Umfrage›*, Verlag Friedrich Pustet, Regensburg 1975; «Schwere Zeit für Päpste», zuerst erschienen in *Blätter für deutsche und internationale Politik*, Köln, Dezember 1978, sowie in *Maatstaf*, Amsterdam, Januar 1979; «Ein Papst reist zum Tatort», zuerst publiziert in der Reihe «Junges Deutschland im Hoffmann und Campe Verlag», Flugschriftenreihe Nr. 3, herausgegeben von Hans-Jürgen Schmidt, Hamburg 1981; «Morden mit Maria», zuerst veröffentlicht in *die tageszeitung (taz)*, Berlin, 26. 8. 1982.

Alle anderen Beiträge erscheinen in der vorliegenden Essaysammlung zum erstenmal gedruckt.

Personenregister